초등학생이 꼭 알아야 할
별과 우주

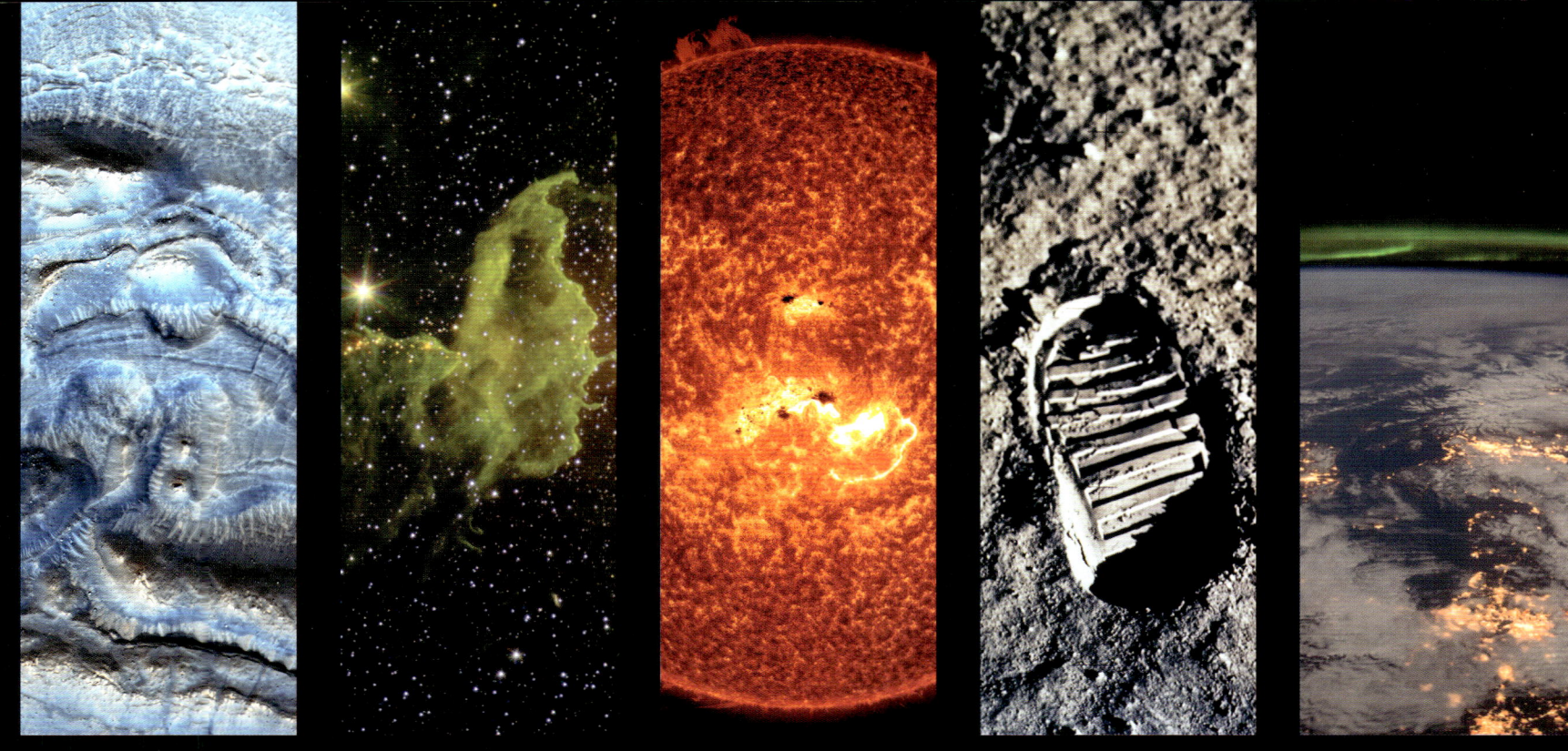

초등학생이 꼭 알아야 할

별과 우주

SPACE: The Definitive Visual Catalog of the universe

Copyright © 2018 by Scholastic Inc.

All rights reserved.

This Korean edition was published by DARUN Publisher in 2022 by arrangement with Scholastic Inc., 557 Broadway, New York, NY 10012, USA through KCC(Korea Copyright Center Inc.), Seoul.

이 책은 (주)한국저작권센터(KCC)를 통한 저작권자와의 독점 계약으로 다른에서 출간되었습니다. 저작권법에 의해 한국 내에서 보호를 받는 저작물이므로 무단 전재와 복제를 금합니다.

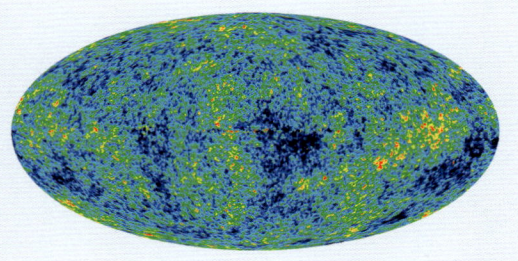

들어가는 글 6
우주 8
태양계 11
지구 12

밤하늘의 별을 보다 14

우주 들여다보기 16
밤하늘 18
망원경 20
더 멀리 보기 22
레이저 관측기 24
북반구 하늘 26
남반구 하늘 28
별자리 30
우주에서 온 손님 32
천문학자 35
지구 관찰하기 36
지옥에서 탄생한 별 39
허블 우주망원경 40
우주, 거울, 망원경 43
우주 물리학 45

우리 태양계 46

태양계의 가족 48
태양 50
태양계의 탄생 53
태양계의 행성 54
수성 56
근접 비행으로 드러난 수성의 화산 58
행성 탐사선 61
금성 62
금성의 화산 활동 65
지구 67
우주 쓰레기 68

지구의 위성, 달 70
달 지도 그리기 72
일식과 월식 75
화성 76
태양계의 화산 79
울퉁불퉁한 표면 81
화성 탐사 로봇 82
소행성대 84
목성 86
갈릴레이 위성 88
혜성 91
토성 92
토성의 뒷면 95
토성의 위성 96
우주탐사선의 최후 98
천왕성 100
천왕성의 위성 102
행성의 날씨 105
붉은 행성, 화성의 눈 107
해왕성 108
해왕성의 위성 110
보이저 우주탐사선 113
왜소행성 114
태양계의 끝 116
혜성 탐사 미션 118

우주를 여행하다 120
우주 경쟁 122
우주 속으로 124
로켓 126
끝없는 도전의 연속 129
우주로 간 동물들 131
달을 향한 도전 132
우주유영 135

우주복 136
달 착륙 138
달 탐험 140
월면차 142
발명 145
우주정거장 146
우주왕복선 148
우주 속 아틀란티스호 151
우주선을 타고 우주로 153
국제우주정거장(ISS) 154

별과 우주를 향한 여정 156
우리는 어디에 있을까? 158
보이저 우주탐사선의 여정 160
은하의 유형 162
은하수 164
은하수의 중심 167
이웃 은하 168
별의 일생 171
밝고 화려한 죽음 173
별빛 174
경이로운 별 177
태양 극대기 179
블랙홀 181
우주 지도 만들기 183
우주의 충돌 184
우주의 장미 186
팽창 우주 188
외계 행성 191
외계인과 만나기 192
화성에서 살아남기 194
아름다운 우주 197

단어 풀이 198

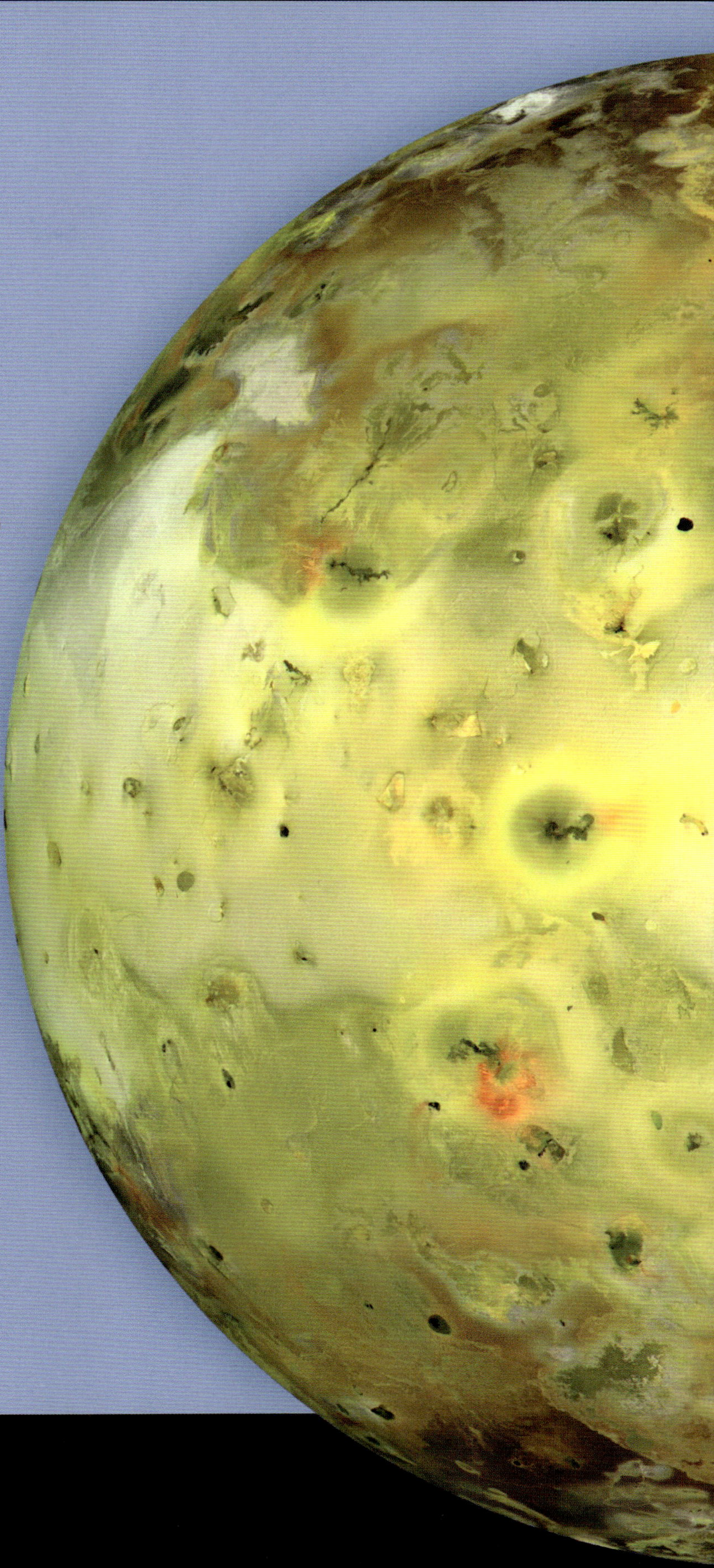

들어가는 글

지구는 태양 주위를 커다란 원을 그리며 돌고 있어요. 지구에 살고 있는 우리는 우주 공간을 여행하는 셈이죠. 그리고 지금 우리는 또 다른 우주 여행을 할 거예요. 이 책이 우주선이 되어 우리를 우주로 안내할 겁니다. 함께 떠나 볼까요?

우리 인류는 끝없이 넓고 고요한 우주에서 수없이 많은 별, 행성, 달, 운석, 먼지와 가스 구름을 발견했어요. 우주에서는 태양이 작게 느껴질 만큼 커다란 별부터 아주 작은 돌에 이르기까지 모든 것이 중력이라는 신비한 힘에 붙잡혀 이리저리 끌려다녀요.

믿을 수 없을 만큼 먼 거리를 다녀야 하는 우주 여행은 당황스러우면서도 환상적이에요. 우리는 적색왜성이나 블랙홀처럼 이상한 것들을 발견했고, 지구의 모양을 만든 화산들이 다른 행성에도 있다는 사실도 발견했어요. 우주를 탐구하는 방법을 찾아내 새로운 이론을 발전시켜 왔고요. 이 책처럼 우주를 다룬 여러 책은 우리 인류가 얼마나 멀리까지 도달했고 우리가 무엇을 알고자 하는지 보여 주죠. 책과 함께 우주로 즐거운 여행을 떠나 보세요.

Rosaly Lopes

로절리 로페스 박사
캘리포니아공과대학교 NASA 제트추진연구소
수석연구원

허블 우주망원경에서 찍은 막대나선은하 NGC 1300. 에리다누스 은하단에 있는 은하로, 지구에서 약 7,000만 광년 떨어져 있어요.

우주

구름과 먼지가 없는 맑고 깨끗한 날, 도시와 먼 곳에서 밤하늘을 보면 1,000개도 넘는 별을 볼 수 있어요. 인간의 작은 두뇌로 이해하기에 너무 크고 신비한 우주의 물질, 공간, 시간을 생각하면 그것 역시 우주의 아주 작은 부분일 뿐이죠. 사실 우리 지구는 우주의 관점에서 어린아이예요. 생긴 지 오래돼 죽어 가고 있는 별들의 원자가 없었다면 지구는 존재하지 않았을 거예요.

세상 속의 세상

우리는 지구가 수많은 별로 이루어진 은하수에 있다는 사실을 잘 알고 있어요. 영어로는 밀키웨이(Milky Way)라고 하는데, 마치 우유가 엎질러진 것처럼 보여서 붙은 이름이죠. 우리 은하, 즉 은하수는 중간 크기의 별인 태양과 그 태양 주위를 돌고 있는 8개 행성으로 이루어진 태양계를 비롯해 신비하고 놀라운 것들로 가득 차있어요.

우주를 탐험해요

1962년 미국 존 F. 케네디 대통령은 "지구 바깥에는 달, 행성 그리고 우주가 있습니다. 지식과 평화를 위한 새로운 희망이 그곳에 있습니다. … 우주 탐험은 인류가 경험한 어떤 일보다도 위험하겠지만 분명 가장 위대한 모험일 겁니다"라고 연설했어요. 이 연설은 우주 탐험에 관한 가장 유명한 연설로 알려져 있어요. 지난 수천 년 동안 사람들은 지구에서 자신의 위치, 그리고 우주에서 지구의 위치를 생각해 왔죠.

망원경이 개발된 17세기 이후, 과학자들은 맨눈으로는 볼 수 없던 여러 멋진 것들을 발견했어요. 베스타라는 소행성을 발견하는 엄청난 일도 해냈죠. 이곳에는 에베레스트산보다 3배나 높은 산과 얼음을 쏟아 내는 화산이 있어요. 우주를 점점 더 많이 알게 되면서 빛조차 빠져나올 수 없다는 블랙홀 같은 신기한 생각도 할 수 있었어요. 우리는 우주의 많은 부분이 암흑물질로 이루어져 있다는 것을 알고 있죠. 그러나 그 암흑물질이 무엇인지는 여전히 알지 못해요.

별의 죽음

아래는 수명이 다해 멋진 모습으로 팽창하며 가스와 먼지를 내뿜고 있는 적색거성이에요. 중심부의 밝고 흰 점은 백색왜성이에요.

은하의 분포

지구와 가까운 거리에 있는 160만 개 이상의 은하들을 보여 줘요. 중심부 아래의 푸른 곳에 지구가 속한 은하수가 있는데, 은하수에는 거의 5,000만 개의 별들이 있죠.

화려한 나선
현재 우리가 관찰할 수 있는 우주에만 은하가 수조 개 있어요. 안드로메다은하도 그 가운데 하나죠. 이 아름다운 나선은하는 은하수와 가장 가까이에 있는 거대 은하예요.

우주 관찰자

태양활동관측위성(SDO)이 부분일식으로 태양 표면을 가로질러 지나가는 달을 촬영했어요. 달에는 태양 빛을 흐트러뜨릴 대기가 없기 때문에 윤곽이 뚜렷이 보여요. 미국항공우주국(NASA)은 2010년에 태양이 어떻게 활동하며 에너지를 저장하거나 방출하는지 알기 위해 우주에 관측선을 보냈어요.

태양계

은하수에 속한 우리 태양계는 8개의 행성으로 이루어져 있어요. 지구는 태양에서 세 번째로 가까이 있죠. 태양계는 별(항성)과 그 주위를 공전하는 행성, 위성, 소행성과 같은 천체들로 이루어져 있어요. 우리 지구가 속한 태양계는 우주의 수많은 항성계 가운데 하나일 뿐이에요.

행성(화성)

위험한 과학

지구는 태양 주위를 돌고 있어요. 몇백 년 전만 해도 이런 말을 하면 비웃음거리가 됐고, 운이 나쁘면 화형을 당했어요. 우리 태양계의 올바른 작동 원리를 알기까지 고통스러운 시간이 흘렀어요. 매일같이 하늘을 가로질러 움직이는 태양을 본 우리 조상들은 태양이 지구 주위를 돈다고 생각했어요. 지구를 포함해 우리 태양계를 구성하는 여러 행성이 태양 주위를 돈다는 사실을 알기까지 수백 년이 걸렸지요. 물론 우주의 나이에 비하면 눈 깜짝할 만큼 짧은 시간이죠.

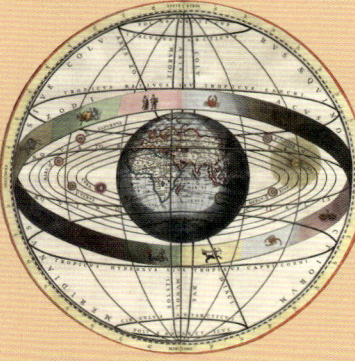

고대의 우주관
고대 로마의 수학자 프톨레마이오스는 지구가 우주의 중심이라고 했어요. 그의 주장을 천동설이라고 해요.

행성

지난 수천 년 사이 천문학자들은 하늘의 몇몇 천체는 별이 아니라는 사실을 알아챘어요. 특히 수성, 금성, 화성, 목성, 토성 등은 망원경이 없어도 볼 수 있었는데, 이 천체들은 별과는 다르게 움직였죠. 니콜라우스 코페르니쿠스는 태양계에 여러 행성이 있고, 이 천체들이 지구와 함께 태양 주위를 공전한다고 맨 처음 주장했어요.

왜소행성(세레스)

태양의 영향

몇백 년에 걸친 연구 덕분에 우리는 태양계를 좀 더 잘 알게 됐어요. 우주에서는 거대한 바윗덩어리나 가스 구름부터 작은 먼지에 이르기까지 모든 물체가 자신보다 무거운 물체에서 나오는 당기는 힘, 즉 중력의 영향을 받아요. 우리 태양계에서는 태양이 가장 무거워요. 지구보다 100만 배나 무겁죠. 오늘날 우리는 태양계가 1개의 별, 8개의 행성, 5개의 왜소행성, 181개의 위성, 약 100만 개의 소행성과 수천 개의 혜성으로 이루어져 있다는 사실을 알고 있어요. 이 모든 천체가 태양 중력의 영향을 받죠. 별들은 종종 많은 먼지와 가스를 빨아들여 행성을 만드는데, 지구를 포함해 우리 태양계의 행성들이 그렇게 생겨났어요.

소행성(베스타)

혜성(67P/추류모프-게라시멘코)

무인탐사선 주노
무인탐사선 주노는 2016년부터 목성 주위를 공전하고 있어요. 4,180킬로미터 상공에서 53일에 한 바퀴씩 공전하죠. 주노는 목성 표면의 광대한 바람이 퍼져 나가는 모습, 극지방의 거대 사이클론 등과 같은 새롭고도 놀라운 정보를 지구에 전했어요.

우주의 물체
우리 태양계에 속한 모든 천체는 직접 또는 간접적으로 태양 주위를 공전해요. 지구와 같은 행성 외에도 혜성, 소행성 등이 있고, 카이퍼 벨트와 오르트 구름에서 발견된 얼음과 바위 천체도 있어요.

지구

지구는 무게가 거의 60해 톤에 달하는 암석이에요. 지구는 유일한 에너지 공급원인 태양을 1억 5,000만 킬로미터 길이의 궤도로 공전해요. 지구는 생명체가 살기에 딱 좋은 거리만큼 태양과 떨어져 있어요. 좀 더 가까웠다면 너무 뜨거워 생명체가 살 수 없었을 거예요. 대기 덕분에 산소가 잘 유지되며 물도 풍부하답니다.

우주 탐험

1961년 이후 인류는 우주 탐험을 해왔어요. 우주에서 지구를 내려다보거나 달에서 걸었죠. 지구에 관한 정보를 좀 더 많이 알아내기 위해 우주정거장에서 일하는 사람도 있어요.

지구의 탄생

약 46억 년 전, 중력으로 먼지, 금속, 암석이 모였고, 모인 물질들은 무거워지며 액체 암석으로 둘러싸인 뜨겁고 밀도 높은 핵을 형성했어요. 지구가 태어난 거예요. 이후 지구의 온도가 점차 내려가면서 표면이 딱딱한 지각이 됐어요. 약 1억 년 후 화성만 한 물체가 지구와 충돌했어요. 당시 떨어진 조각이 지구 중력에 묶여 멈추었고 달이 됐죠.

지구의 구성

어떤 면에서 지구 내부는 수십억 광년 떨어진 은하들만큼이나 신비해요. 우리는 지구 표면에서 지구 중심까지 거리가 6,370킬로미터라는 사실을 알고 있지만, 뜨거운 바위 스프에 녹아 없어질 수 있어 지구 중심에 갈 수는 없어요. 지구 중심은 회전하는 외부 액체에 둘러싸인 매우 뜨거운 고체예요. 이 액체는 금속으로 이루어져 있어 지구 주위에 엄청난 강도의 자기장을 생성하죠. 이런 사실이 알려진 것은 불과 100년 정도밖에 되지 않아요. 대륙 아래

생명체의 이동
매우 단순한 구조의 생명체가 혜성 또는 소행성 조각에 실려 지구에 도착했을 가능성도 있어요. 운석을 분석한 결과에 따르면 몇몇 운석에 유기 성분이 있는 것을 볼 수 있거든요.

에서 지구 지각의 두께는 약 30킬로미터예요. 그러나 깊은 바다에서는 약 5킬로미터로 얇아져요.

지구의 생명체
우주에서 볼 때 지구는 파란 행성처럼 보여요. 지구 표면의 약 70퍼센트가 물로 덮여 있기 때문이죠. 생명체에게 필수인 물이 어디에서 왔는지는 아무도 몰라요. 지구에 생명체가 번성할 수 있었던 데는 물 이외에도 여러 가지 요인들이 있어요. 물과 대기 속에 있는 산소, 산소보다는 적지만 지구의 온도를 적절하게 만드는 이산화탄소, 태양 빛을 받고 자란 식물이 대기에 산소를 돌려주는 광합성 등이 대표적이에요.

지능을 갖춘 인간도 지구 생명체 가운데 하나예요. 인간은 먼 곳을 더 자세히 볼 수 있는 방법을 계속 찾았고, 볼 수 없는 것들도 알아내는 방법을 찾았어요. 오늘날 우리는 은하가 언제 충돌할지 예측할 수 있으며, 약 40억 년 후에 우리 태양의 수명이 끝날 것이라는 사실도 알고 있어요. 지구 중력을 벗어나 먼 우주로 사람을 보낼 수 있는 우주선도 만들었죠. 인류는 우주에 다른 생명체가 있는지 궁금해해요. 은하수는 유일한 은하가 아니에요. 우리 태양계 역시 유일한 태양계가 아니죠. 아마도 훗날 인류는 위대한 모험을 떠나 우주 저 멀리에서 다른 생명체를 발견할 거예요.

대기
지구는 대기 덕분에 낮에 너무 뜨거워지거나 밤에 너무 차가워지지 않아요.

지각
지구의 가장 바깥쪽 부분으로 단단하지만 깨지기 쉬운 암석으로 이루어져 있어요.

맨틀
두꺼운 암석층으로 지구 부피의 약 84퍼센트를 차지해요.

핵
고체인 내핵을 액체인 외핵이 둘러싸고 있어요.

지구의 구조
지구는 핵, 맨틀, 지각으로 이루어져 있어요. 지각과 맨틀의 윗부분은 여러 판으로 나뉘어 맨틀 위에서 천천히 움직여요.

우주에서 바라본 지구
국제우주정거장(ISS)에 탑승한 우주비행사들은 보름달 아래에서 스칸디나비아반도 남부의 사진을 찍었어요. 눈 덮인 땅 위의 녹색 오로라가 검은 발트해와 대조를 이루고 있어요. 반짝이는 불빛들은 사람들이 사는 곳이에요. 사진 가운데 불빛이 모여 있는 곳이 바로 노르웨이 오슬로와 덴마크 코펜하겐이에요.

밤하늘의

우주 들여다보기

지난 수천 년 동안 인류는 우주에 사로잡혔어요. 우리 조상들은 지구에 떨어진 암석과 금속으로 늘 여러 도구를 만들었죠. 천문학자들은 밤하늘 별들의 모양을 나타내기 위해 별자리 지도를 그렸어요. 훗날 망원경, 천문대, 위성 기반 렌즈와 같은 우주 관측 기술이 생겨나면서 우주의 신비로운 모습을 알 수 있는 데이터를 더 많이 얻게 됐어요.

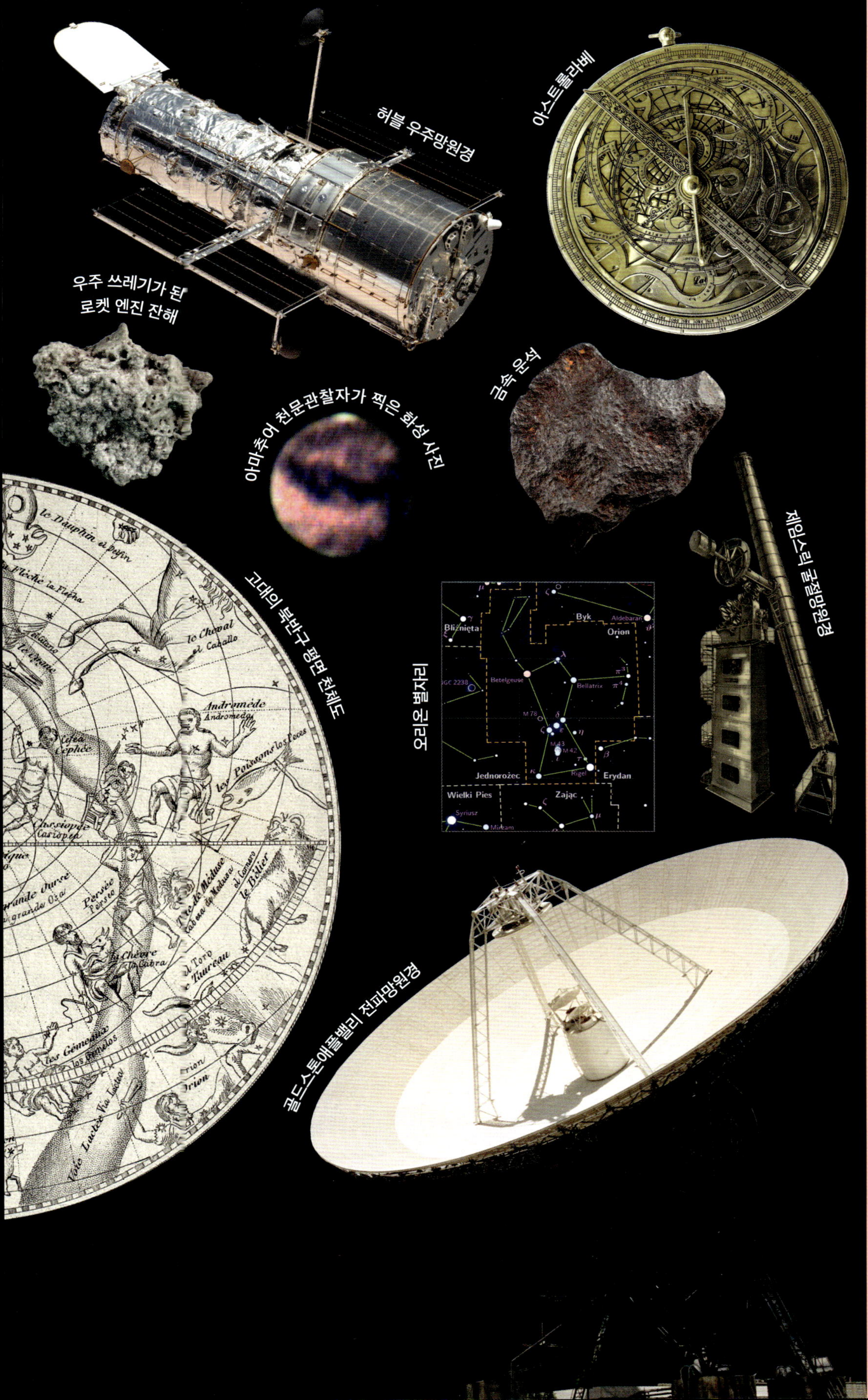

우주에서 온 도구

우주는 다양한 방법으로 우리에게 도움을 제공해 왔어요. 운석은 우주를 가로지르는 암석이나 금속 덩어리에요. 지구와 부딪히면 대기와의 마찰로 대부분 타서 없어지지만, 미처 타지 못한 일부는 땅에 떨어지죠. 예로부터 사람들은 철이 많이 들어 있는 운석을 재료로 금속 도구와 무기를 만들었어요. 훗날 사람들은 암석을 녹여 매우 효과적으로 철을 추출하는 방법을 찾아냈어요.

우주 관찰

시간이 지날수록 도구는 점점 더 정교해졌어요. 고대 그리스인들은 천문 기구를 만들었고 수학 기술을 사용해 지구의 크기를 계산했죠. 하늘이 지구 주위를 돈다는 그들의 믿음과 주장은 2,000년 동안이나 사실로 받아들여졌어요. 17세기에 망원경이 발명된 덕분에 지구와 다른 행성들이 태양 주위를 공전한다는 사실을 알게 되면서 잘못된 믿음을 버릴 수 있었죠. 현대의 천문학자들은 골드스톤애플밸리 전파망원경과 같은 대형 천문대에서 우주를 관찰해요. 게다가 날씨나 대기 상태와 상관없이 우주를 선명하게 관찰하기 위해 스피처 우주망원경, 허블 우주망원경과 같은 관측 장비를 우주로 보내요. 이런 장비 덕분에 천문학자들은 엑스선, 감마선, 전파, 극초단파, 자외선, 적외선 같은 새로운 형태의 데이터를 얻을 수 있게 됐어요.

인공위성이 촬영한 지구의 대기 온도 사진

밤하늘

위성, 행성, 별

특별한 장치 없이 맨눈으로도 우주의 일부를 관찰할 수 있어요. 밝은 별들은 은하계에 함께 모여 밤하늘에서 특정한 모양을 이루죠. 달의 움푹 파인 크레이터들은 우주를 날아다니는 물체들이 달과 충돌하며 여행을 끝냈다는 사실을 알려 줘요. 다음으로 가장 밝은 점들은 지구와 가장 가까이 있는 행성 5개예요. 지구 밖 우주에도 다른 세계가 존재한다는 증거라 할 수 있죠.

달
지구 주위를 공전하는 달(70~73쪽을 보세요)은 지구의 위성이에요. 지구와 가장 가까울 때의 거리는 겨우 36만 3,932킬로미터예요. 달은 지구의 밤하늘에서 가장 크고 밝은 천체예요. 구름 없는 맑은 밤에는 크레이터, 산맥, 거무스름한 평원 지대 등을 뚜렷이 볼 수 있어요.

용자리

작은곰자리

큰곰자리

별자리
오랜 옛날부터 사람들은 별들이 이루는 여러 모양을 별자리(30~31쪽을 보세요)라고 불러 왔어요. 사람들은 별자리에 동물, 신화 속 존재, 익숙한 물건 등의 이름을 붙였어요. 예를 들어 고대 그리스인들은 사냥꾼을 뜻하는 오리온이라는 이름을 별자리에 붙이기도 했어요.

오로라
밤하늘에서 볼 수 있는 가장 멋진 광경 가운데 하나는 극지방의 춤추는 빛인 오로라예요(왼쪽 사진). 태양이 방출한 입자와 방사선이 지구에 도착하면, 지구 자기장과 상호작용해 극지방을 향해 움직이며 오로라를 만들어요.

혜성
우주를 가로지르며 날아가는 혜성(117쪽을 보세요)은 얼음과 암석으로 이루어져 있어요. 태양계 끝자락에서 날아온 혜성은 태양에 점점 다가가다가 지구에서도 보일 만큼 먼지와 가스를 방출하며 부서지기 시작해요.

밤하늘에서 가장 밝게 빛나는 별은 시리우스로, 천랑성이라고도 불러요.

은하수

오리온성운

성운과 은하
맑은 날 밤하늘에서는 별이 태어나는 거대한 가스와 먼지구름인 성운(170~171쪽을 보세요)을 볼 수 있어요. 북반구와 남반구 양쪽의 하늘을 가로지르는 아름다운 별들의 강인 은하수(164~165쪽을 보세요)에는 적어도 1,000억 개의 별이 있어요.

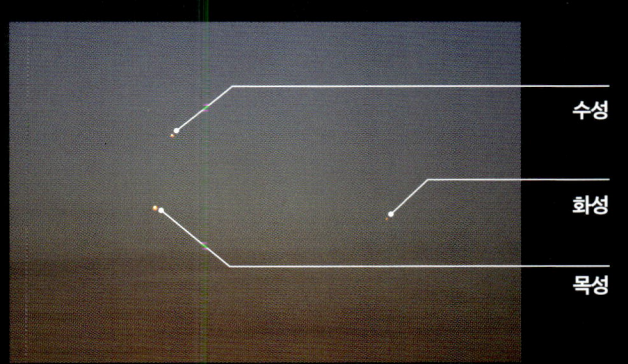

수성

화성

목성

행성
행성은 훨씬 멀리 떨어진 별(174~175쪽을 보세요)처럼 반짝이지는 않지만 밤하늘에서 꾸준히 빛날 만큼 지구와 가까운 거리에 있어요. 특히 수성, 금성, 화성, 목성, 토성은 맨눈으로도 볼 수 있으며 심지어 약간 환한 하늘에서도 관찰할 수 있어요.

화려한 불빛
밤하늘이 매우 어둡고 맑다면 맨눈으로도 약 3,000개의 별을 볼 수 있어요. 그러나 도시의 밤하늘은 대개 불빛으로 가득하죠. 하루도 쉬지 않고 24시간 깨어 있는 도시의 빛은 가장 밝은 별과 행성을 제외한 모든 천체를 흐릿하게 만들어요.

광학망원경

쌍안경

망원경
사람의 눈은 우주의 희미한 물체들로부터 제한된 빛만 모을 수 있어요. 훨씬 먼 곳을 보려면 쌍안경이나 아마추어 망원경을 사용해야 해요. 렌즈가 크고 질이 좋을수록 더 많은 것을 볼 수 있어요.

밤하늘

망원경

우주 기술

망원경을 사용하면 먼 곳을 훨씬 자세히 볼 수 있어요. 초창기 망원경은 원통 안에 유리 렌즈를 넣어 만들었지만, 이후에는 거울을 사용해 점점 더 크고 복잡한 구조의 망원경을 만들었죠. 원통과 렌즈는 산꼭대기의 천문대로 발전했고, 인류는 대기에 의한 빛의 굴절을 피하기 위해 대기 바깥에 망원경을 설치했어요. 빛뿐만 아니라 전파와 적외선까지 포착할 수 있게 됐어요.

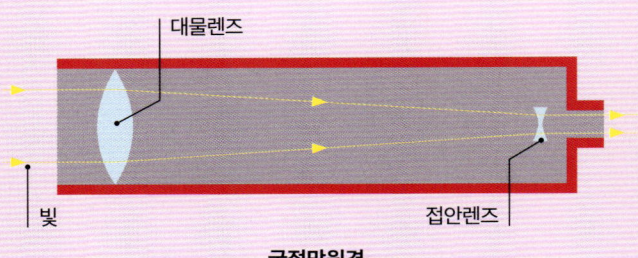

굴절망원경 / 반사망원경 (대물렌즈, 빛, 접안렌즈 / 보조 거울, 오목 거울, 접안렌즈)

망원경(Telescope)은 '멀다(tele)'와 '보다(skopein)'를 뜻하는 **그리스어**에서 유래했어요.

최초의 망원경
최초의 망원경은 렌즈를 사용해 매우 간단히 제작할 수 있는 굴절망원경이었어요. 2개의 렌즈가 접안렌즈 쪽으로 빛을 굴절시키면 접안렌즈는 상을 확대했어요. 굴절망원경은 튼튼하고 가벼웠지만 상이 언제나 다소 흐릿했어요.

크게 더 크게
반사망원경에서 오목 거울은 빛을 모으고, 보조 거울은 그 빛의 상을 확대하는 접안렌즈로 반사시켜요. 주로 천문학자들이 이런 망원경을 많이 사용했는데, 매끄러운 거울 표면이 빛을 잘 반사해 더 자세한 상을 볼 수 있기 때문이죠. 망원경이 크면 클수록 더 자세히 볼 수 있어요.

우연한 발명
네덜란드의 안경 제조업자인 한스 리퍼세이는 자신의 가게에서 놀고 있는 두 아이에게 영감을 받아 굴절망원경을 발명했어요. 아이들은 2개의 렌즈를 사용해 멀리 떨어진 풍향계가 가까이 있는 것처럼 보이게 만들었죠.

위대한 12미터
영국의 천문학자 윌리엄 허셜은 반사망원경을 설계했어요. 1789년 완성된 이 망원경은 당시 세계에서 가장 컸죠. 윌리엄과 그의 누이 캐럴라인은 토성의 새로운 두 위성을 찾기 위해 이 망원경을 사용했어요.

파슨스타운 망원경
1845년 아일랜드의 천문학자이자 기술자인 윌리엄 파슨스는 2년에 걸쳐 당시 가장 커다란 망원경을 만들었어요. 이 반사망원경으로 그는 소용돌이 은하인 M51을 비롯해 15개의 나선은하를 발견했어요. 거울은 뉴턴이 발명한 것과 마찬가지로 구리와 주석을 섞어 만들었는데, 색이 바래는 바람에 여섯 달마다 연마해야 했어요.

갈릴레이
갈릴레오 갈릴레이는 오늘날 사용되는 굴절망원경의 원형을 만들었어요. 오늘날 망원경에는 2개의 볼록렌즈만 들어 있는 반면, 갈릴레이의 망원경에는 볼록한 대물렌즈와 오목한 접안렌즈가 들어 있었어요.

최초의 반사망원경
1668년 아이작 뉴턴은 금속 거울을 사용해 작지만 강력한 반사망원경을 만들었어요. 이 과정에서 그는 다양한 종류의 금속을 시험해 보고 구리와 주석의 합금을 사용하기로 결정했죠. 거울이 많은 빛을 반사할수록 더 선명한 상을 볼 수 있었어요.

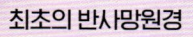

레버 전파망원경

1937년 여름, 미국의 엔지니어이자 천문학자인 그로트 레버는 자신의 집 마당에 최초의 전파망원경을 만들었어요. 전파천문학 분야의 선구자였던 그는 1941년에 전파 주파수 항성 지도를 만들었고, 1943년에는 그 지도를 확장했죠. 그의 지도는 전파 파장으로 밝기를 보여 줘요(22쪽을 보세요).

팔로마산 200인치 망원경

1929년 100인치 망원경에 만족하지 못했던 헤일은 자금을 지원받아 팔로마산 천문대에 무려 200인치(약 508센티미터) 크기의 반사망원경을 설치하기 시작했어요. 이 작업은 무려 20년이 걸렸죠. 헤일이 세상을 떠나고 10년이 지난 1948년에 완성된 이 망원경은 헤일의 이름을 따서 헤일 망원경이라 불러요. 헤일 망원경은 여러 발견 가운데 특히 천문학자 마르틴 슈미트가 깊은 우주 속 별과 같은 퀘이사의 특성을 결정하는 데 도움을 줬어요.

허블 우주망원경

1990년, 허블 우주망원경(40~41쪽을 보세요)이 지구 밖 우주에 설치됐어요. 허블 우주망원경은 대기로 인한 왜곡이 없는 수십만 장의 사진을 찍어 지구로 보냈죠. 허블 우주망원경은 반사망원경으로, 2개의 매끈한 거울이 정확한 반사면을 가지고 있어요.

후커와 100인치 거울

1917년 7월 1일, 역사상 가장 큰 유리 거울이 캘리포니아 윌슨산 천문대로 옮겨졌어요. 이 거울은 조지 엘러리 헤일이 설계한 반사망원경에 장착됐죠. 사업가였던 존 후커는 크기가 100인치(약 254센티미터)인 거울의 생산 비용을 부담하겠다고 제안했어요. 에드윈 허블은 1920년대에 이 망원경을 사용해 안드로메다가 은하라는 사실을 발견했어요.

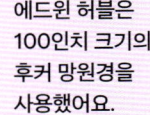

에드윈 허블은 100인치 크기의 후커 망원경을 사용했어요.

그란테칸

오늘날 세계 최대의 광학망원경은 카나리아제도 라팔마에 있는 카나리아 대형망원경이에요. 이 망원경은 반사망원경으로, 안에는 육각형 조각 36개로 이루어진 지름 10.4미터 크기의 거울이 들어 있죠. 육각형 조각들은 따로따로 움직일 수 있으며 모양도 바꿀 수 있어요. 이런 특징 덕에 지구 대기의 난기류 문제를 피할 수 있었어요.

더 멀리 보기

망원경

지구에서는 맑은 날 밤에만 별을 관찰할 수 있어요. 그러나 우주망원경은 지구 대기의 방해를 받지 않아 날씨에 상관없이 365일 24시간 우주를 관찰할 수 있죠. 또한 엑스선, 적외선, 자외선, 전파 등을 수신해 관찰하기에도 가장 좋아요. 과학자들은 우주망원경이 수집한 데이터를 이용해 이전까지 볼 수 없던 우주 곳곳의 상세한 이미지를 만들어 내요.

안드로메다은하의 여러 모습들

아래는 안드로메다은하의 모습이에요. 지상 광학망원경과 우주 적외선망원경에서 촬영한 모습이 서로 다르죠. 왼쪽 빛의 스펙트럼에서 보듯 전자기파는 태양 에너지를 진공 상태의 우주를 통해 지구에 전달할 수 있어요.

태양광 패널
동작에 필요한 전기를 공급해요.

외부 틀
적외선 감지기와 망원경이 들어 있어요.

우주선 버스
팔각형 모양의 구조물로 태양광 패널에서 얻은 전기를 과학 장비에 공급하고 전송할 데이터를 수집해요.

스피처 우주망원경
멀리 떨어진 별 주위의 우주 먼지에서 나온 적외선을 감지해요. 천문학자들은 온도가 낮을수록 점점 붉어지는 색깔을 보고 우주 먼지원반의 온도를 측정할 수 있으며, 측정 데이터를 사용해 먼지원반의 구조와 나이를 결정하죠.

우주망원경을 사용하면 눈으로 볼 수 있는 **가시광선** 말고도 **다양한 영역의 빛**을 볼 수 있어요.

| 감마선 | 엑스선 | 자외선 | 가시광선 | 적외선 | 마이크로파 | 전파 |

빛의 스펙트럼
태양 에너지는 전자기파 형태로 지구에 도달해요. 단파에는 감마선, 엑스선, 자외선이 있으며, 중간파에는 가시광선이 있어요. 장파에는 적외선, 마이크로파, 전파가 있어요.

가시광선과 광학망원경
가시광선 천문학에서는 지상의 광학망원경이나 육안으로 우주를 관찰해요. 날씨가 좋다면 아마추어 천문학자라도 가끔은 밤하늘에서 천체들의 멋진 모습을 포착할 수 있죠. 그러나 많은 경우, 지구 대기의 움직임으로 시야가 흐릿해요.

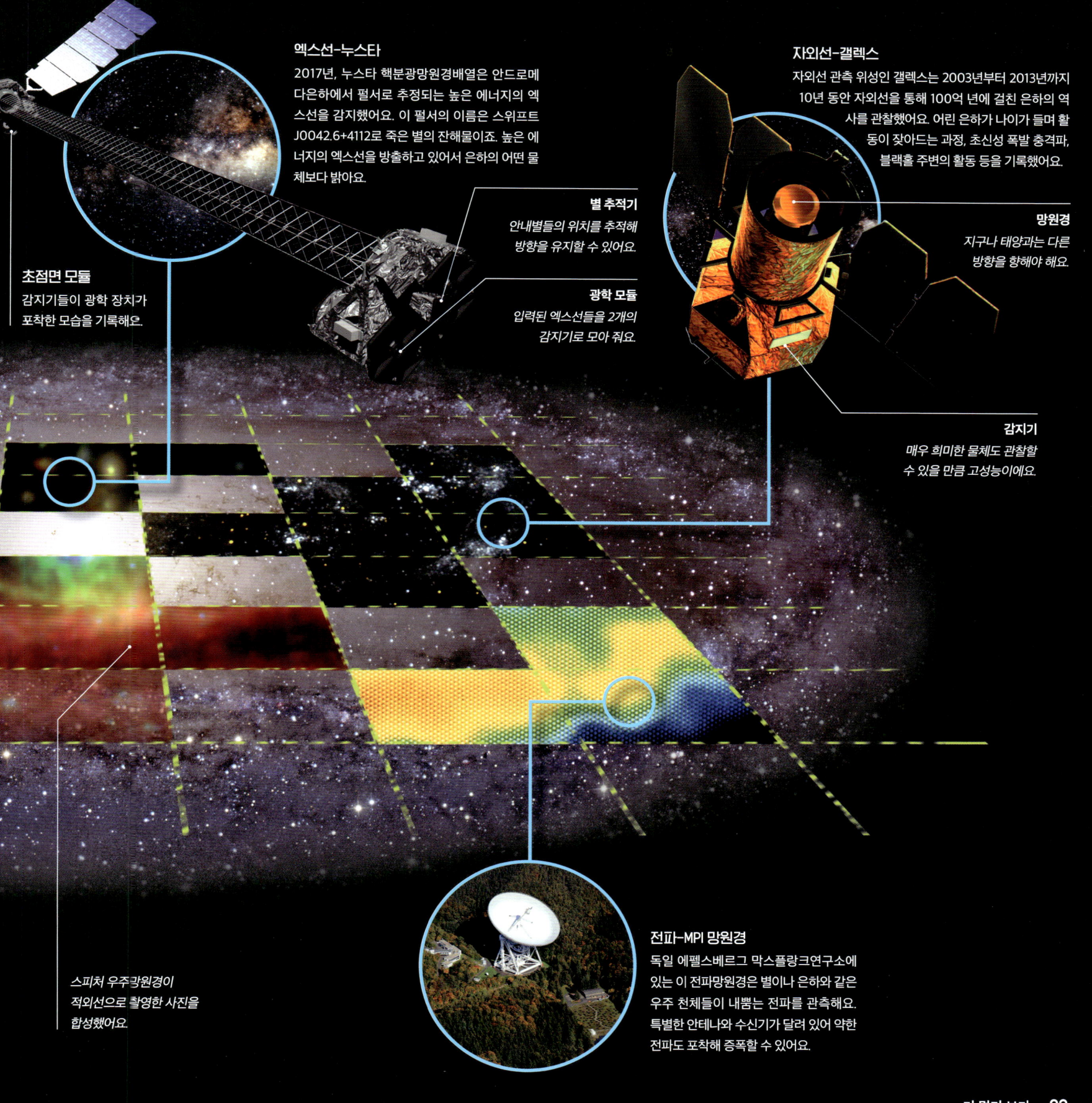

엑스선-누스타
2017년, 누스타 핵분광망원경배열은 안드로메다은하에서 펄서로 추정되는 높은 에너지의 엑스선을 감지했어요. 이 펄서의 이름은 스위프트 J0042.6+4112로 죽은 별의 잔해물이죠. 높은 에너지의 엑스선을 방출하고 있어서 은하의 어떤 물체보다 밝아요.

자외선-갤렉스
자외선 관측 위성인 갤렉스는 2003년부터 2013년까지 10년 동안 자외선을 통해 100억 년에 걸친 은하의 역사를 관찰했어요. 어린 은하가 나이가 들며 활동이 잦아드는 과정, 초신성 폭발 충격파, 블랙홀 주변의 활동 등을 기록했어요.

별 추적기
안내별들의 위치를 추적해 방향을 유지할 수 있어요.

망원경
지구나 태양과는 다른 방향을 향해야 해요.

초점면 모듈
감지기들이 광학 장치가 포착한 모습을 기록해요.

광학 모듈
입력된 엑스선들을 2개의 감지기로 모아 줘요.

감지기
매우 희미한 물체도 관찰할 수 있을 만큼 고성능이에요.

전파-MPI 망원경
독일 에펠스베르그 막스플랑크연구소에 있는 이 전파망원경은 별이나 은하와 같은 우주 천체들이 내뿜는 전파를 관측해요. 특별한 안테나와 수신기가 달려 있어 약한 전파도 포착해 증폭할 수 있어요.

스피처 우주광원경이 적외선으로 촬영한 사진을 합성했어요.

더 멀리 보기 23

레이저 관측기
이른 아침, 하와이의 휴화산인 마우나케아산 꼭대기 근처에 있는 켁 망원경 2대가 대기 중으로 레이저를 발사해요. 적응제어광학이라는 기술을 사용해 불안정한 지구 대기가 일으키는 왜곡을 바로잡죠. 덕분에 너무 흐릿해 명확히 보기 어려웠던 우주 사진을 더 선명하게 찍을 수 있어요. 적응제어광학 장치는 초당 2,000번씩 모양을 바꾸는 거울을 사용해 대기의 왜곡을 바로잡아요.

북반구 하늘

별자리

유럽과 아시아의 천문 관측자들은 오래전에 북반구 밤하늘의 별자리 지도를 만들었어요. 별자리들은 북반구 모든 별이 중심 삼아 회전하는 점인 천구북극 주변에 모여 있죠. 북극성도 천구북극 바로 옆에 있어요.

별자리도 **태양**과 마찬가지로 **동쪽**에서 **서쪽**으로 **밤하늘**을 가로지르며 이동해요.

안드로메다 은하단의 안드로메다은하(M31)

1도   5도   10도   15도   25도

밤하늘 각도 측정
천체들 사이의 겉보기 거리는 각도로 측정해요. 손으로 대략적인 각도를 측정할 수 있죠. 예를 들어, 아래 그림에서 왼쪽 별과 오른쪽 북극성 사이의 거리는 세 주먹 정도로 밤하늘에서 약 30도 떨어져 있어요.

북극성 찾기
선원들은 수천 년 동안 북극성을 이용해 바다를 항해했어요. 북극성은 북두칠성의 한 부분에서 가상의 직선을 그어 찾을 수 있어요.

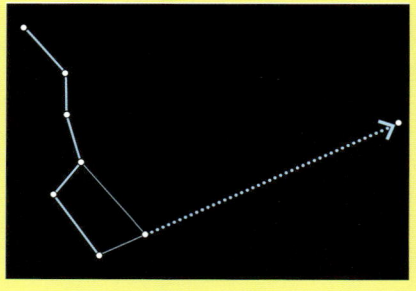

천구의 적도
천구북극과 천구남극에서 같은 거리에 있는 가상의 원이에요.

북반구
이 지도는 우리가 북극에 서서 똑바로 밤하늘을 올려다보면 볼 수 있는 북반구 밤하늘이에요. 은하수를 비롯해 우리가 눈으로 볼 수 있는 모든 별이 그려져 있어요.

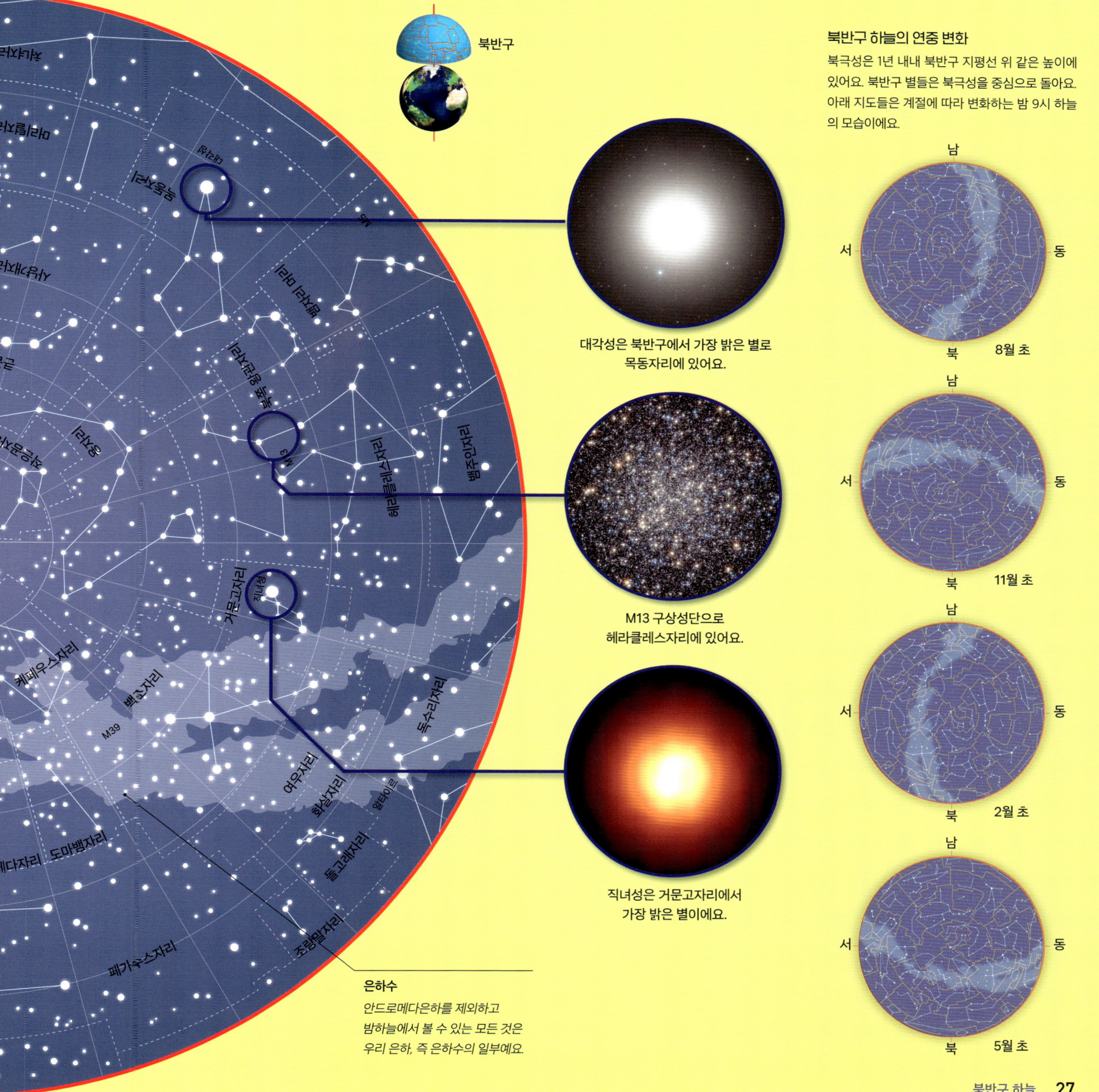

남반구 하늘

별자리

남반구 하늘은 북반구 하늘보다 밝아요. 소마젤란은하와 대마젤란은하도 밝게 빛나죠. 북반구에서는 북극성이 길잡이 역할을 했다면, 남반구에서는 5개의 작은 별로 이루어진 남십자자리가 남쪽을 가리키며 선원들의 항해에서 길잡이 역할을 했어요.

은하의 중심
은하수는 하늘에서 큰 원을 이루고 있어요. 그래서 같은 장소에서는 같은 양의 은하수를 볼 수 있죠. 그러나 은하수의 중심은 궁수자리에 있기 때문에, 남반구 사람들이 좀 더 쉽게 볼 수 있어요.

사막의 깨끗한 하늘
칠레 아타카마사막은 천문학자들에게 최고의 장소 가운데 하나예요. 사막의 건조한 대기 덕분에 연간 200일 넘게 밤하늘이 구름 한 점 없이 맑아 매우 깨끗하고 선명한 남반구 하늘을 볼 수 있어요.

안타레스는
전갈자리에 있는 붉은 별이에요.

궁수자리에 있는
구상성단 M22의 중심

남반구에는 **육지가 적어** 하늘이
덜 오염되고 **더 맑아요**.

남반구

웨스터룬드 2는 약 3,000개의 별로 이루어진 거대 성단으로 용골자리에 있어요.

은하수
은하수와 함께 대마젤란은하와 소마젤란은하도 볼 수 있어요.

시리우스 A는 밤하늘에서 가장 밝은 별로 큰개자리에 있어요.

나선은하 NGC 1313으로 그물자리에 있어요.

남반구 하늘의 연중 변화

천구남극은 1년 내내 남반구 지평선 위 같은 높이에 있죠. 남반구 별들은 천구남극을 중심으로 돌아요. 아래 지도들은 계절에 따라 변화하는 밤 9시 하늘의 모습이에요.

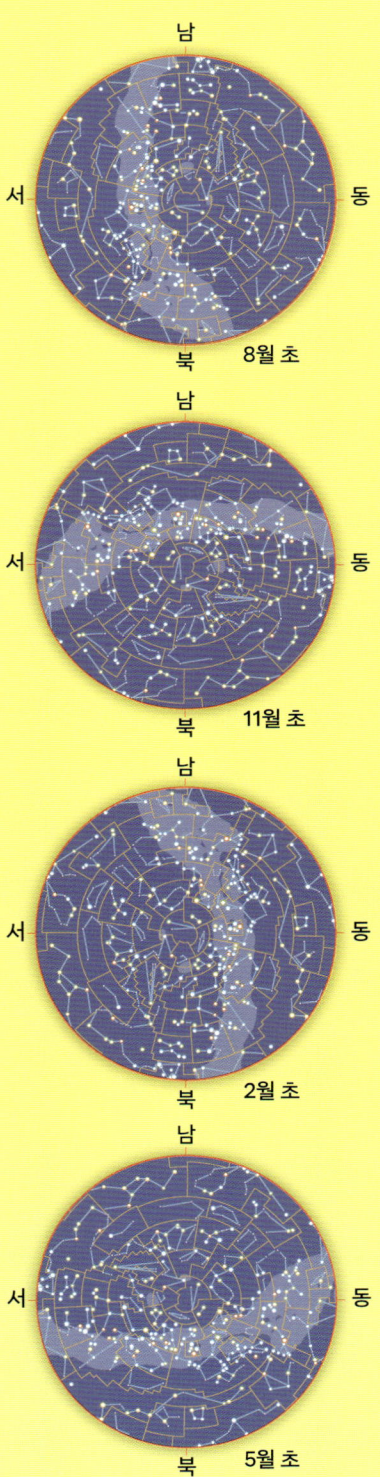

8월 초

11월 초

2월 초

5월 초

남반구 하늘

별자리

별 무리의 모양

지구에서 보았을 때, 몇몇 별 무리는 별자리라고 부르는 모양을 이루고 있어요. 고대인들은 달력을 기록하고 농작물을 심거나 추수할 시기를 알기 위해 별자리를 이용했죠. 훗날 대양을 항해한 탐험가들은 자신들의 위치와 방향을 알기 위해 별자리의 위치 변화를 이용했어요. 1922년, 천문학자들은 총 88개의 별자리를 정리해 공식 목록을 만들었죠. 그중 절반 이상은 고대 그리스인들이 불렀던 별자리 이름을 그대로 사용했어요.

사자자리(북반구 하늘)

웅크린 사자 모양의 이 별자리는 밤하늘에서 가장 쉽게 찾아볼 수 있는 별자리 가운데 하나예요. 가장 밝은 별은 레굴루스로, 표면 온도가 태양보다 2배 이상 높죠. 기원후 2세기 그리스 천문학자 프톨레마이오스가 별자리 목록에 최초로 포함시켰어요.

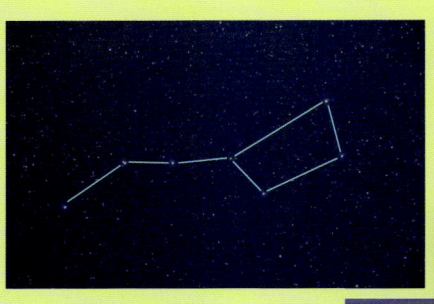

북두칠성 (큰곰자리)

오리온의 띠(오리온자리)

작은 별자리(성군)

작은 별자리는 그 자체로 독특한 모양을 이루고 있지만, 더 큰 별자리의 일부이기도 해요. 예를 들어 유명한 북두칠성은 큰곰자리의 일부죠. 또한 오리온의 띠를 이루고 있는 3개의 밝은 별은 오리온자리의 일부예요.

카시오페이아자리 (북반구 하늘)

그리스 신화에 등장하는 아름답지만 허영심 많은 에티오피아 여왕의 이름을 딴 카시오페이아는 커다란 M 또는 W 모양을 이루는 5개의 별들로 잘 알려져 있어요. 카시오페이아에서 가장 밝은 별인 셰다는 태양보다 지름이 40배 커요.

남반구 하늘의 작은 별자리

남반구 하늘에서는 2개의 특이한 별자리를 쉽게 찾을 수 있어요. 남쪽삼각형자리는 삼각형을 이루고 있는 3개의 별들에서 유래했죠. 십자가 모양의 별자리는 남십자자리도 알려져 있어요.

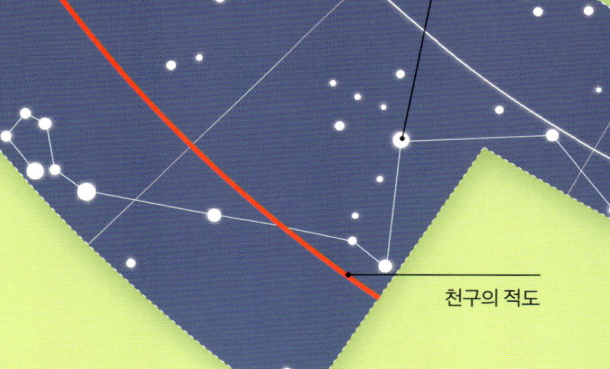

바다뱀자리(북반구와 남반구 하늘)

모든 별자리 가운데 가장 큰 바다뱀자리는 남반구 북쪽 하늘을 길게 차지하고 있어요. 중심부에 가장 밝고 큰 주황색 별인 알파드가 있더요. 바다뱀자리는 전설의 영웅 헤라클레스가 12가지 임무 가운데 하나로 죽인 뱀의 이름을 따서 지어졌어요.

용자리(1700년대 후반, 페르시아)

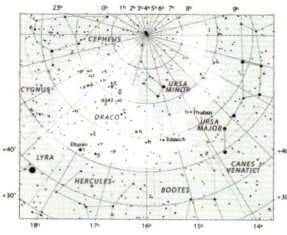
용자리 (1825년, 런던)

용자리 (근대 천문 지도)

세월이 흘러

별자리는 여러 문화의 이야기를 담고 있어요. 얼마나 많은 사람이 그 이야기에 공감하는지 주목할 필요가 있죠. 고대 그리스부터 오늘날에 이르기까지 전 세계 사람들은 용자리가 뱀처럼 생긴 용을 닮았다고 해요.

큰곰자리(북반구 하늘)

세 번째로 큰 별자리예요. 이 별자리에 속한 7개의 별이 북두칠성을 이루고 있기 때문에 찾기 쉬워요. 곰 머리 위에는 가장 밝은 은하 가운데 하나인 M81이 있어요.

용자리(북반구 하늘)

작은곰자리를 감고 있는 용자리는 북반구 밤하늘에서 1년 내내 볼 수 있어요. 용자리는 가장 큰 별자리 가운데 하나예요.

황소자리 (북반구 하늘)

일곱 자매로 알려진 일곱 별 플레이아데스가 속한 별자리예요. 초신성 잔해인 게성운은 황소자리 뿔 바로 위에 있어요.

— 안타레스

— 게성운

전갈자리 (남반구 하늘)

전갈자리에 속한 여러 밝은 별들은 우주에서 서로 가까이 있으며, 같은 물질의 구름들로 만들어졌죠. 전갈자리에는 수명이 거의 다한 붉은색 별인 안타레스가 있어요. 이 별의 지름은 태양보다 무려 700배나 커요.

궁수자리(남반구 하늘)

은하수 중심 근처에 있으며, 남반구 별자리 가운데 가장 커요. 궁수자리에는 가장 밝은 별들로 이루어진 작은 별자리인 주전자자리가 있어요.

우주에서 온 손님

우주 물체

하늘에서 밝은 빛이나 섬광을 본 적이 있나요? 행성이나 별이 아니에요. 수백만 년 동안 우주를 가로지르며 날아온 혜성, 운석, 소행성이 지구와 충돌한 거예요. 꼬리를 길게 늘어뜨리고 있다면 혜성(116~117쪽을 보세요)일 거예요. 과학자들에 따르면 매일 약 48.5톤의 암석과 먼지가 우주에서 지구로 날아와 충돌하죠. 대부분은 지구 대기와 부딪힐 때 타서 없어지는데, 사람들은 이를 유성 또는 별똥별이라고 말해요. 크기가 커서 다 타지 못하고 지구 표면에 충돌한 물체는 운석이라고 불러요.

운석의 종류

금속: 니켈-철 결정을 드러낸 운석

암석: 화성에서 온 운석

금속과 암석: 철과 흑요석 운석

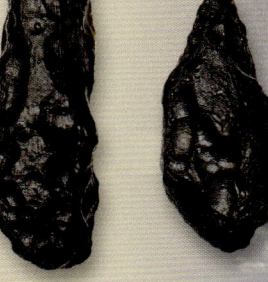

날아다니는 우주 파편

운석은 태양계에서 만들어져요. 대개 소행성들의 파편이죠. 소행성 어느 곳에서 떨어져 나왔느냐에 따라 운석은 금속, 암석 또는 혼합체일 수 있어요.

불타는 유성

커다란 운석은 시속 수만 킬로미터의 속도로 날아가요. 이렇게 빠른 운석이 지구 대기와 충돌하며 대기를 압축시키면 온도는 약 1,650도까지 상승하죠. 이때 불타는 긴 선이 하늘에 나타나는데, 사람들은 이를 유성이라 불러요.

거대한 충돌

약 6,500만 년 전, 거대한 소행성이 지구와 충돌했어요. 100조 톤의 폭탄과 맞먹는 어마어마한 폭발이 발생했죠. 암흑으로 뒤덮인 지구는 차갑게 식었고, 식물과 작은 동물들이 죽어 사라졌어요. 그리고 끝내 공룡도 멸종했죠. 아래는 애리조나 윈슬로에 있는 크레이터 사진이에요. 깊이는 174미터, 지름은 1,250미터예요. 약 5만 년 전에 지름 40미터의 운석이 시속 4만 3,130킬로미터의 속도로 지구 표면에 충돌하며 생겨났어요.

로켓 잔해

로켓 연료 폐기물

우주 쓰레기를 조심해요!
지구와 충돌하는 모든 물체가 우주에서 온 것은 아니에요. 지구에서 만든 수많은 것들이 지구 대기와 충돌하죠. 로켓 연료 폐기물이나 로켓의 금속 잔해물이 지구 표면에 충돌하기도 해요.

유성우 쇼
지구는 종종 우주 먼지를 통과해 지나가는데, 이때 '별똥별'로 알려진 멋진 유성우를 볼 수 있어요. 대부분의 유성우는 혜성 뒤에서 흘러나오는 얼음 파편 때문에 발생하죠. 이 사진은 혜성 템펠-터틀의 파편으로 발생한 사자자리 유성우예요.

인간이 만든 우주 쓰레기
유성우 가운데 일부는 ISS에서 배출한 쓰레기로, 모두 고체 배설물이에요. ISS에서는 물이 너무 귀한 나머지 소변조차 재활용해요.

혜성 67P/추류모프-게라시멘코

정기적인 방문자
많은 혜성이 태양 주위를 돌다가 지구 근처를 지나가요. 이때, 혜성 먼지 일부가 지구 대기와 충돌하죠. 혜성 러브조이는 8,000년에 한 번씩 지구 근처를 지나가요.

혜성 러브조이

우주 암석은 대부분 시속 5만 4,000킬로미터로 지구와 충돌해요.

우주에서 온 손님 33

위험한 일

고대 중국에서는 천문학자들이 높은 지위를 차지했어요. 고대 중국 사람들은 하늘이 앞으로 일어날 세상의 사건을 미리 경고한다고 믿었죠. 17세기 태피스트리에 그린 이 그림은 천문학자들이 손을 들고 선 황제에게 망원경과 천구 모형을 사용해 설명하는 모습이에요.

천문학자

여러 세대에 걸쳐 많은 천문학자들이 놀라운 발견으로 우주에 대한 지식을 넓히고 지구에 대한 우리 시각을 크게 바꿔 이름을 남겼어요. 1543년 코페르니쿠스는 지구가 우주의 중심이 아니라고 말했어요. 이후 사람들은 새로운 세계관에 적응하기 위해 안간힘을 썼고, 이 과정에서 천문학뿐만 아니라 종교, 과학, 사회에서도 혁명적인 변화가 일어났어요.

옛 사람들이 본 우주
독일의 어느 광산에서 발견된 네브라 하늘 원반은 약 3,600년 전에 제작된 것으로, 우주를 표현했다고 알려진 것들 가운데 가장 오래됐어요. 그로부터 약 3,000년 후인 1479년에 제작된 아즈텍 태양의 돌은 아즈텍 문명에서 태양이 중요했다는 사실을 잘 보여 줘요.

- 플레이아데스
- 태양 또는 보름달
- 초승달

청동기 시대에 제작된 네브라 하늘 원반

아즈텍 태양의 돌

아리스토텔레스 (기원전 384~332년)
그리스의 철학자 아리스토텔레스는 지구가 둥글다는 피타고라스의 이론을 증명하는 데 기여했어요. 그는 항해하는 배가 수평선 너머로 사라지고, 월식이 일어나는 동안 지구가 둥근 그림자를 달에 드리운다고 말했죠. 그런 그도 여전히 지구가 우주의 중심이라고 믿었어요.

아리스토텔레스의 대리석 흉상

코페르니쿠스 (1473~1543년)
니콜라우스 코페르니쿠스는 폴란드의 천문학자로 지구가 하루 한 번 자전하고 1년에 한 번 태양을 공전한다고 주장했어요. 그는 지구가 아닌 태양이 우주의 중심이라고 주장했죠. 그는 세상을 떠난 해인 1543년 초에 자신의 연구 업적을 책으로 출간했어요.

코페르니쿠스의 책 《천구의 회전에 대하여》

1633년 갈릴레이는 지구가 태양 주위를 돈다고 말했다는 이유로 재판을 받았어요.

갈릴레오 갈릴레이 (1564~1642년)
망원경을 발명한 갈릴레이는 당시 천문학을 송두리째 바꿀 만한 발견들을 했죠. 그는 사람들이 태양이 우주의 중심이라는 코페르니쿠스의 이론을 받아들일 수 있는 길을 마련했어요.

윌리어미나 플레밍 (1857~1911년)
스코틀랜드의 천문학자 플레밍은 최고의 여성 천문학자였어요. 그녀는 미국 매사추세츠 케임브리지에 있는 하버드대학교 천문대에서 36년간 일하며 1만 개가 넘는 별을 발견했어요. 또한 성운을 목록으로 정리했고, 백색왜성의 존재를 설명했어요.

아이작 뉴턴 (1642~1727년)
영국의 물리학자 뉴턴은 23세 때 사과가 나무에서 떨어지는 것을 보고 중력을 발견했어요. 이후, 그는 로켓(126~127쪽을 보세요)을 포함해 모든 물체의 움직임을 설명하는 세 가지 운동 법칙을 만들었죠. 그는 또한 반사망원경을 최초로 만들었어요.

알베르트 아인슈타인 (1879~1955년)
아인슈타인은 상대성 이론(44~45쪽을 보세요)과 매우 적은 질량도 엄청난 양의 에너지로 변환될 수 있다는 사실을 증명한 $E=mc^2$이라는 유명한 등식을 만든 것으로 잘 알려져 있어요.

에드윈 허블 (1889~1953년)
미국 과학자 허블은 1900년대 초 캘리포니아 윌슨산 천문대에서 일했어요. 당시 사람들은 우주에는 우리 은하 외에 다른 은하는 없다고 생각했죠. 그는 수많은 은하를 발견했어요. 우주가 끊임없이 팽창하고 있다는 사실도 보여 주었어요 (188~189쪽을 보세요).

우주왕복선 디스커버리호에서 분리된 허블 우주망원경

허블 우주망원경으로 찍은 성운 NGC 2440의 이미지

지구 관찰하기

인공위성

스파이, 과학자, 기상예보관은 인공위성을 좋아해요. 지구 궤도를 돌며 지구의 모든 것을 관찰해 알려 주기 때문이죠. 보통 사람들도 텔레비전을 보거나 라디오를 들을 때 또는 전화를 하거나 내비게이션을 이용해 길을 찾을 때마다 인공위성을 사용해요. 인류는 1957년 최초의 인공위성을 발사했어요. 오늘날에는 약 1,740개의 인공위성이 활동 중이죠. 그중에는 길이가 10센티미터로 작은 인공위성도 있고 버스만큼 커다란 인공위성도 있어요.

주요 위성들의 역할

저궤도 위성(LEO)
고도: 160~2,000킬로미터
용도: 첩보, 과학 연구, 날씨
사례: 아쿠아 위성, ISS, 허블 우주망원경, 극궤도 위성

중궤도 위성(MEO)
고도: 2,000~3만 5,786킬로미터
용도: GPS, 통신
사례: 글로나스, 갈릴레오

고궤도 위성(HEO)
고도: 3만 5,786킬로미터 이상
용도: 날씨, 통신, 텔레비전
사례: 벨라, 아이벡스

행성 관찰
인공위성은 지구를 관찰하며 날씨, 대기, 기후 변화에 관해 끊임없이 알려 줘요. 통신위성은 네트워크로 과학자들이 이런 데이터를 사용해 지구 생태계를 보존하는 데 기여해요.

로키산맥
북극지방
아마존 열대우림
아타카마사막

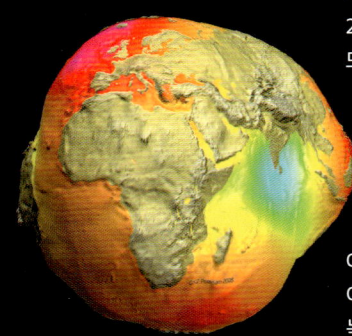

중력 측정
2005년 과학자들은 지구 궤도를 도는 인공위성 그레이스와 챔프를 이용해 지구 중력장(45쪽을 보세요) 지도를 만들었어요. '포츠담 중력 감자'라 부르는 이 지도에서 빨간색은 중력이 평균보다 센 곳을 나타내며, 파란색은 중력이 평균보다 약한 곳을 나타내죠. 이 지도는 해류가 변하거나 빙하가 녹는 변화를 측정할 때 유용해요.

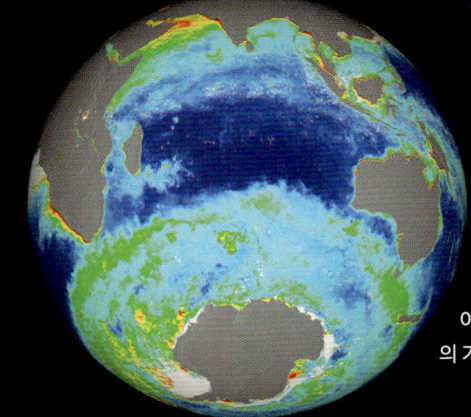

지표면 아래
수오미 NPP 기상위성은 장기적인 기후 변화 데이터와 단기적인 날씨 데이터를 수집해요. 왼쪽 그림은 남반구의 엽록소 농도를 보여 주죠. 엽록소 농도가 높다는 것은 육지 식물들처럼 바다 먹이사슬의 기초가 되는 식물 플랑크톤이 많다는 뜻이에요.

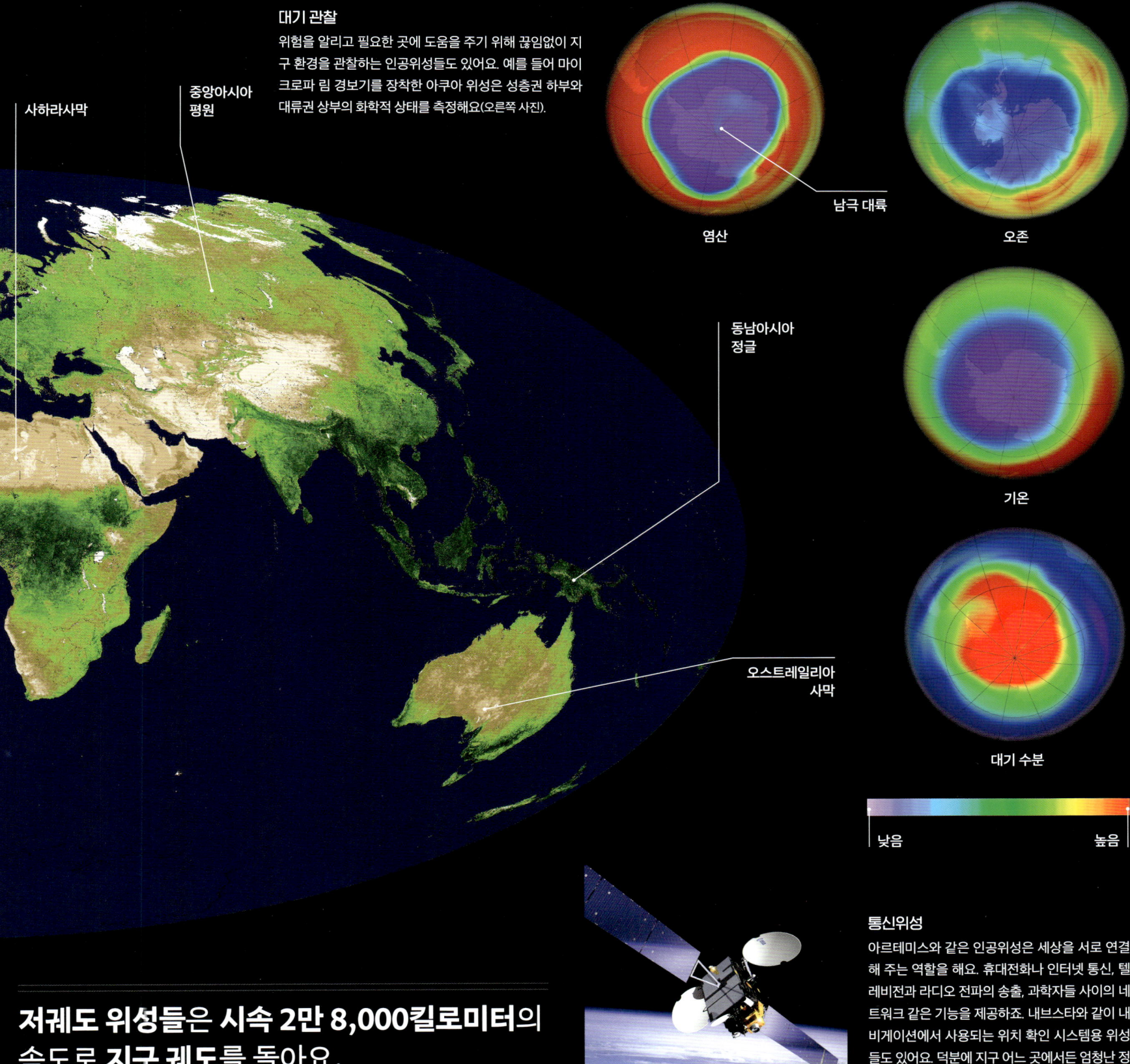

대기 관찰
위험을 알리고 필요한 곳에 도움을 주기 위해 끊임없이 지구 환경을 관찰하는 인공위성들도 있어요. 예를 들어 마이크로파 림 경보기를 장착한 아쿠아 위성은 성층권 하부와 대류권 상부의 화학적 상태를 측정해요(오른쪽 사진).

사하라사막

중앙아시아 평원

동남아시아 정글

오스트레일리아 사막

염산

남극 대륙

오존

기온

대기 수분

낮음   높음

저궤도 위성들은 시속 2만 8,000킬로미터의 속도로 지구 궤도를 돌아요.

통신위성
아르테미스와 같은 인공위성은 세상을 서로 연결해 주는 역할을 해요. 휴대전화나 인터넷 통신, 텔레비전과 라디오 전파의 송출, 과학자들 사이의 네트워크 같은 기능을 제공하죠. 내브스타와 같이 내비게이션에서 사용되는 위치 확인 시스템용 위성들도 있어요. 덕분에 지구 어느 곳에서든 엄청난 정확도로 자신의 위치를 알 수 있어요.

지구 관찰하기 **37**

지옥에서 탄생한 별

허블 우주망원경으로 찍은 용골자리 성운에는 성운 밖으로 부는 바람과 새로 생긴 별들이 방출하는 자외선이 거대한 성운을 뒤흔드는 모습이 담겨 있어요. 용골자리 남쪽에 있는 이 거대한 성운은 지구로부터 약 7,500광년 떨어져 있죠. 이 이미지는 허블 우주망원경에 달린 첨단 카메라로 찍은 48장의 사진을 합치고 색깔을 덧입혀 만든 거예요. 주황색과 빨강색은 유황, 녹색은 수소, 파란색은 산소 방출을 나타내요.

허블 우주망원경

우주 과학

허블 우주망원경은 역사상 가장 뛰어난 과학 장비 가운데 하나예요. 우주망원경 가운데 가장 크죠. 1990년 4월 발사된 이후 시속 2만 7,360킬로미터의 속도로 지구 궤도를 돌면서 130만 번 넘게 관측을 했어요. 허블 우주망원경은 먼 우주를 찍은 사진들을 통해 우주와 우주 속 지구에 대한 인류의 생각을 바꾸어 놓았어요.

거울을 수리하기 위해 우주를 유영하는 우주 조종사들

M100 은하를 처음 찍은 사진

수리 후 M100 은하를 다시 찍은 사진

수리 중인 허블 우주망원경
우주를 찍은 멋진 사진들 덕분에 잘 알려져 있지만, 허블 우주망원경에 문제가 없던 것은 아니에요. 1990년 궤도에 진입했을 때, 주 거울이 약 1밀리미터 위치를 벗어나 우주 조종사들이 우주를 유영하며 직접 수리해야 했어요.

조리개 문
태양 빛으로 인한 손상을 방지하기 위해 닫을 수 있어요.

허블 우주망원경의 내부
허블 우주망원경은 반사망원경(20쪽을 보세요)이에요. 가시광선, 적외선, 자외선을 반사하기 위해 순수 알루미늄과 플루오르화마그네슘으로 코팅한 유리 거울들이 있어요.

통신
2개의 안테나를 통해 명령과 데이터를 주고받을 수 있어요.

주반사경 하우징

태양전지판
탑재된 모든 과학 장비들을 동시에 구동하기에 충분한 전기를 만들어요.

창조의 기둥
1995년, 허블 우주망원경은 지금까지도 최고의 우주 사진 가운데 하나로 손꼽히는 사진을 찍었어요. 그 사진은 지구에서 7,000광년 떨어진 뱀자리 독수리 성운의 우뚝 솟은 기둥들이죠. 이 3개의 기둥은 별이 활발하게 생성되는 지역의 일부로, 갓 태어난 별들이 이 안에 있어요.

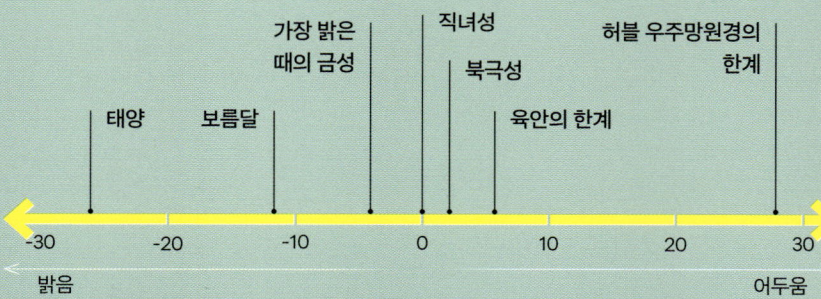

직녀성

밝기 측정
허블 우주망원경의 카메라는 주기적으로 조정이 필요해요. 거문고자리에서 가장 밝은 별인 직녀성을 겉보기 등급의 기준(0)으로 사용하죠. 겉보기 등급이 6보다 높으면 너무 어두워 육안으로 볼 수 없어요.

허블 우주망원경을 사용하면 **지구**에서 **134억 광년** 떨어진 은하의 **과거**를 살펴볼 수 있어요.

허블 우주망원경의 능력

이 망원경의 이름은 머나먼 은하에 대해 최초로 주요한 연구를 수행한 천문학자 에드윈 허블의 이름을 따라 지었어요. 허블 우주망원경은 왜소행성인 명왕성을 도는 2개의 위성을 새로 발견했고, 1994년에는 슈메이커-레비 9 혜성과 목성의 충돌 장면을 발견하기도 했어요. 또한 안드로메다은하를 찍고, 목성의 위성인 유로파에서 화산 분출을 발견했으며, 700광년 떨어진 외계 행성 포말하우트 b의 대기에서 물을 발견하기도 했어요.

거대한 거울 제작

칠레 안데스산맥에서 제작한 거대한 마젤란 망원경이에요. 이 망원경은 허블 우주망원경보다 10배나 선명한 적외선 이미지를 만들기 위해 직경 8.4미터 거울 8개를 사용해 빛을 모을 수 있죠. 2017년 11월에는 1만 7,481톤의 유리를 며칠 동안 가열해 다섯 번째 거울을 만들었어요. 열을 식히는 데만 몇 달이 걸렸죠. 이후 연마에 3년이 더 걸렸어요.

우주, 거울, 망원경

천체물리학자 폴 힉슨 교수

별빛은 지구 대기에서 굴절되기 때문에 별의 모양 또한 흐릿해져요. 오늘날 망원경은 이런 문제를 해결할 수 있죠. 망원경 속에 있는 거대한 거울들이 맨눈으로 볼 수 있는 빛보다 훨씬 많은 빛을 모을 수 있거든요. 덕분에 지구에서 매우 멀리 떨어진 별들과 은하까지도 연구할 수 있어요.

허블 우주망원경의 주반사경은 직경이 2.4미터예요. 중심부 두께는 25.4센티미터이고, 유리와 4센티미터의 고체 유리판 사이의 공간으로 이루어져 있죠. 이 공간 덕분에 일반 거울보다 훨씬 가볍고 온도 변화에 의한 수축과 팽창을 잘 견뎌요. 그런데 허블 우주망원경이 처음 보내온 사진들은 매우 흐릿했어요. 종이 두께 50분의 1 정도의 결함이 있었죠. 우주비행사 팀은 중심에 모이는 빛을 조절하기 위해 추가로 거울을 설치해 문제를 해결했어요.

천체물리학자
폴 힉슨 교수는 지구와 우주에서 쓰는 각종 망원경을 설계하는 데 기여했어요. 1994년, 에르마노 프랑코 보라 교수와 세계 최초의 액체 거울 망원경을 만들었어요.

2019년 조립된 제임스웹 우주망원경에는 직경 6.5미터 크기의 거울이 있어요. 개발자들은 100만분의 1인치 수준의 정확도로 거울을 연마했죠. 적외선 감지 성능을 높이기 위해 거울 표면을 금으로 얇게 코팅했어요. 제임스웹 우주망원경은 매우 민감해서 지구와 달로부터 반사되는 빛을 차단해야 해요. 테니스 코트 크기의 거대 가림막은 태양 직사광선을 막아 줘요.

우주에 망원경을 설치하면 우주 이곳저곳을 잘 볼 수 있지만, 돈이 너무 많이 들어요. 최근에 개발된 지상 망원경은 매우 오래된 지식을 이용하죠. 액체를 회전시키면 모든 가장자리가 한 점에서 같은 거리에 있는 곡선을 형성해요. 이 개념을 사용해 만든 망원경이 액체 거울 망원경으로, 직경 6미터의 수은 거울을 갖춘 것도 있죠. 인류는 달에 우주망원경들을 설치할 거예요. 그리고 아마도 그중 일부는 회전하는 액체 거울을 사용할 거예요.

> **"태양을 공전할 제임스웹 우주망원경은 다른 별들을 공전하는 지구형 행성들을 우리에게 보여 줄 거예요."**

허블 우주망원경에 들어가는 주 거울의 연마

캐나다 밴쿠버에 있는 액체 거울 망원경

찬드라 우주망원경 조립

제임스웹 우주망원경의 거울 18개 가운데 6개

무중력 상태에서 떠다니기

우주비행사들은 일명 '구토 혜성'이라고 부르는 무중력 비행기 안에서 무중력 훈련을 받아요. 무중력 비행기는 높은 곳까지 올라가 수평 비행을 하다가 45도 각도로 하강해요. 이때, 비행기에 탑승한 사람 모두 자유낙하를 하며 무중력 상태에 들어가죠. 우주 조종사들은 30초 동안 무중력 상태를 경험해요.

우주 물리학

지구를 넘어 태양계를 여행하면 인간의 본성과 우주의 관계에 대해 가장 도전적인 개념들과 마주쳐요. 인류의 가장 뛰어난 몇몇 사람들은 이를 놀라운 통찰력으로 설명했어요. 예를 들어, 알베르트 아인슈타인(35쪽을 보세요)은 우주가 작동하는 원리에 대한 이론을 만들어 현대 물리학의 기초를 다졌어요.

빛

어떤 별과 은하는 지구와 매우 멀리 떨어져 있어요. 따라서 우리 눈에 보이는 빛은 수십억 년 전에 떠난 빛이죠. 우주에서 사용하는 거리의 단위는 광년이에요. 빛이 1년 동안 이동한 거리를 뜻해요. 킬로미터로 환산하면 무려 9.5조 킬로미터나 된답니다.

중력

1600년대 후반, 아이작 뉴턴은 질량을 가진 두 물체 사이의 끌어당기는 힘으로 중력을 확인했어요. 중력은 물체들의 질량과 그들 사이의 거리에 따라 달라져요. 아인슈타인은 중력이 단순히 힘이라기보다는 공간과 시간의 구부러짐이라는 사실을 수학적으로 증명했어요. 결과적으로 행성이나 태양과 같은 무거운 물체는 주변 시공간을 구부려 중력장을 생성해요.

태양에 의한 공간의 구부러짐

중력파

아인슈타인은 서로 공전하는 블랙홀들과 같이 질량이 크고 가속도가 붙은 물체들은 시공간에 파문을 일으킨다는 것을 보여 주었어요. 이런 파문들은 빛의 속도로 우주를 통과하며 그들의 기원에 관한 정보를 알려 주죠. 2015년까지는 실제로 중력파가 관측된 적이 없었어요.

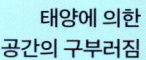

중력파 표시

블랙홀 충돌로 발생한 중력파

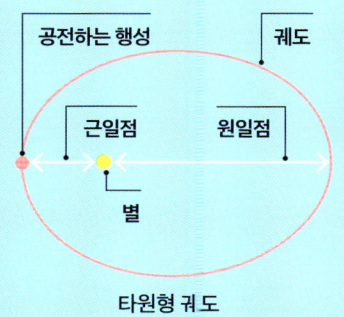

V838 몬세로티스 별의 빛 울림

$$E=mc^2$$

빛보다 빠른 것은 없어요. 진공 상태에서 빛의 속도는 언제나 일정하죠. 아인슈타인은 질량이 곧 에너지라는 자신의 이론을 $E=mc^2$이라는 공식으로 표현했어요. E는 에너지, m은 질량, c는 빛의 속도를 나타내요.

중력과 궤도

궤도는 지구가 태양을 공전하듯 우주에서 한 물체가 다른 물체를 계속 공전하는 경로예요. 중력이 없다면 행성은 궤도를 이탈해 일직선으로 우주를 향해 날아갈 거예요. 그러나 별의 중력으로 행성을 다시 끌어당겨요.

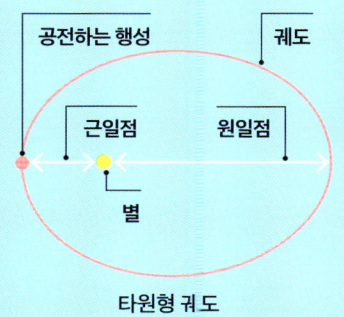

타원형 궤도

지구 중력이 달을 궤도에 붙잡고 있어요.

시간

아인슈타인은 시간의 속도가 사물과 장소에 따라 변할 수 있다는 사실을 깨달았어요. 시간이 흐르는 속도는 사물이 어느 곳에서 얼마나 빨리 움직이는지에 달려 있죠. 이런 사실은 우주에서 매우 빨리 움직일 때만 확실해져요. 예를 들어, 물체의 속도가 빛의 속도에 가까워질수록 시간이 지연되죠. ISS에 오래 머문 우주 조종사들은 시간 지연을 경험해요.

ISS에서 803일을 지내고 돌아온 세르게이 크리칼레프는 지구에서보다 나이가 0.02초 덜 든 채 지구로 돌아왔어요.

빛은 1초에 29만 9,792킬로미터를 이동해요.

우주 물리학 **45**

우리

태양계

혜성
(67P/추류모프-
게라시멘코)

얼음(엔셀라두스)

거대 가스 행성(목성)

운석(암석)

별(태양)

카시니-하위헌스
우주탐사선

행성의 종류

수성, 금성, 지구, 화성은 내행성이라 하고, 목성, 토성, 천왕성, 해왕성은 외행성이라고 해요. 내행성이 외행성보다 훨씬 작아요. 태양 가까이에 있는 내행성들은 태양이 뿜어내는 입자인 태양풍의 완전한 영향권 아래에 있죠. 태양풍이 가까이 있는 가스와 먼지를 날려 보냈기 때문에 내행성은 작은 암석 덩어리로 남았어요. 외행성들은 태양풍이 한층 약해진 덕분에 가스와 물을 좀 더 오래 간직할 수 있었고, 차가운 거대 가스 행성으로 발전했어요.

행성의 정의

오랫동안 천문학자들은 태양을 공전하는 작은 천체들을 '행성'이라 불렀어요. 명왕성이 대표적인 예로, 76년 동안 아홉 번째 행성의 지위를 갖고 있었죠. 2006년 국제천문연맹은 태양을 공전하는 둥근 천체지만 공전 궤도를 혼자 사용하지 못하는 행성을 '왜소행성'이라 정의했어요. 이 정의에 따라 명왕성은 행성의 지위를 잃고 왜소행성이 됐죠. 처음에 행성으로 분류했던 세레스 역시 왜소행성이 됐어요. 새로 발견한 에리스 역시 왜소행성으로 분류하는데, 왜소행성 가운데 가장 커요. 2년 후 마케마케와 하우메아가 추가됐어요.

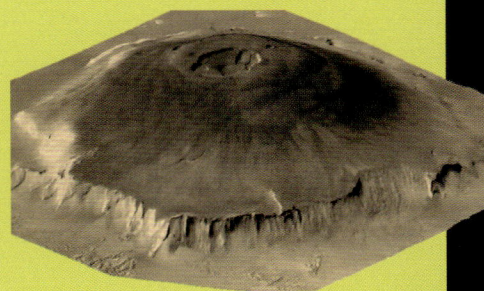

화성의 올림푸스몬스화산

태양

황색왜성

태양은 중심부에서 핵반응을 통해 초당 5억 톤이 넘는 수소를 태워요. 이때 발생한 에너지가 지구에 오는 덕분에 지구의 모든 생명체가 살 수 있죠. 태양은 태양계 모든 물질의 99퍼센트 이상을 차지해요. 지구보다 28배나 센 중력으로 행성들과 수십억 킬로미터 떨어져 있는 얼음과 암석 덩어리를 잡고 있죠. 플라스마 덩어리인 거대한 태양은 태양계의 진정한 지배자예요.

에너지의 원천
태양 중심부에 있는 수소는 핵융합 과정을 거쳐 헬륨으로 변하는데, 이 과정에서 발생한 에너지는 광자를 통해 태양 바깥으로 이동해요. 광자가 태양 중심부에서 표면까지 이동하는 데는 무려 20만 년이 걸려요. 그러나 일단 태양 밖으로 나오면 8.3분 만에 지구에 도달해요.

태양이란? 황색왜성

지구와의 평균 거리: 1억 4,960만 킬로미터

질량: 지구의 33만 3,060배

적도 둘레: 437만 6킬로미터

표면 온도: 5,500도

중심부 온도: 1,500만 도

자전 주기(태양 적도): 25일

자전 주기(태양 극지방): 36일

구성: 수소 73퍼센트, 헬륨 25퍼센트, 탄소 0.36퍼센트, 기타(질소, 네온, 산소, 규소, 황) 1.64퍼센트

흑점
태양 표면의 흑점은 지구보다 약간 큰데, 주변보다 온도가 낮아 어둡게 보여요. 흑점은 자기 활동이 가장 활발해요.

코로나
태양 대기의 가장 바깥쪽 부분이며, 태양 표면을 기준으로 높이 2,100킬로미터에서 시작해요.

코로나 질량방출
코로나에서 발생하는 플라스마와 자기장의 거대한 폭발이에요. 발생 후 2일에서 4일 사이에 지구에 영향을 끼쳐요.

발전소
태양이 없었다면 지구에 생명체는 없었을 거예요. 태양 에너지가 열과 빛을 지구에 전달한 덕분에 식물이 광합성을 할 수 있어요. 이렇게 자란 식물은 동물이 먹고 자랄 수 있는 일종의 연료가 돼요.

태양 플레어
태양 표면에서 일어나는 폭발로 수 초 만에 주변 물질의 온도를 수백만 도까지 올릴 수 있어요. 플레어가 발생하면 엑스선, 자외선, 전자기 복사, 전자기파가 발생해요.

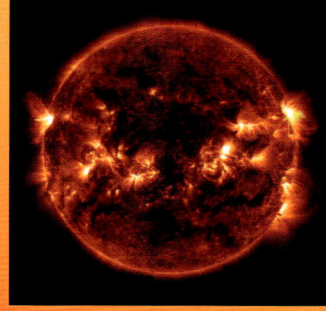

복사층
태양 에너지는 밀도가 매우 높은 가스 속에서 수천 년 동안 이리저리 튕겨 다녀요. 태양 에너지는 광자의 원자 사이를 반복해 건너며 이동해요.

대류층
뜨거운 가스가 순환하면서 태양 에너지를 광자의 형태로 태양 표면까지 운반해요.

광구
태양 표면이에요. 깊이는 400킬로미터이며, 태양 에너지가 빛으로 방출돼요.

채층
태양 표면을 기준으로 높이 400~2,100킬로미터에 있는 대기 영역이에요. 일식 때 볼 수 있듯이 붉은색이에요.

코로나 구멍
코로나의 어두운 영역인 코로나 구멍은 주변보다 온도가 낮아요. 과학자들은 이 부분을 통해 태양풍 입자들이 빠져나간다고 생각해요.

빛은 1초에 29만 9,792킬로미터를 이동해요.

- 태양에서 지구까지의 거리: 1AU (광속 8.3분)
- 태양에서 화성까지의 거리: 1.5AU (광속 12.6분)
- 태양에서 프록시마 켄타우리까지의 거리: 4.3광년
- 태양에서 은하수 끝까지의 최대 거리: 7만 7,000광년

시간과 거리
태양과 태양계 행성 사이의 거리는 AU라는 단위를 사용해 표시해요. 태양과 지구 사이의 거리가 1AU죠. 이 값을 기준으로 다른 거리들도 표시해요(54~55쪽을 보세요). 1광년은 빛이 1년 동안 이동하는 거리로 약 9.5조 킬로미터예요.

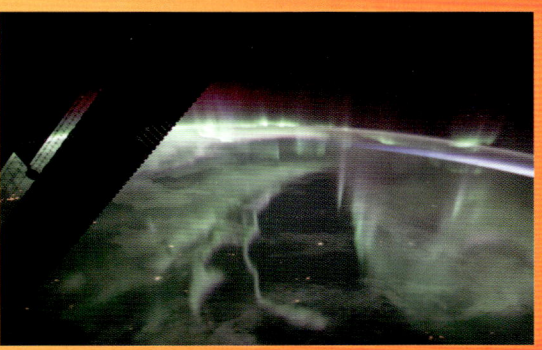

지구의 춤추는 빛
코로나 질량방출로 생긴 거대한 가스 구름이 지구 자기장과 충돌하면 눈부신 빛의 커튼, 즉 오로라를 일으켜요. 북극광과 남극광은 각각 북극과 남극에서 발생한 오로라예요.

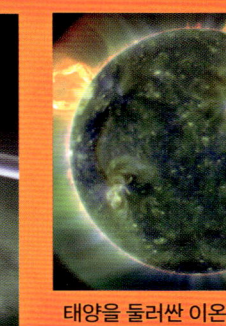

태양신
태양은 다양한 문화에서 매우 중요했어요. 왼쪽 그림은 고대 이집트의 태양신인 '라'가 태양 배를 타고 하늘을 날며 세상을 비추는 모습이에요.

보이지 않는 것을 보기
과학자들은 평소에는 볼 수 없는 정보를 분석할 수 있도록 드러내고 이미지화하는 기술을 개발했어요.

자기장을 보여주는 자기력 기록

태양의 활동 영역을 보여 주는 엑스선 이미지

태양을 둘러싼 이온화된 가스를 보여 주는 극자외선 이미지

태양 임무
2018년, NASA의 파커 태양탐사선이 발사됐어요. 이 탐사선의 임무는 자기장, 플라스마, 에너지 입자와 태양풍을 조사하는 거예요.

태양계의 탄생

약 46억 년 전, 한 성운이 중력으로 붕괴하며 빠르게 회전하기 시작했어요. 밀도가 높은 물질은 중심부를 형성했죠. 온도가 1,000만 도에 이르자, 핵융합 반응이 시작되면서 태양이 만들어졌어요. 태양풍은 태양의 중력에 잡혀 있는 물질에서 상대적으로 가벼운 물질을 날려 보냈는데, 무거운 암석은 남아서 행성, 소행성, 혜성과 달을 이루었어요. 멀리 날아간 가벼운 물질은 거대한 가스 행성이 됐어요.

태양계의 행성

행성 정보

우리는 태양계의 8개 행성 가운데 하나인 지구에 살고 있어요. 8개 행성은 타원형 궤도로 태양을 공전하고 있죠. 태양과 가장 가까이 있어 공전 주기가 가장 짧은 수성은 태양을 한 바퀴 도는 데 88일이 걸려요. 반면에 공전 주기가 가장 긴 해왕성은 무려 165년이 걸리죠. 몇몇 행성에는 달과 같은 위성이 있어요. 행성들 외에도 무수히 많은 암석과 얼음 덩어리들이 태양계를 빠르게 날아다닌답니다.

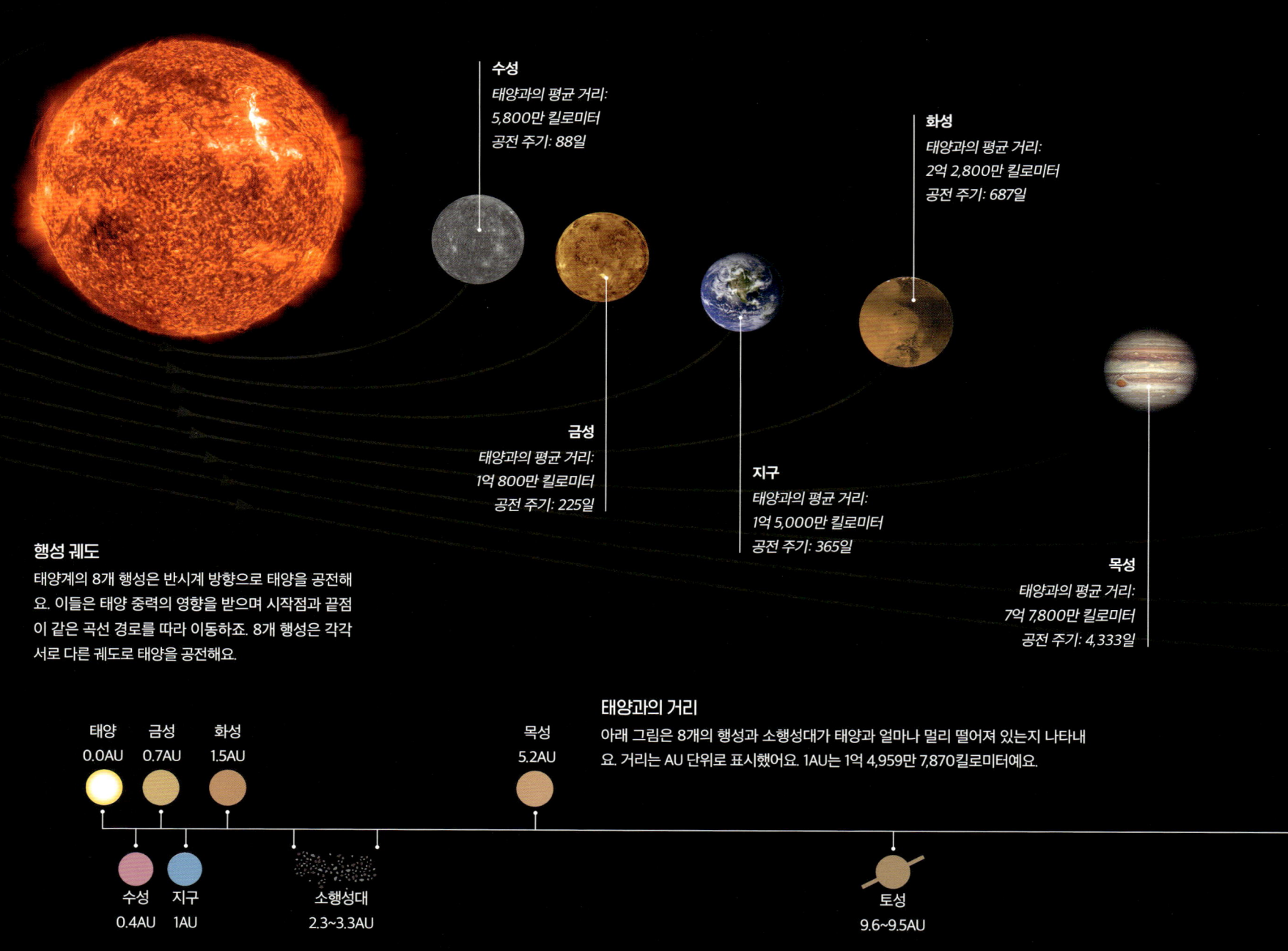

수성
태양과의 평균 거리: 5,800만 킬로미터
공전 주기: 88일

금성
태양과의 평균 거리: 1억 800만 킬로미터
공전 주기: 225일

지구
태양과의 평균 거리: 1억 5,000만 킬로미터
공전 주기: 365일

화성
태양과의 평균 거리: 2억 2,800만 킬로미터
공전 주기: 687일

목성
태양과의 평균 거리: 7억 7,800만 킬로미터
공전 주기: 4,333일

행성 궤도
태양계의 8개 행성은 반시계 방향으로 태양을 공전해요. 이들은 태양 중력의 영향을 받으며 시작점과 끝점이 같은 곡선 경로를 따라 이동하죠. 8개 행성은 각각 서로 다른 궤도로 태양을 공전해요.

태양과의 거리
아래 그림은 8개의 행성과 소행성대가 태양과 얼마나 멀리 떨어져 있는지 나타내요. 거리는 AU 단위로 표시했어요. 1AU는 1억 4,959만 7,870킬로미터예요.

- 태양 0.0AU
- 금성 0.7AU
- 화성 1.5AU
- 목성 5.2AU
- 수성 0.4AU
- 지구 1AU
- 소행성대 2.3~3.3AU
- 토성 9.6~9.5AU

54 우리 태양계

이제 행성이 아니에요!
명왕성(114~115쪽을 보세요)은 1930년에 발견된 이후 76년 동안 태양계의 아홉 번째 행성이었어요. 그러나 지난 2006년 국제천문연맹은 행성의 정의를 새롭게 고치고, 명왕성을 행성이 아닌 왜소행성으로 분류했어요.

새로운 행성
오늘날 천문학자들은 태양으로부터 해왕성보다 약 20배 멀리 떨어진 태양계 외곽에 행성이 하나 존재한다고 생각해요. 그 행성은 지구보다 10배 이상 크며, 오랜 세월에 걸쳐 태양계 행성들을 6도 정도 기울였을 가능성이 있어요.

상대적인 크기
태양은 정말로 커요! 태양의 반지름은 가장 큰 행성인 목성의 반지름보다 10배 크며, 지구의 반지름보다는 100배 크죠. 목성 안에는 지구가 1,300개 넘게 들어갈 수 있고, 태양 안에는 무려 100만 개 넘게 들어갈 수 있어요. 아래 원들은 행성의 지름이에요.

태양 139만 킬로미터

수성 4,879킬로미터

금성 1만 2,104킬로미터

지구 1만 2,756킬로미터

화성 6,792킬로미터

목성 14만 2,984킬로미터

토성 12만 536킬로미터

천왕성 5만 1,118킬로미터

해왕성 4만 9,528킬로미터

천왕성
태양과의 평균 거리: 28억 7,000만 킬로미터
공전 주기: 3만 687일

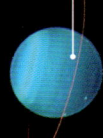

토성
태양과의 평균 거리: 14억 3,000만 킬로미터
공전 주기: 1만 756일

해왕성
태양과의 평균 거리: 45억 킬로미터
공전 주기: 6만 190일

천왕성
19.2AU

해왕성
30AU

수성

암석 행성

태양풍이 수성의 대기를 날려 버려서 수성은 우주에서 날아온 암석과 얼음 덩어리로부터 거의 보호받지 못했어요. 수성의 주름지고 파인 표면은 그런 사실을 잘 보여 주죠. 수성은 8개 행성 가운데 가장 작지만, 암석과 무거운 금속으로 이루어진 만큼 지구 다음으로 밀도가 높아요.

코페르니쿠스의 예측

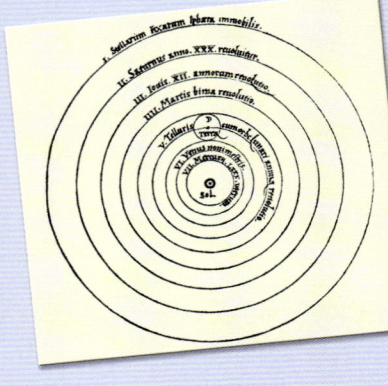

1543년 니콜라우스 코페르니쿠스는 태양을 중심에 놓은 자신의 태양계 모델을 책으로 출판했어요. 그는 책에서 지구와 수성 모두 행성이라고 했죠. 1610년 갈릴레이는 코페르니쿠스의 주장이 맞았다는 것을 확인했으며, 1639년 조반니 추푸스는 수성이 태양을 공전한다는 사실을 증명했어요.

칼로리스 분지

- **태양과의 평균 거리:** 5,800만 킬로미터 / 0.4AU
- **첫 번째 기록:** 기원전 14세기 아시리아 천문학자들의 기록
- **탐사:** 매리너 10호(1974-1975), 메신저(2010-2015)
- **태양 공전 속도:** 시속 17만 킬로미터
- **적도 둘레:** 1만 5,329킬로미터
- **중력:** 지구 중력의 38퍼센트
- **공전 주기:** 88일
- **한낮 최고 온도:** 427도
- **한밤 최저 온도:** -173도
- **외기권:** 매우 옅음. 주로 산소, 소듐, 수소, 헬륨, 포타슘 등
- **위성:** 없음

수성의 태양면 통과

수성은 지구와 태양 사이를 100년에 13번 정도 통과해요. 태양면을 지나가는 수성은 태양 위 작고 검은 점으로 보이죠. 수성과 금성은 태양과 지구 사이에 놓인 행성으로 지구에서는 오직 이 두 행성의 태양면 통과만 볼 수 있어요.

지구에서 본 수성

2016년 5월 9일에 수성이 태양면을 통과했어요. 왼쪽 아래의 작은 점이 펜실베이니아에서 관측한 수성이에요.

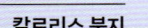

이름에 담긴 뜻

수성의 영어 이름인 머큐리(Mercury)는 그리스 신화에 나오는 전령의 신에서 따온 거예요. 머큐리는 날개 달린 신발을 신어 매우 빠르게 움직일 수 있었죠. 이 이름은 수성에 잘 어울리는데, 수성이 태양계 8개 행성 가운데 가장 빠른 시속 17만 킬로미터로 이동하며 88일에 한 번씩 태양을 공전하기 때문이에요.

수성의 구성

수성의 핵은 액체 상태의 철로 수성 부피의 85퍼센트를 차지할 만큼 비정상적으로 커요. 규산염 지각과 맨틀이 핵을 둘러싸고 있죠. 액체 상태의 핵 속으로 깊이 들어가면 고체 상태로 추정되는 내핵이 있어요. 지표면의 두께는 불과 400킬로미터예요. 서로 다른 암석 유형을 보여주는 왼쪽의 사진은 메신저 탐사선이 보내온 이미지를 이어 붙여 만든 거예요. 커다란 원처럼 보이는 지역이 칼로리스분지예요.

얼음이 있어요

수성 북극의 레이더 이미지와 메신저 탐사선이 같은 지역을 찍은 이미지를 겹쳐 보았어요. 뜨거운 날씨에도 수성 북극 지역의 표면 곳곳에는 얼음이 있는 것처럼 보여요.

얼음 구멍

녹색으로 표시된 지역이 크레이터 내부의 얼음층 또는 그늘진 지역으로 보여요.

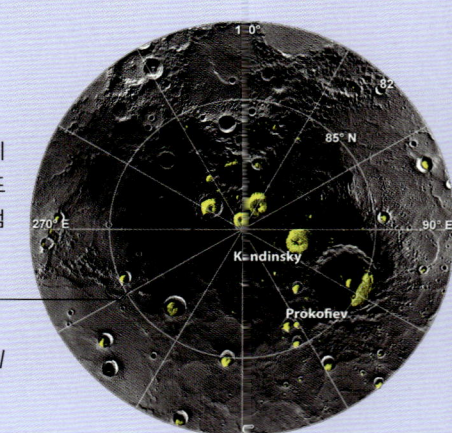

수성에서의 하루는 지구에서의 176일과 같아요.

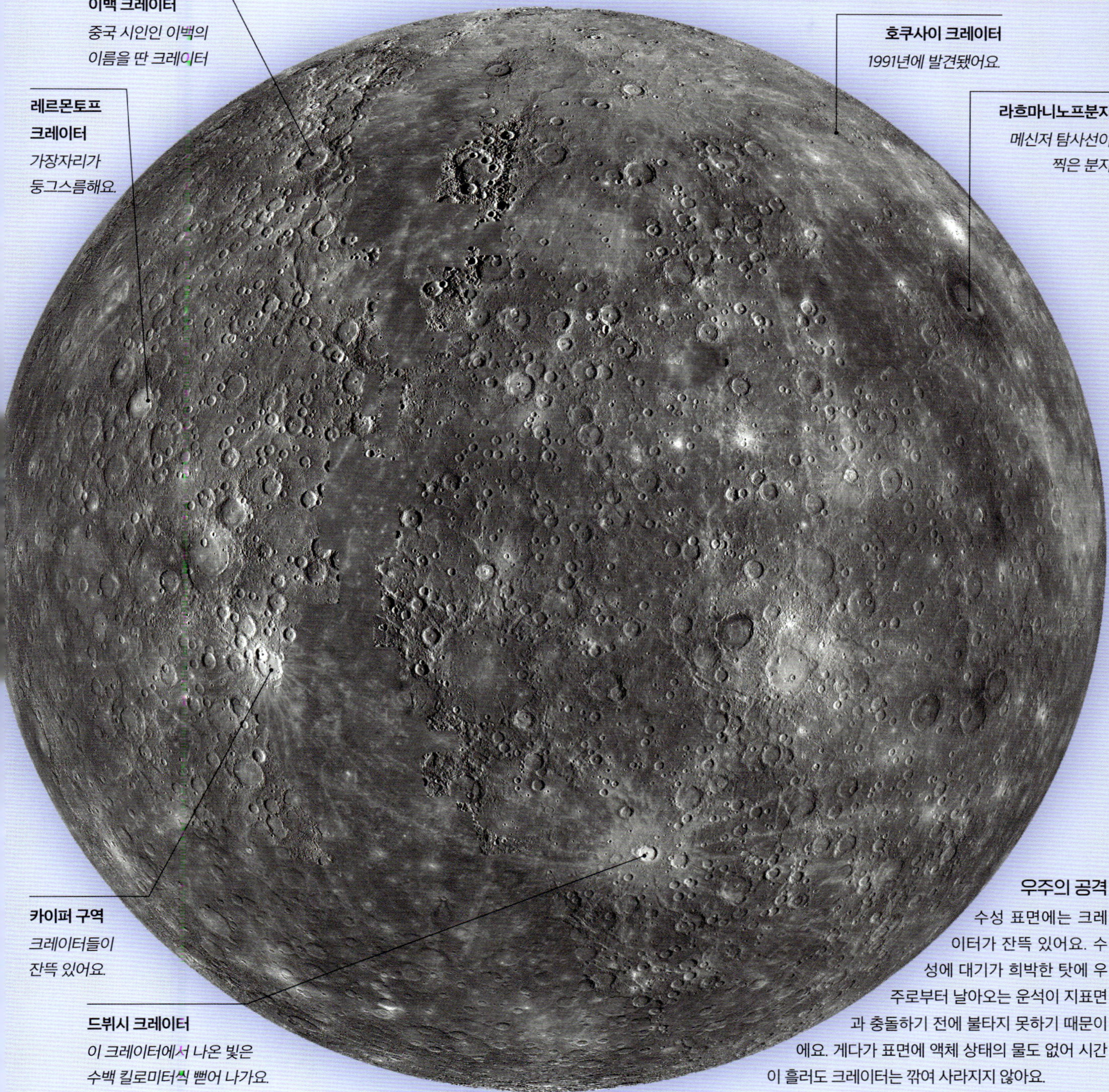

이백 크레이터
중국 시인인 이백의 이름을 딴 크레이터

레르몬토프 크레이터
가장자리가 둥그스름해요.

얼음
수성의 열 지도를 보면 북극에 얼음으로 추정되는 짙은 파란색이 보여요. 수성 표면의 온도는 260도까지도 올라가지만, 과학자들은 영원히 빛을 받지 못하는 크레이터 속의 검은색 유기물층 아래 얼음이 있다고 믿어요.

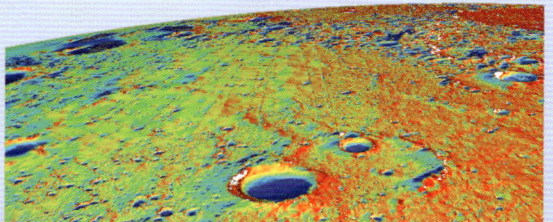

수성의 모습들
수성 표면의 지형은 매우 독특해요. 운석 충돌로 생긴 크레이터들과 지각이 수축된 것처럼 보이는 가파른 경사의 절벽들이 있어요.

호쿠사이 크레이터
1991년에 발견됐어요.

라흐마니노프분지
메신저 탐사선이 찍은 분지

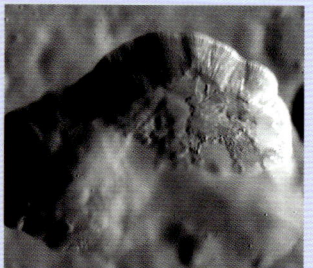

라흐마니노프분지 북동쪽의 화산 분화구

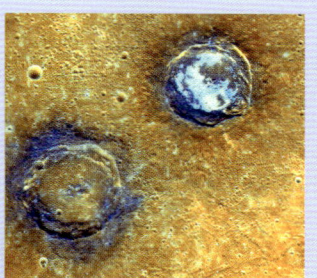

칼로리스분지의 독특한 구멍

두치오 크레이터를 가로질러 지나가는 거대한 절벽

카이퍼 구역
크레이터들이 잔뜩 있어요.

드뷔시 크레이터
이 크레이터에서 나온 빛은 수백 킬로미터씩 뻗어 나가요.

우주의 공격
수성 표면에는 크레이터가 잔뜩 있어요. 수성에 대기가 희박한 탓에 우주로부터 날아오는 운석이 지표면과 충돌하기 전에 불타지 못하기 때문이에요. 게다가 표면에 액체 상태의 물도 없어 시간이 흘러도 크레이터는 깎여 사라지지 않아요.

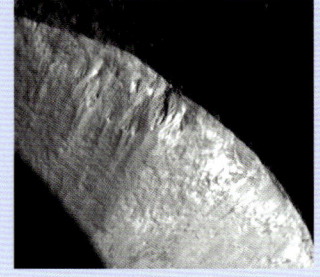

운석 충돌로 생긴 크레이터의 가파른 절벽

수성 57

근접 비행으로 드러난 수성의 화산

2009년 3월 메신저 탐사선은 수성 궤도에 진입하기에 앞서 세 번째이자 마지막 근접 비행을 위해 수성에 가까이 다가갔어요. 그리고 큰 사진을 만드는 데 필요한 고해상도 사진들을 찍었죠. 사진을 보면 라흐마니노프분지의 밝은 지역과 폭발 가능성이 있는 움푹 들어간 화산 분출구를 볼 수 있어요. 화산 주변 지역은 대부분 초기 화산 활동의 결과로 보이는 평탄한 평원들이에요.

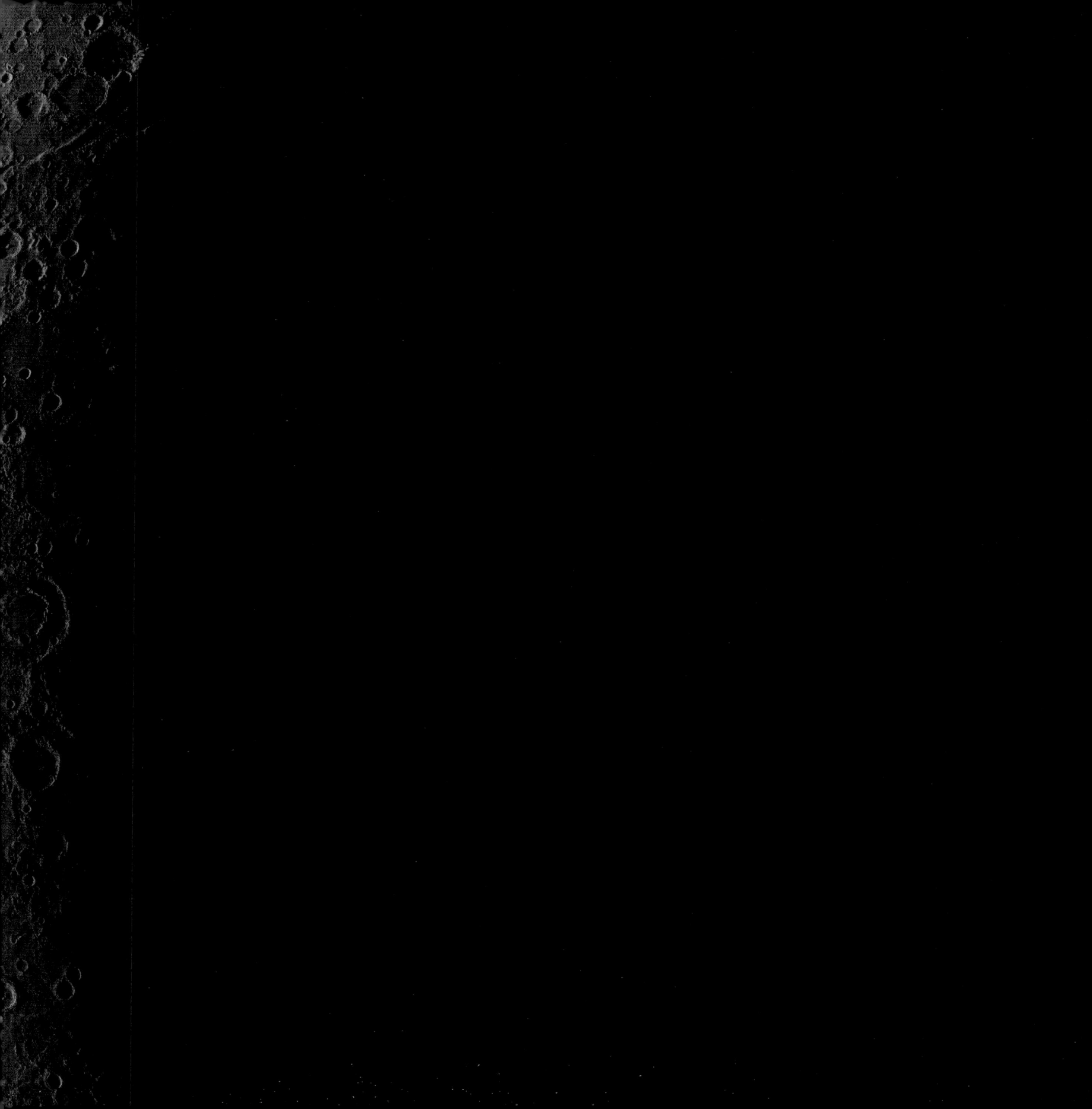

발사 준비

1989년 5월 4일에 마젤란 탐사선을 아틀란티스 우주왕복선에 실어 보내기 위해 같은 해 2월 태양전지판을 마젤란 탐사선에 설치했어요. 마젤란 탐사선은 세계 최초로 우주왕복선을 이용한 탐사선이에요. 또한 금성의 레이더 지도를 완성하기 위한 세계 최초의 탐사선이었어요.

행성 탐사선

우주 조종사들도 탐사 도중에 쉬어야 하고 식사도 해야 해요. 시간이 지나면 지구로 돌아오고 싶어 하죠. 그러나 우주탐사선은 그럴 필요가 없어요. 로봇 우주탐사선은 극한 환경에서도 태양계를 누비며 실험과 관찰을 계속 할 수 있어요. 탐사 기간이 길거나 돌아오지 못한다 하더라도 문제가 되지 않아요. 탐사선은 중력을 사용해 속도를 줄이거나 높일 수 있으며, 인류가 직접 가볼 수 없는 곳에 대한 정보를 알려 줘요.

매리너 9호

소련의 화성 탐사선 마스 2호와 경쟁하기 위해 1971년 미국 NASA의 매리너 9호는 화성에 먼저 도착해 화성 궤도를 공전했죠. 그러나 거대한 먼지 폭풍이 화성 전체를 뒤덮은 탓에 매리너 9호는 화성 대신 화성의 위성인 포보스와 데이모스의 확대 사진을 찍었어요. 훗날 매리너 9호는 화성 표면에서 85퍼센트에 해당하는 지역을 지도로 만들었어요.

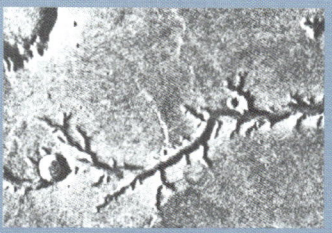

매리너 9호가 보내온 화성 협곡 사진

베네라 9호

소련의 무인 우주탐사선 베네라 9호는 1975년 6월 8일 금성 탐사를 위해 발사됐어요. 베네라 9호의 착륙선은 금성 표면을 최초로 찍었으며, 그동안 궤도선은 구름의 흐름을 관찰했어요.

베네라 9호의 착륙선이 찍은 금성 표면의 암석 사진

파이오니어 10호

1972년 발사된 파이오니어 10호는 화성을 지나 소행성대 너머로 날아간 최초의 탐사선이에요. 1973년에는 목성을 지나 태양계 외곽을 향해 날아갔죠. 2003년 1월 파이오니어 10호는 희미한 마지막 신호를 보내왔어요.

발사 준비 직전인 스타-37E 킥 모터 위의 파이오니어 10호

보이저 1호와 2호

1977년 미국 NASA는 보이저 1호와 2호를 발사했어요. 보이저 1호는 어떤 우주탐사선보다도 먼 곳까지 여행하고 있으며, 현재 태양계를 넘어 성간 공간에 진입했죠. 보이저 2호는 태양계의 거대 가스 행성 4개를 모두 방문한 유일한 탐사선이에요. 보이저 1호와 2호 모두 사진, 소리, 55개 언어의 인사말을 담은 골든 레코드를 싣고 있어요.

보이저 우주탐사선에 실린 골든 레코드 2장 가운데 1장

마젤란

마젤란 우주탐사선은 1990년 8월 10일 금성에 도착했어요. 그리고 243일 주기를 3번 보내며 행성 지도를 만들었죠. 243일은 금성의 자전 주기로, 마젤란의 비행 궤도 아래에서 금성이 한 바퀴 회전하는 데 걸리는 시간이에요.

1989년 아틀란티스 우주왕복선에서 발사되는 마젤란 우주탐사선

바이킹 1호와 2호

1975년 미국 NASA는 화성 탐사 임무의 하나로 바이킹 1호와 2호를 발사했어요. 바이킹 1호의 착륙선은 '황금 평원'이라는 뜻의 크리세 평원에 착륙했으며, 바이킹 2호의 착륙선은 유토피아 평원에 착륙했죠. 두 착륙선 모두 사진을 찍고, 데이터를 수집했어요. 어떤 미생물도 찾지는 못했지만, 생명체의 흔적을 찾기 위한 여러 실험을 수행했어요.

화성 유토피아 평원의 바이킹 2호 사진

갈릴레오

갈릴레오 우주탐사선은 1995년에서 2003년까지 목성을 탐사하며 목성과 위성들을 조사했어요. 그 과정에서 최초로 소행성을 방문하기도 했어요.

목성의 위성인 유로파의 지표면 확대 사진

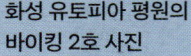

화성 지표면에 있는 마스 익스프레스 상상도

마스 익스프레스

2004년 유럽우주기구(ESA)에서 발사한 첫 화성 탐사선이에요. 비글 2호 착륙선은 화성 착륙 과정에서 연락이 끊겼죠. 다행히 궤도선은 화성과 두 위성에 관한 많은 데이터를 보내왔어요.

금성

암석 행성

우주비행사가 실제로 금성에 도착해 하늘을 본다면 태양이 서쪽에서 떠올라 동쪽으로 지는 것을 보게 될 거예요. 금성은 지구와는 반대 방향으로 자전하기 때문이죠. 다만 신기하게 생각할 틈도 별로 없을 거예요. 강한 산성의 공기, 타는 듯이 뜨거운 열, 짓눌러 버릴 것처럼 높은 기압 때문에 호흡 곤란을 느끼고, 오징어처럼 구워져 납작해질 테니까요.

태양과의 평균 거리: 1억 800만 킬로미터 / 0.72AU

첫 번째 기록: 고대

탐사: 매리너 2호(1962년), 베네라 7호(1970년), 매리너 10호(1974년), 파이어니어 비너스 궤도선(1978~1992년), 베네라 13호(1982년), 마젤란(1990~1994년), 비너스 익스프레스(2006~2014년), 아카츠키(2016~2017년)

태양 공전 속도: 시속 12만 6,074킬로미터

적도 둘레: 3만 8,024.6킬로미터

중력: 지구 중력의 90퍼센트

공전 주기: 225일

표면 온도: 462도

대기: 이산화탄소, 질소, 황산 등

위성: 없음

샛별

금성은 별이 아니지만 사람들은 종종 금성을 새벽에 뜨는 샛별이라고 불러요. 금성은 해가 뜨기 전에 잘 보여요. 이때는 밤하늘에서 가장 밝은 천랑성보다 19배나 밝아요.

매리너 10호가 찍은 첫 번째 확대 사진

소용돌이치는 폭풍의 모습

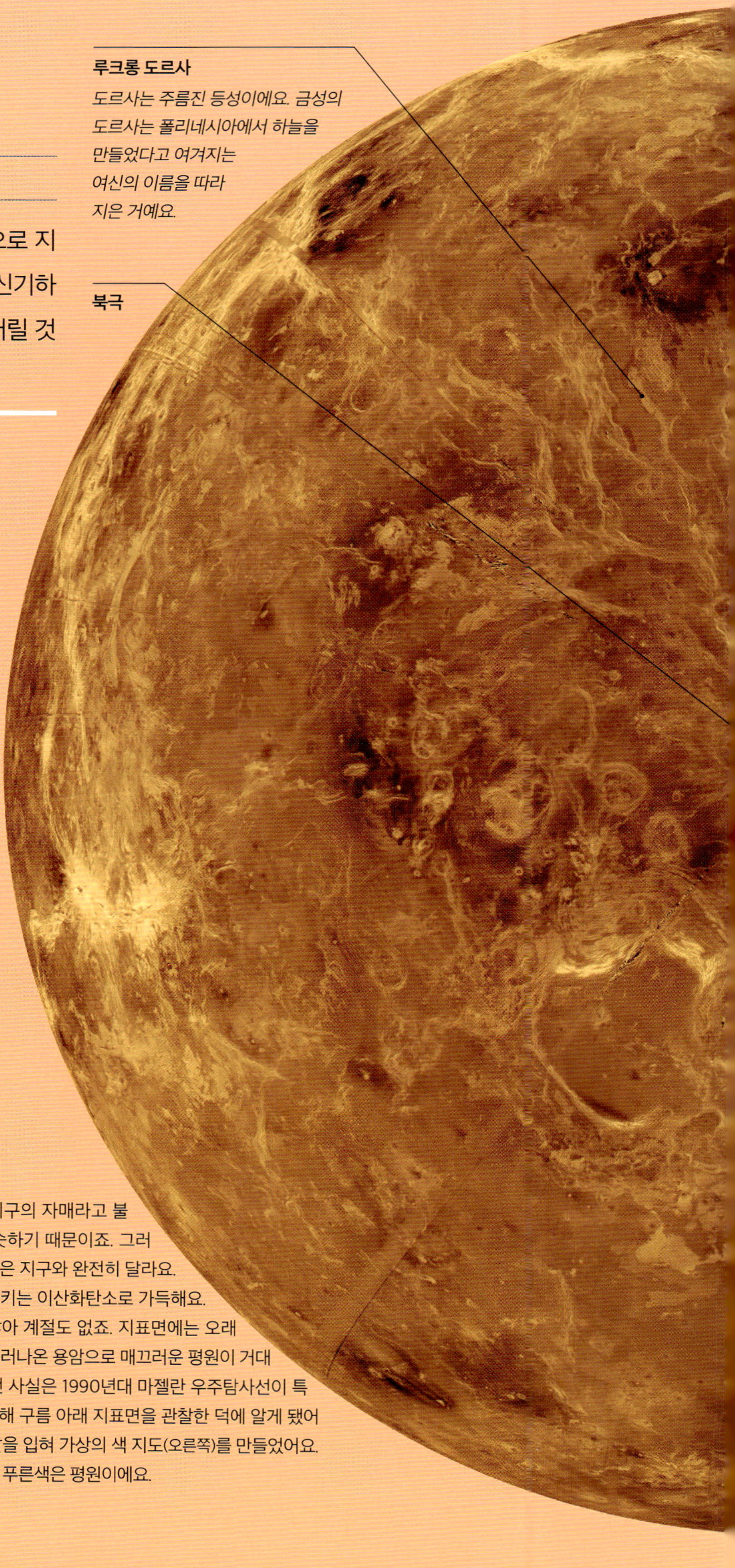

구름 덮개

금성은 늘 두꺼운 이산화탄소 구름으로 뒤덮여 있어요. 매리너 10호는 금성 사진을 찍기 위해 자외선 필터를 사용했어요.

루크롱 도르사

도르사는 주름진 등성이에요. 금성의 도르사는 폴리네시아에서 하늘을 만들었다고 여겨지는 여신의 이름을 따라 지은 거예요.

북극

미의 상징

금성의 영어 이름인 비너스(Venus)는 로마 신화에 나오는 미의 여신의 이름에서 따온 거예요. 행성 가운데 유일하게 여신의 이름을 따라 지었죠. 금성은 고대 천문학자들이 알았던 5개 행성 가운데 가장 밝게 빛났어요.

비슷한 듯 달라요

사람들은 종종 금성을 지구의 자매라고 불러요. 크기와 무게가 비슷하기 때문이죠. 그러나 겉보기와는 달리 금성은 지구와 완전히 달라요. 대기는 온실 효과를 일으키는 이산화탄소로 가득해요. 자전축이 거의 기울지 않아 계절도 없죠. 지표면에는 오래전 화산 폭발 과정에서 흘러나온 용암으로 매끄러운 평원이 거대하게 펼쳐져 있어요. 이런 사실은 1990년대 마젤란 우주탐사선이 특별한 레이더 기술을 사용해 구름 아래 지표면을 관찰한 덕에 알게 됐어요(왼쪽). 과학자들은 색깔을 입혀 가상의 색 지도(오른쪽)를 만들었어요. 이 지도에서 붉은색은 산, 푸른색은 평원이에요.

아탈란타 평원
금성 지표면의 약 80퍼센트는 매끈한 화산 평원이에요. 이런 모습은 이 넓은 저지대가 고대 화산 폭발 당시 용암으로 뒤덮였던 지역이라는 것을 보여 줘요.

금성의 1년은 지구의 1년보다 **짧아요.**

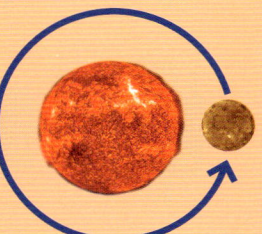

225일 = 금성 공전 주기 = 금성의 1년

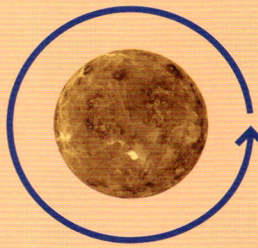

243일 = 금성 자전 주기 = 금성의 1일

금성의 모습
두꺼운 황산 구름에도 우주탐사선들은 금성 지표면을 찍은 사진들을 지구로 보내왔어요.

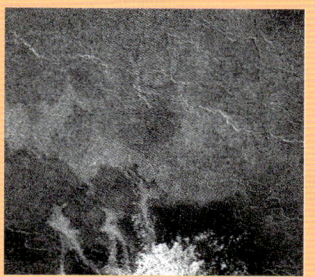

순상화산에서 용암이 흘러내리는 모습

느리게 돌아요
금성의 자전 속도는 매우 느려요. 금성의 하루에 해당하는 자전 주기가 지구 기준으로 무려 243일이나 되죠. 금성의 자전 주기는 금성이 태양을 한 바퀴 도는 데 걸리는 시간인 공전 주기 225일보다도 길어요.

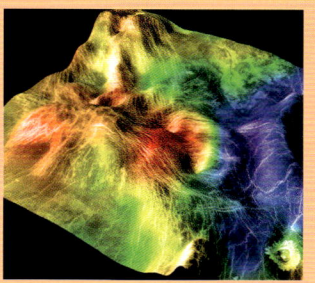

마젤란 우주탐사선에서 세드나 평원을 찍은 이미지

태양면 통과

2012년 일본 히노데 우주탐사선은 금성이 태양면을 가로지르는 장면을 사진으로 찍었어요. 금성의 태양면 통과는 아주 오랜 주기로 두 번씩 일어나요. 금성의 다음 태양면 통과는 2117년에 일어날 거예요.

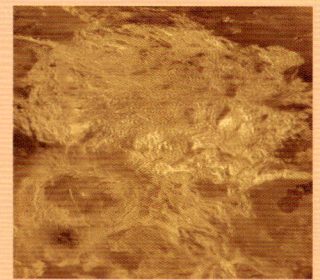

알파레기오 남부 고원 지대

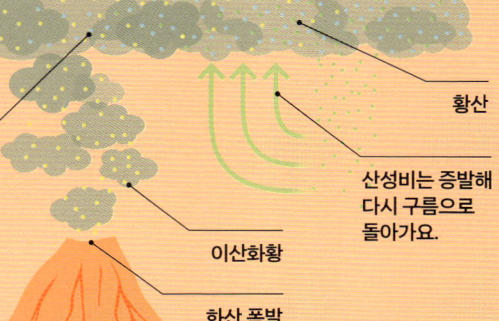

물방울 / 황산 / 이산화황 / 화산 폭발 / 산성비는 증발해 다시 구름으로 돌아가요.

이슈타르 고원
금성의 두 대륙 가운데 하나인 이슈타르는 오스트레일리아와 크기가 비슷해요. 적도에 있는 아프로디테 고원은 이슈타르 고원보다 2배 커요.

금성에서 가장 높은 곳인 스카디몬스가 있는 맥스웰몬테스산맥

산성비
금성에서는 산성비가 내려요. 50킬로미터 두께의 두꺼운 구름층들이 금성을 뒤덮고 있는데, 이 구름층들은 주로 이산화황과 황산으로 이루어져 있어요. 지표면의 화산 폭발로 생겨나지요. 산성비는 높은 온도 때문에 지표면에 닿기도 전에 증발해요.

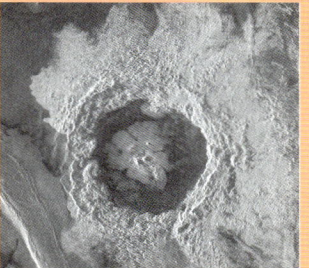

직경 69킬로미터의 디킨슨 크레이터

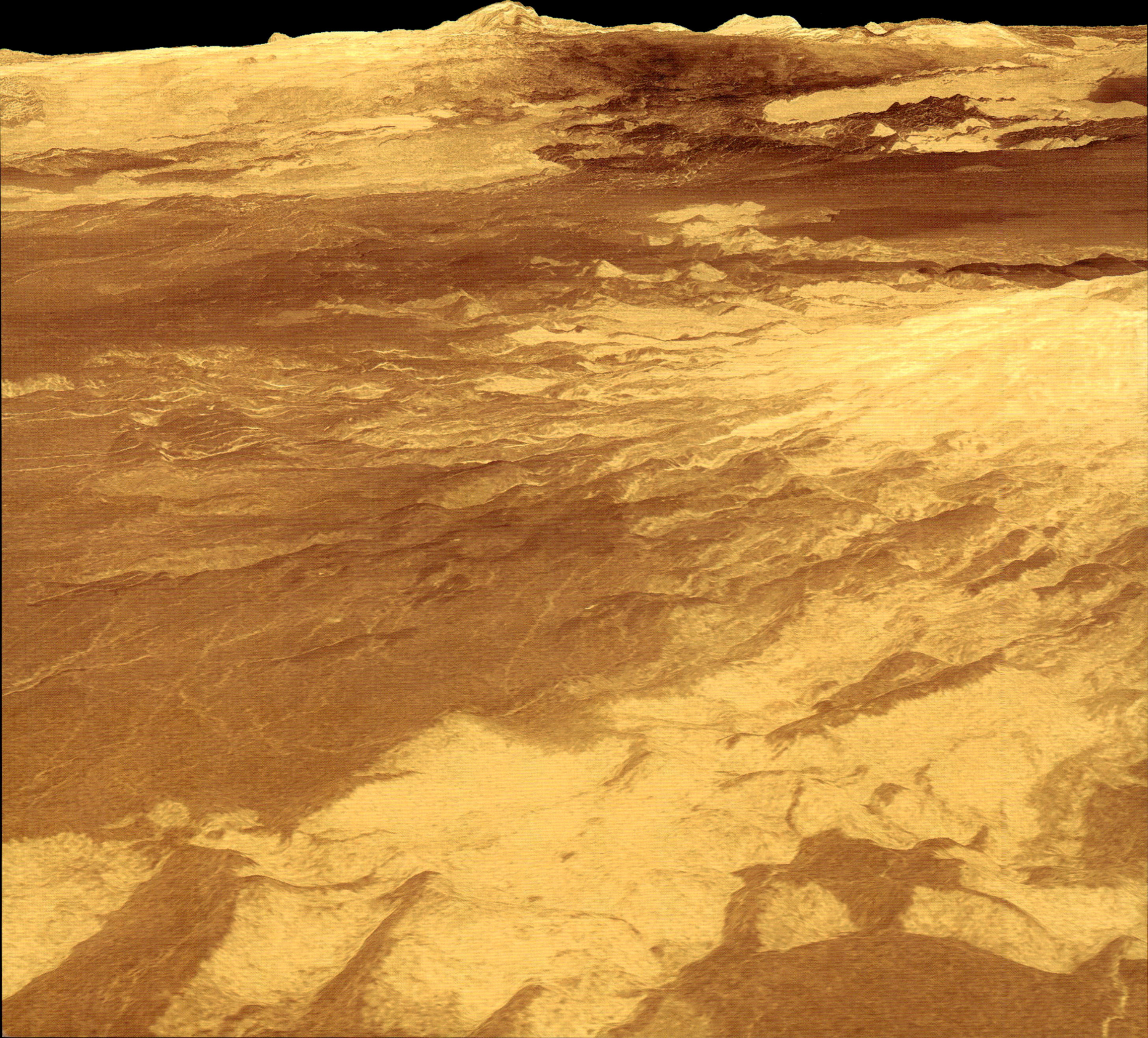

금성의 화산 활동

마젤란 우주탐사선이 수집한 정보를 사용해 컴퓨터로 금성의 이미지를 만들었어요. 뜨겁고 황량한 금성에 사파스몬스 화산이 솟아 있는데, 거기서 흘러나온 용암이 수백 킬로미터를 뒤덮으며 흐르죠. 금성에는 태양계의 어떤 행성보다도 화산이 많아요. 사파스몬스화산은 금성에 있는 1,600개 이상의 화산 가운데 하나예요. 2014년, 과학자들은 비너스익스프레스 궤도선이 보내온 데이터를 보고, 몇몇 화산이 다른 화산보다 훨씬 젊을지 모른다고 확신했어요.

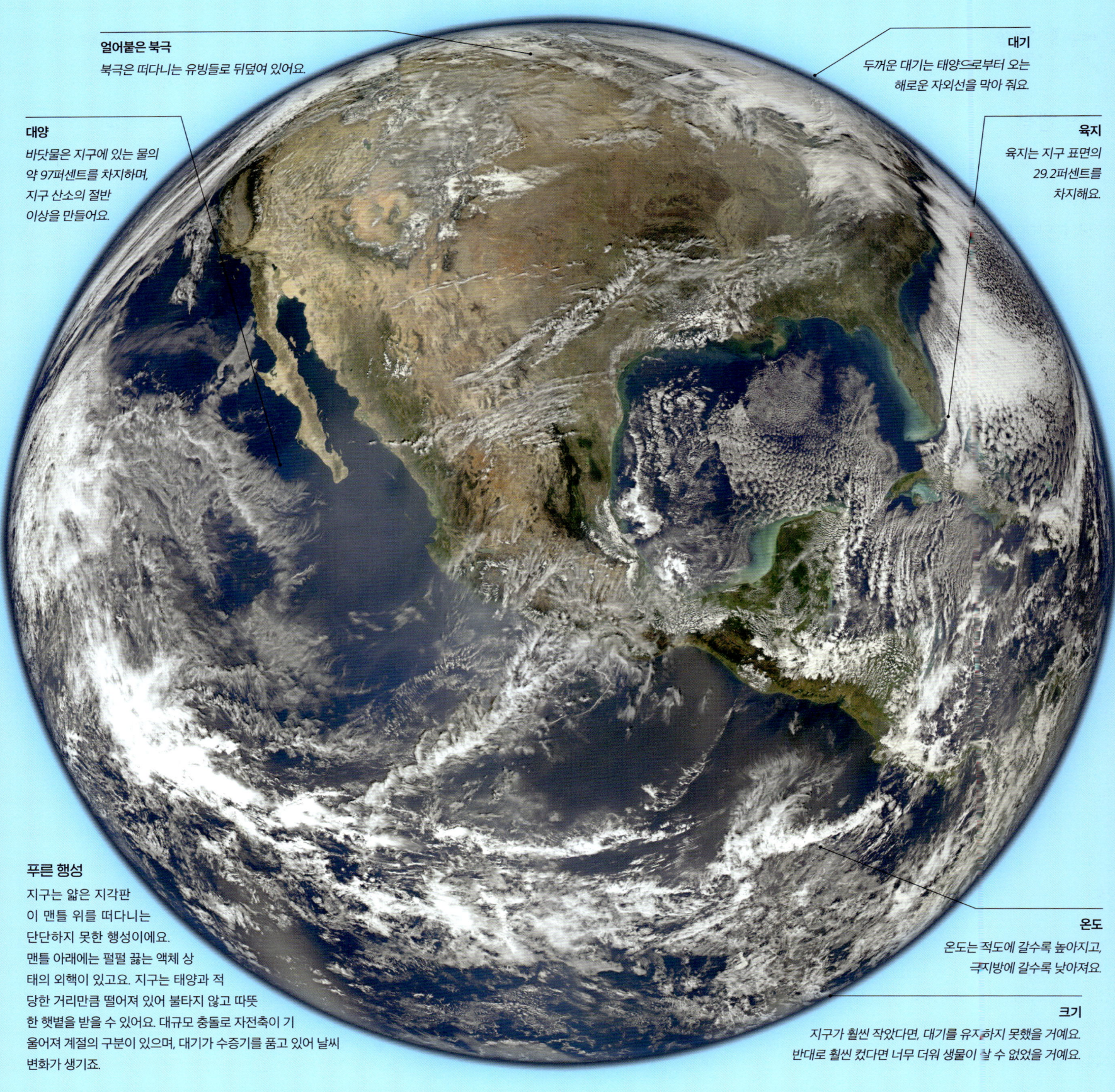

얼어붙은 북극
북극은 떠다니는 유빙들로 뒤덮여 있어요.

대기
두꺼운 대기는 태양으로부터 오는 해로운 자외선을 막아 줘요.

대양
바닷물은 지구에 있는 물의 약 97퍼센트를 차지하며, 지구 산소의 절반 이상을 만들어요.

육지
육지는 지구 표면의 29.2퍼센트를 차지해요.

푸른 행성
지구는 얇은 지각판이 맨틀 위를 떠다니는 단단하지 못한 행성이에요. 맨틀 아래에는 펄펄 끓는 액체 상태의 외핵이 있고요. 지구는 태양과 적당한 거리만큼 떨어져 있어 불타지 않고 따뜻한 햇볕을 받을 수 있어요. 대규모 충돌로 자전축이 기울어져 계절의 구분이 있으며, 대기가 수증기를 품고 있어 날씨 변화가 생기죠.

온도
온도는 적도에 갈수록 높아지고, 극지방에 갈수록 낮아져요.

크기
지구가 훨씬 작았다면, 대기를 유지하지 못했을 거예요. 반대로 훨씬 컸다면 너무 더워 생물이 살 수 없었을 거예요.

지구

암석 행성

적도 위에서 잴 때 지구는 시속 1,610킬로미터의 속도로 회전해요. 반면에 북극이나 남극에서는 멈추어 있는 셈이죠. 물론 시속 1만 7,218킬로미터로 태양을 공전하고 있다는 사실을 생각하지 않는다면 말이에요. 한편 지구의 자기장과 오존층은 각각 태양이 방출하는 태양풍과 전자기파를 막아 줘요.

태양과의 평균 거리: 1억 5,000만 킬로미터 / 1AU
태양 공전 속도: 시속 1C만 7,218킬로미터
적도 둘레: 4만 30.2킬로미터
한낮 최고 온도: 58도
한밤 최저 온도: -88도
대기: 질소, 산소, 아르곤, 이산화탄소
위성: 1개

10억 년 전

2억 6,000만 년 전

1억 5,000만 년 전

7,500만 년 전

오늘날 지구 표면의 모습

모습이 변했어요
지구 표면은 오랜 세월에 걸쳐 산이 솟아오르거나 대륙이 부서지며 모습이 변해요. 오늘날 지구에는 수많은 작은 지각판과 함께 7개의 거대 지각판이 있어요. 이들의 움직임으로 지구의 대기와 바다에 영향을 주는 지진과 화산 활동이 일어나요.

지구의 생김새
지구의 표면에는 화산부터 허리케인까지 다양한 모습이 드러나요.

마우나로아산
(지구에서 가장 큰 화산)

샌안드레아스 단층

남극 대륙의 채프먼 빙하

대서양의 허리케인 폭풍 영역

지구의 자기장

자기장
지구 깊숙한 곳에서 액체 금속이 움직이면서 자기장이 생겨요. 자기장은 우주로부터 날아오는 해로운 전자기파들로부터 지구를 지켜 주며, 극지방에서 종종 오로라를 만들죠.

북극의 오로라

지구 구성 비율
육지 29퍼센트
물 71퍼센트

물의 구성 비율
민물 3.5퍼센트
바닷물 96.5퍼센트

바다는 생명체의 기원이며, 식물은 더 많은 생명체를 길러 낸 산소를 만들었어요.

생명체를 위한 설계
지구 대기에는 질소가 풍부하고, 커다란 바다는 적당한 온도 덕분에 얼거나 증발하지 않아요. 그래서 사람들은 지구를 푸른 행성이라 부르죠. 물은 맨틀 위에서 흘러 다니는 얇은 표면 위에 머물러 있어요. 이 모든 것이 지구에만 생명체가 존재하는 이유예요.

지구 67

우주 쓰레기

빠르게 움직이는 물체

우주 쓰레기는 점점 심각한 문제가 되고 있어요. 인류는 5,000회 넘게 우주로 발사체를 쏘아 보냈어요. 그 무게만 해도 몇 톤이나 되죠. 이런 우주 쓰레기는 행여 페인트 조각이라 해도 우주선 창문을 부술 만큼 무시무시한 속도로 지구를 떠다녀요.

파편의 종류

과학자들이 감시하고 있는 우주 파편 가운데 약 24퍼센트는 인공위성이에요. 그중 정상 작동하는 위성은 3분의 1도 되지 않아요. 약 18퍼센트는 상단 로켓이고, 나머지는 렌즈 덮개부터 칫솔에 이르기까지 임무에 사용된 물건들이죠.

인공위성 또는 우주선의 잔해

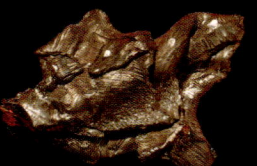
금속 조각

무게 3그램의 우주용 골프공

소행성

개인 물품
우주 파편 가운데는 개인용 도구나 장갑 등도 있어요.

파편의 위험성

ISS는 이미 우주 파편에 손상된 적이 있어요. 2016년 고작 몇 밀리미터 크기의 페인트 조각이 ISS 창문에 큰 충격을 주었죠. 다행히 80센티미터 크기의 창문은 충격에 버텼지만, 파편의 크기가 10센티미터 이상이었다면 심각한 손상을 일으켰을 거예요.

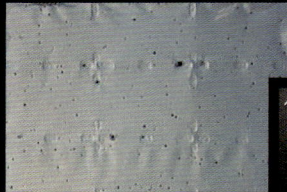
인공위성 태양전지판의 작은 구멍들

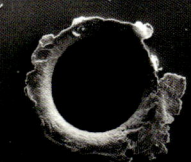
작은 물체에 의한 손상을 확대한 사진

조심!
1997년, 미국 오클라호마에 사는 한 여성이 우주선 셔틀 부스터 엔진 조각에 머리를 맞았어요. 다행히 다치지는 않았어요.

탑재물
빨간 점들은 우주선에 실렸던 탑재물들이에요.

로켓 파편
2,440회 이상의 고체 연료 로켓 발사 과정에서 파편이 생겨났어요.

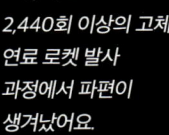

우주선을 보호하기

많은 기관이 우주선을 보호하고 우주 쓰레기를 제거하는 방법을 연구하고 있어요. ESA는 우주이물질제거 프로젝트에 따라 2023년에 버려진 인공위성을 추적하는 'e.도르비트'라는 우주선 발사 계획을 수립했어요. 이 우주선은 버려진 인공위성을 태우거나 부수기 위해 대기 중으로 가져올 거예요.

포위된 지구

오른쪽 그림은 지구 주위를 도는 150센티미터 이상의 인공 우주 파편이 얼마나 많은지 보여 주는 컴퓨터 이미지예요. 우주 파견의 양이 실제로 큰 위험이 될 만큼 증가하면서 과학자들은 지난 60년 동안 생긴 우주 쓰레기를 제거할 방법을 찾고 있죠. 이 그림은 우주 파편의 밀집도를 나타내요. 밀집도가 높아질수록 활동 중인 인공위성이 우주 파편과 충돌해 더 많은 우주 파편을 만들 위험성이 커진다고 할 수 있어요.

2013년, 야구공보다 큰 우주 파편이 2만 개 넘게 지구 주위를 공전하고 있었어요.

영화 속 우주 파편
영화 〈그래비티〉는 부서진 위성 잔해가 우주정거장과 비행사를 덮치는 장면으로 시작하죠. 공상 과학 영화일 뿐이라고 말할 수도 있겠지만, 지난 2007년 1월 중국은 자신들의 위성 하나를 폭파시켰고 그 여파로 추적 가능한 우주 파편의 개수가 25퍼센트 증가했어요.

빠른 움직임
지구 궤도를 공전하는 우주 파편은 최대 시속 2만 8,000킬로미터로 날아다녀요.

로켓의 일부
노란 점들은 로켓의 상단부예요.

조각
파란 점들과 흰 점들은 작은 금속 조각과 나머지 파편을 나타내요.

지구의 위성, 달

자연위성

달은 지구를 공전하는 천체로, 지구와는 38만 4,403킬로미터 떨어져 있어요. 우주선으로 날아가면 사흘 정도 걸려요. 달은 중력이 약하고 지구와 꽤 멀리 떨어져 있지만, 달 덕분에 지구에서 밀물과 썰물이 일어나요. 달의 표면은 크레이터로 울퉁불퉁하며, 달 위를 걸었던 우주비행사 12명의 발자국도 남아 있어요. 달에는 우주에서 날아오는 암석을 막아 줄 대기가 없고, 발자국을 씻어 없앨 날씨도 없어요.

보름달

변화하는 달의 모습

달의 절반은 언제나 햇빛을 받아 빛나요. 그러나 지구에서 볼 수 있는 부분은 계속 변화하죠. 사람들은 이를 '달의 위상 변화'라고 불러요. 달의 앞면은 약 29.5일 동안 그늘진 초승달부터 시작해, 앞면 전체가 완전히 빛나는 보름달을 거쳐 다시 초승달로 돌아가요.

상현달

상현망

태양으로부터 평균 거리:
1억 5,000만 킬로미터 / 1AU

지구로부터 평균 거리:
38만 4,403킬로미터

지구 공전 속도: 시속 3,683킬로미터

적도 둘레: 1만 917킬로미터

한낮 최고 온도: 123도

한밤 최저 온도: -173도

대기: 소량의 헬륨, 아르곤, 네온, 암모니아, 메탄, 이산화탄소, 소듐, 포타슘

달 표면으로 하강하는 달 착륙선 이글호

달 뒤에 서 있는 우주 조종사 버즈 올드린

달 착륙선 이글호

1969년 7월 21일, 닐 암스트롱과 버즈 올드린은 인류 역사상 처음으로 달에 발을 내디디며 새로운 역사를 만들었어요. 두 사람은 6시간 전인 7월 20일 저녁에 가느다란 다리 4개를 가진 이글호를 조종해 안전하게 달에 착륙했어요.

달 숭배

고대부터 오늘날에 이르기까지 수많은 문화와 문명에서 달의 신은 중요한 자리를 차지해 왔어요. 고대 이집트에서 달의 신인 토트는 지혜의 신이었죠. 왼쪽 사진은 1973년에 만들어진 그리스 동전으로, 달의 여신 셀레네가 말을 타고 있는 모습이 묘사돼 있어요.

초승달

지구 인력으로 달에서는 10년 동안 지진이 7,000번 일어났을 수 있어요.

하현망

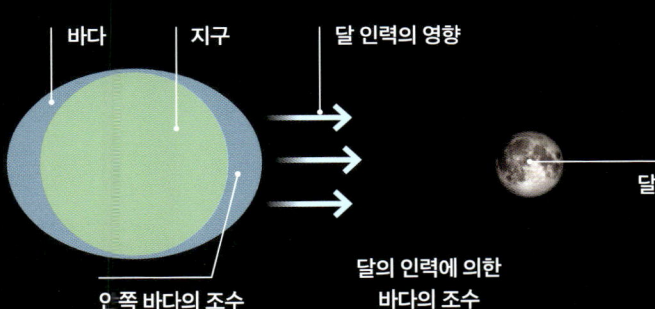

달의 인력에 의한 바다의 조수

지구 자전에 의한 바다의 조수

달의 당김
지구에서는 하루에 두 번 바닷물의 높이가 변해요. 이는 달의 인력이 지구에서 달과 가장 가까운 부분으로 물을 끌어 올리기 때문이죠. 지구 한쪽에서 달이 물을 끌어 올릴 때 지구 반대편에서는 지구 자전으로 생긴 회전력이 물을 달과 반대 방향으로 밀어요.

붉은 달
1년에 두 번 정도 태양, 지구, 달이 일직선으로 늘어서고, 달이 지구 그림자 속을 지나가요. 이때 달은 붉은색을 띠게 되죠. 달은 스스로 빛을 내지 못해요. 그래서 월식이 일어나면 태양 빛이 둥근 지구를 넘어 달에 가고, 지구 대기에서 산란된 태양 빛은 달 표면을 붉은색으로 물들여요.

첫 번째 확대 사진
1609년, 갈릴레이(35쪽을 보세요)는 변화하는 달의 여섯 가지 모습을 그림으로 그렸어요. 그는 이듬해 이 그림들을 《별들의 소식》이라는 제목의 책에 실어 발표했죠. 《별들의 소식》은 망원경으로 관찰해 얻은 정보를 정리한 최초의 과학책이에요.

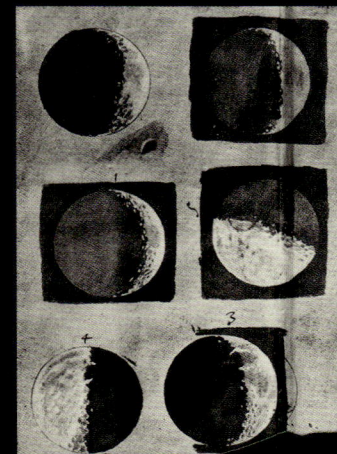

하현달

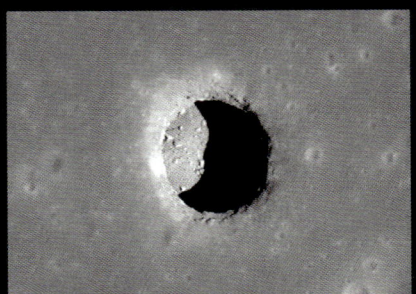

미래의 달 기지?
달에는 지름 5~984미터 크기의 구멍이 200개 이상 있어요. 최근 과학자들은 이들 가운데 몇몇이 용암동굴로 이어질 수도 있는 가파른 벽으로 둘러싸여 있다는 사실을 확인했죠. 이런 동굴은 미래에 달 기지로 사용할 수도 있어요.

그믐달

달 지도 그리기

자연위성

달 표면에는 오래전의 화산 활동 당시 흘러나온 용암으로 생긴 거대하고 평평한 평원들이 있어요. 또한 혜성, 소행성 등과의 충돌로 생긴 크레이터도 많이 있죠. 지금까지 인류는 60회 이상 달을 탐험했고, 40기 이상의 우주선이 달 표면에 착륙했어요. 덕분에 천문학자들은 어떤 천체보다 정확하고 자세하게 달 지도를 그릴 수 있어요.

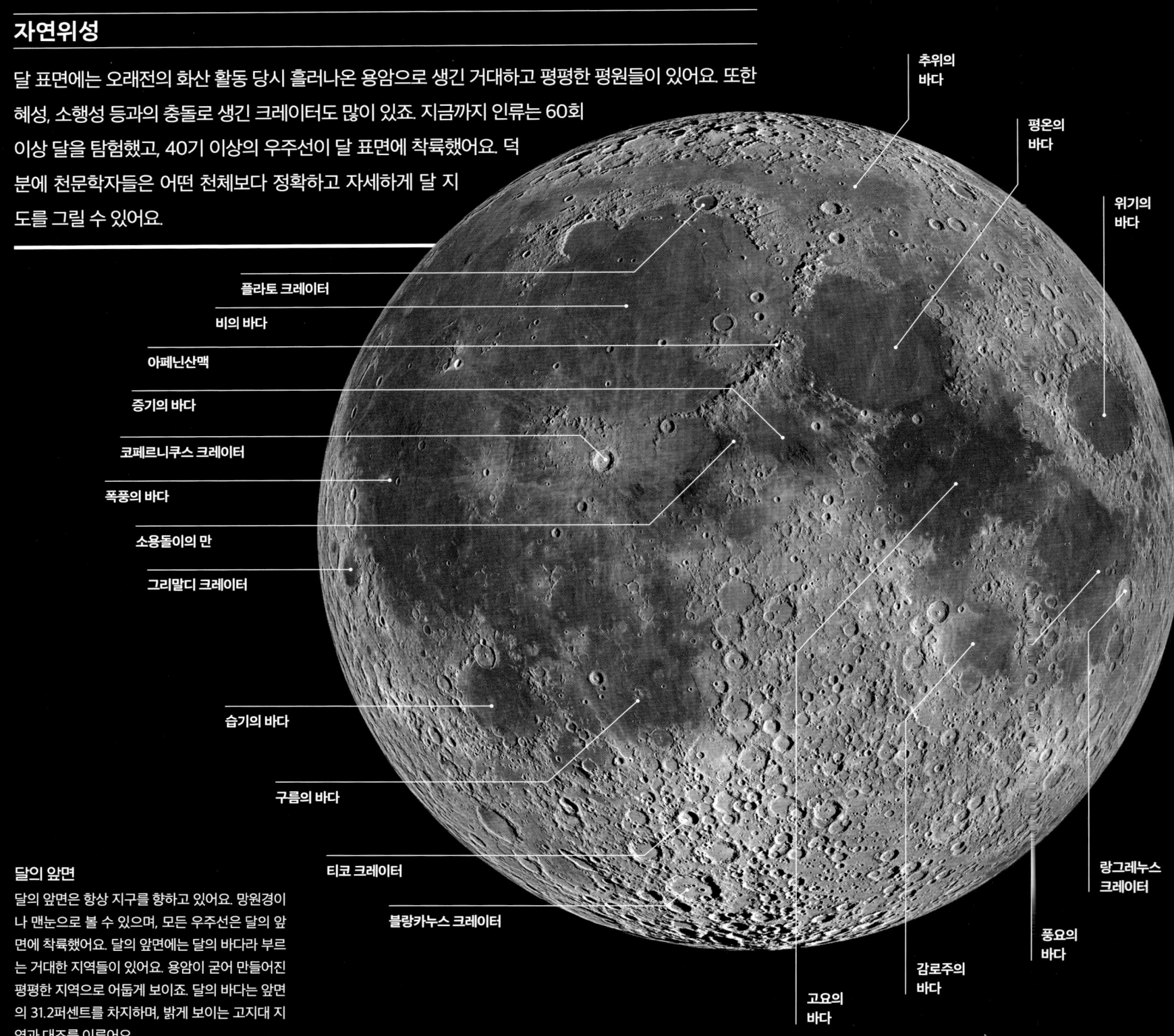

추위의 바다
평온의 바다
위기의 바다
플라토 크레이터
비의 바다
아페닌산맥
증기의 바다
코페르니쿠스 크레이터
폭풍의 바다
소용돌이의 만
그리말디 크레이터
랑그레누스 크레이터
습기의 바다
구름의 바다
풍요의 바다
티코 크레이터
블랑카누스 크레이터
감로주의 바다
고요의 바다

달의 앞면

달의 앞면은 항상 지구를 향하고 있어요. 망원경이나 맨눈으로 볼 수 있으며, 모든 우주선은 달의 앞면에 착륙했어요. 달의 앞면에는 달의 바다라 부르는 거대한 지역들이 있어요. 용암이 굳어 만들어진 평평한 지역으로 어둡게 보이죠. 달의 바다는 앞면의 31.2퍼센트를 차지하며, 밝게 보이는 고지대 지역과 대조를 이루어요.

달의 뒷면은 신비로운 지역이에요. 달의 앞면과 뒷면은 달의 주기 동안 같은 양의 태양 빛을 받아요.

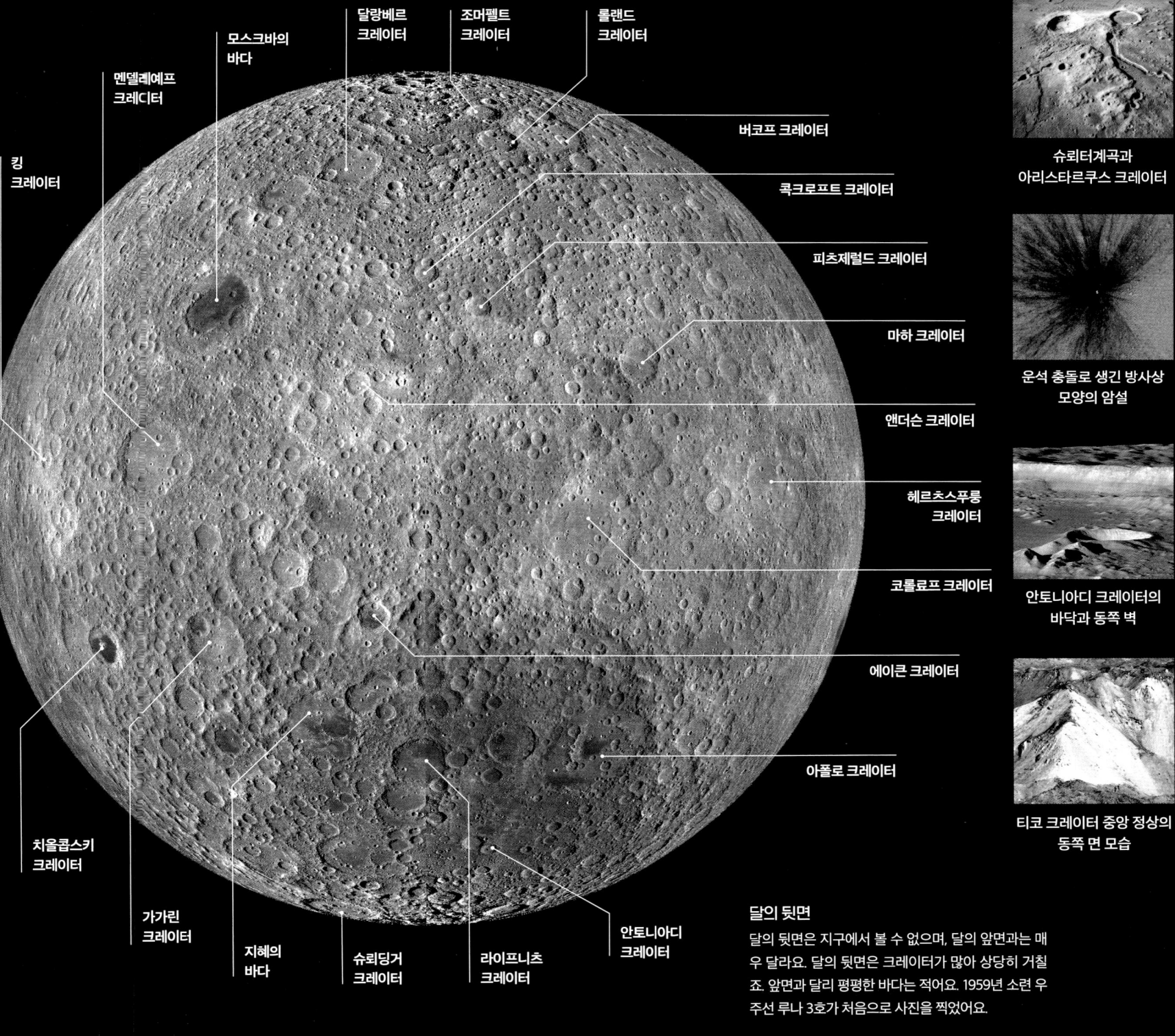

달의 모습
달에는 평원과 고지대뿐만 아니라, 크레이터에서 생겨난 암설, 계곡 등도 있어요.

슈뢰터계곡과 아리스타르쿠스 크레이터

운석 충돌로 생긴 방사상 모양의 암설

안토니아디 크레이터의 바닥과 동쪽 벽

티코 크레이터 중앙 정상의 동쪽 면 모습

달의 뒷면
달의 뒷면은 지구에서 볼 수 없으며, 달의 앞면과는 매우 달라요. 달의 뒷면은 크레이터가 많아 상당히 거칠죠. 앞면과 달리 평평한 바다는 적어요. 1959년 소련 우주선 루나 3호가 처음으로 사진을 찍었어요.

달 지도 그리기

눈을 가려 보았나요?

일식과 월식은 두려움이든 즐거움이든 사람들의 관심을 끌어왔어요. 사진 속 사람들은 1932년 일식을 보기 위해 뉴욕 타임스퀘어에 모였어요. 그들 가운데 몇몇은 눈을 가늘게 뜬 채 보호 필름이나 선글라스로 일식을 보고 있어요. 일식은 1년에 2~5번 일어나며, 언제나 월식에 약 2주 앞서 또는 2주 뒤에 일어나죠. 오늘날에는 일식 전용 안경으로 눈을 보호할 수 있어요. 이 안경은 탄소 입자가 주입된 검은색 폴리머로 만들며, 일반 선글라스보다 약 10만 배 더 어둡죠. 일식 전용 안경을 쓰면 눈 뒤 망막세포를 손상시키거나 파괴할 수 있는 자외선을 모두 차단할 수 있어요.

일식과 월식

'식'이라는 말은 달이나 행성이 다른 천체의 그림자 속으로 들어가는 현상을 말해요. 지구에서는 일식과 월식을 볼 수 있죠. 오늘날에도 일식과 월식으로 날이 어두워지고 공기가 차가워지는 순간, 새들이 조용히 둥지에 자리를 잡기 시작하거나 야행성 동물들이 나타나는 등 여전히 이상해 보이는 일들이 일어나요.

천체면 통과

행성이나 우주정거장처럼 상대적으로 작은 물체가 태양과 같이 큰 천체와 관찰자 사이를 지나가는 것을 천체면 통과라고 해요. 수성과 금성의 태양면 통과를 지구에서 보면, 검은 점이 태양면을 가로지르는 것처럼 보여요.

월식

월식은 달이 지구의 뒤쪽을 지나갈 때, 즉 지구 그림자 속을 지나갈 때 일어나요. 개기월식은 지구가 달에 도달하는 태양 빛을 완전히 막아 버리기 때문에 가장 인상적이에요. 부분월식은 지구의 그림자가 달의 일부만 가리죠. 반영월식은 지구의 그림자가 달에 약간 비치는 정도예요.

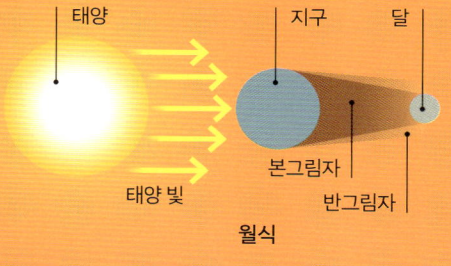
월식

개기월식

부분월식

금성의 천체면 통과

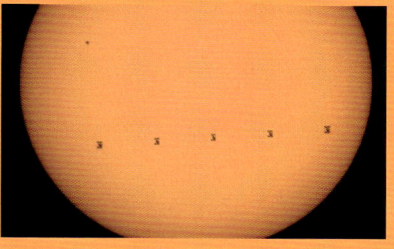
우주정거장의 천체면 통과

일식

일식은 달이 태양과 지구 사이를 지나갈 때 일어나요. 개기일식 때는 달이 태양을 완전히 가려요. 금환일식은 달이 태양의 한복판만을 가려 태양의 가장자리가 둥글게 보이죠. 혼성일식에서는 관찰자의 위치에 따라 개기일식 또는 금환일식이 보여요. 부분일식에서는 달이 태양의 일부만 가려요.

금환일식

혼성일식

부분일식

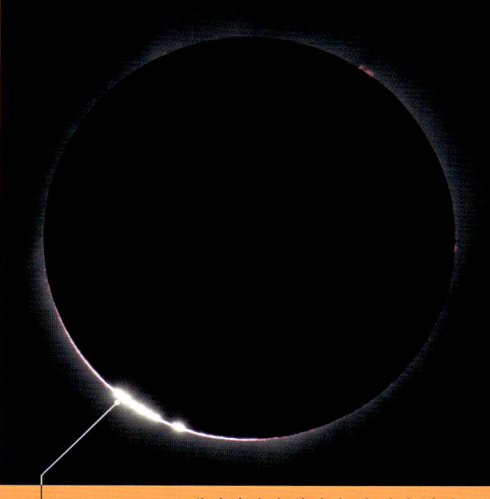
베일리의 염주
개기일식이 일어날 때 태양 빛이 달의 울퉁불퉁한 표면을 통해 반짝이는 모습

일식, 월식 그리고 신화

일식과 월식은 역사 속에서 매우 중요한 역할을 해왔어요. 고대 중국의 한 황제는 일식을 예측하지 못해 나라를 위험에 빠뜨렸다는 죄로 천문학자 2명의 목을 베었죠. 아즈텍족은 어둠의 신들이 와서 사람들을 잡아먹는다고 믿었어요. 태국에서는 어둠의 신인 프라 라후가 태양을 먹어 일식이 일어난다고 생각했어요.

아즈텍 고문서에 묘사된 일식
(1519~1540년)

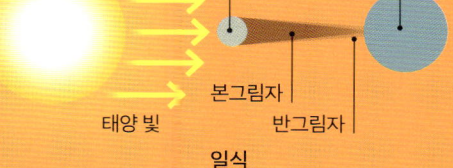
일식

붉은 행성

고대 이집트 사람들은 화성을 '붉은 별'이라고 불렀어요. 중국 천문학자들에게 화성은 '불의 별'이었죠. 화성은 암석과 흙에 들어 있는 산화철 때문에 붉게 보여요. 화성의 극지방에는 얼어붙은 극관이 있어요. 그러나 대기가 희박하고 온도가 낮아 지표면에는 액체 상태의 물이 존재하지 못해요.

태양과의 평균 거리: 2억 2,800만 킬로미터 / 1.52AU

첫 번째 기록: 고대

탐사: 매리너 4호(1965년), 매리너 9호(1971년), 마스 3호(1971년), 바이킹 1호(1976년), 마스 패스파인더(1997년), 스피릿(2004년), 오퍼튜니티(2004년), 큐리오시티(2012년)

태양 공전 속도: 시속 8만 6,677킬로미터

적도 둘레: 2만 1,339킬로미터

중력: 지구 중력의 38퍼센트

공전 주기: 687일

한낮 최고 온도: 20도

한밤 최저 온도: -153도

대기: 이산화탄소, 질소, 아르곤

위성: 2개

화성

암석 행성

화성은 몇 가지 태양계 기록을 가지고 있어요. 먼저, 가장 높은 화산이 있죠. 올림푸스몬스화산으로 지구의 에베레스트산보다 3배나 높아요. 가장 긴 협곡도 있죠. 매리너협곡으로, 길이가 미국의 폭과 비슷한 4,000킬로미터나 돼요. 먼지 폭풍의 규모도 가장 커요. 행성 전체를 몇 개월 동안 뒤덮어 버리거든요.

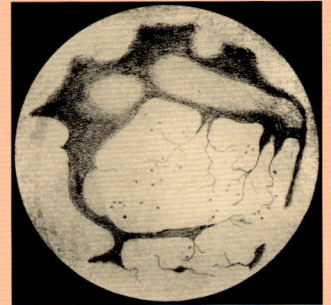

옛날 사람들은
19세기 후반, 사람들은 화성에 물이 흐르는 수로나 운하가 있다고 생각했어요. 1902년과 1903년, 영국 천문학자 에드워드 먼더는 지구에서 관찰한 화성의 수로가 실은 착시였다는 실험 결과들을 발표했어요.

차갑고 건조한 사막이 펼쳐진 화성의 지름은 지구 지름의 절반 정도예요. 그러나 육지 면적은 비슷해요.

화성의 위성

1877년, 미국 천문학자 아사프 홀은 화성 주위를 도는 위성을 2개 발견했어요. 안쪽의 밝은 위성에는 '두려움'을 뜻하는 포보스라는 이름을 붙였고, 감자 모양의 바깥쪽 위성에는 '공포'를 뜻하는 데이모스라는 이름을 붙였어요.

데이모스

포보스

깊은 분지 퇴적물 덩어리

화성의 모습들

여러 화성 탐사선이 화성의 다양한 지형을 담은 사진들을 보내왔어요.

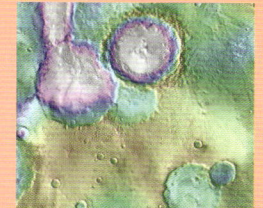
고대 호수의 바닥

계곡

퇴적암 형성

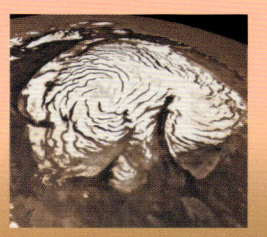
극관

전쟁의 신

화성의 붉은색은 자연스럽게 피와 연결됐어요. 로마인들은 전쟁의 신인 마르스의 이름을 따서 화성의 이름을 지었죠. 고대 바빌로니아인들은 화성에 불과 전쟁의 신인 네르갈이라는 이름을 붙였어요.

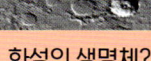
고대 화성의 바다로 추정되는 지역

화성의 운석

우주탐사선이 화성에 가기 전, 과학자들은 화성에 대해 좀 더 많은 정보를 얻고자 지구에 떨어진 희귀한 운석을 연구했어요. 지구에 떨어진 운석은 약 6만 1,000개 예요. 그 가운데 131개만이 화성의 운석으로 확인됐어요.

화성의 생명체?

미국 NASA의 화성정찰위성은 화성 남쪽에 위치한 에리다니아 분지에서 37억 년 된 열수 퇴적물들을 발견했어요. 과학자들에 따르면 이 지역에는 오대호 전체를 합친 것보다 10배나 많은 물이 있었고, 생명체에게 필요한 환경을 갖추고 있었을지도 모른다고 해요.

먼지투성이 대기

화성은 미세하고 건조한 붉은 먼지 입자로 뒤덮여 있어요. 화성의 옅은 대기는 바람을 자주 일으켜 먼지 입자를 휘젓고 거대한 먼지 폭풍을 만들죠. 일부 거대한 먼지 폭풍은 행성 전체를 뒤덮기도 해요.

올림푸스몬스화산
이 화산은 폭이 624킬로미터에 이르는 방패형 화산이에요. 사실 화성의 여러 화산은 지구의 화산들, 심지어 거대한 방패형 휴화산인 마우나케아산보다 10배에서 100배 더 커요. 지각판이 움직이고 있는 지구(66~67쪽을 보세요)와 달리 화성의 지각판은 움직이지 않아요. 그래서 용암이 같은 장소에서 계속 뿜어져 나와 매우 커다란 화산을 이루어요.

태양계의 화산

NASA 제트추진연구소 행성과학연구원 로절리 로페스 박사

화산은 지구에만 있지 않아요. 우주에는 용암이나 얼어붙은 가스를 내뿜는 거대한 화산들이 있죠. 화산 폭발은 행성이나 위성의 핵에 열과 에너지가 모여 터질 때 일어나요.

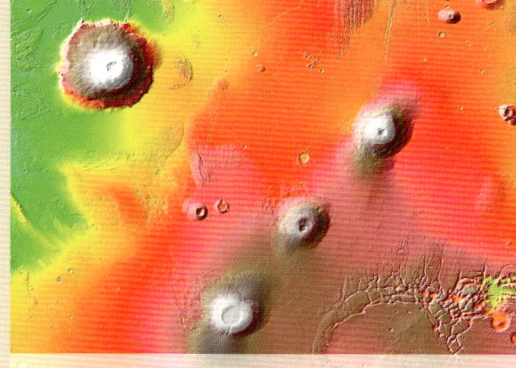
화성의 화산

지구에서 가장 큰 활화산인 마우나로아산

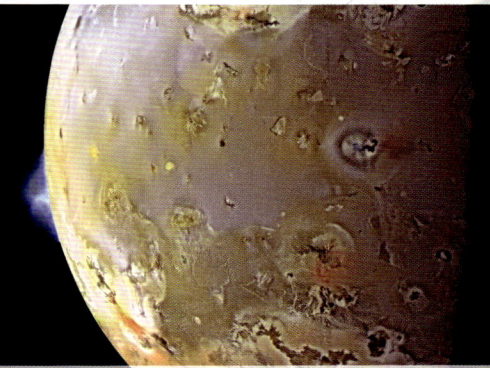
목성의 위성인 이오의 화산 분출

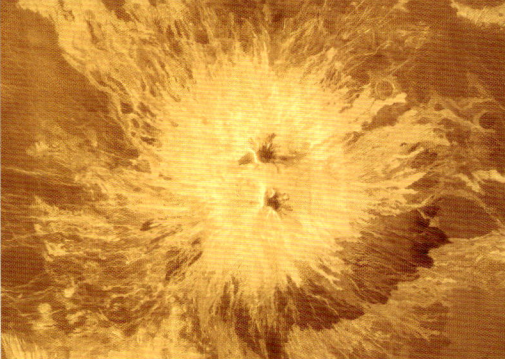
금성의 사파스몬스화산

화산은 지구의 지형에 큰 영향을 끼쳤어요. 하와이는 250만 년 전에 북태평양 해저에서 폭발하며 솟구친 암석들로부터 만들어졌어요.

태양계 생성 초기, 행성과 위성의 내부 온도가 높아 수많은 활화산이 있었어요. 화산에서 흘러나온 용암이 굳어 만들어진 거대하고 어두운 달의 평원이나 용암이 천천히 식으며 만들어진 달의 언덕 등에서 이를 엿볼 수 있어요.

화성에는 태양계에서 가장 큰 화산인 올림푸스몬스화산이 있어요. 높이가 25킬로미터로 에베레스트산보다 약 3배 높죠. 이 화산은 화성 지표면에 용암을 잔뜩 뿜어낸 수많은 화산 가운데 하나였어요. 수성에도 활화산이 있고, 과학자들은 두꺼운 구름에 가려져 있을 뿐 금성에도 활화산이 많다고 믿어요.

오늘날 태양계가 천천히 식어 가면서, 지구를 제외하고는 모든 활화산이 위성에 있어요. 특히 목성의 위성인 이오에 있는 활화산이 가장 인상적이죠. 목성의 강한 중력은 이오 내부에 많은 마찰을 일으켜요. 결국 암석도 녹일 만큼 내부 온도가 높아지고, 용암이 수백 킬로미터까지 솟구쳐 나와요.

얼음화산은 물, 암모니아, 메탄과 같은 차갑거나 언 액체 또는 가스를 분출해요. 얼음화산의 분출은 화산의 표면 아래 압축된 물이 있을 때 일어나요. 핵의 열이 쌓이면, 화산이 수증기와 얼음 입자를 뿜어내죠. 가장 대표적인 사례가 토성의 위성인 엔켈라두스(96쪽을 보세요)에 있는 101개의 간헐천이에요.

화산학자
로절리 로페스 박사는 어느 곳에서든 가장 활발하게 활동하는 화산들을 발견하는 사람이에요. 목성의 위성인 이오에서만 71개의 화산을 찾았어요. 그녀는 현재 토성의 위성인 타이탄과 그곳에 있는 이상한 얼음 화산들을 연구하고 있어요.

> "**이오**에 있는 화산 가운데 **로키**는 **지구에 있는 모든 화산**을 합친 것보다 훨씬 **파괴력** 있어요."

울퉁불퉁한 표면

1997년, NASA의 패스파인더 화성 탐사선은 화성 북반구의 아레스협곡에서 바위로 뒤덮인 지역의 사진을 찍어 지구에 보냈어요. 사진을 보면 약 35미터 높이의 봉우리 2개가 뒤쪽에 보여요. 북쪽 봉우리와 남쪽 봉우리는 소저너 탐사 로봇에서 각각 860미터와 1,000미터 떨어져 있죠. 소저너 탐사 로봇은 83일 동안 화성 지표면을 탐사하면서 화학 물질, 대기 등을 측정했어요.

화성 탐사 로봇

행성 탐사

화성에 생명체가 살고 있을까요? 화성 탐사 로봇은 지질학자를 대신해 한때 화성에 생명체가 살았을 수도 있다는 것을 알려 줘요. 로봇은 여러 가지 명령을 받아 화성의 환경과 대기를 조사해요. 화성 탐사 로봇은 대기를 분석하고, 바위를 뚫고, 레이저로 돌을 부술 수도 있어요. 또한 화성의 일몰이 푸르스름하다는 것과 한때 물이 흘렀고 작은 미생물이 살았을지 모른다는 사실도 보여 줘요.

가족사진
실험용 탐사 로봇 2대와 탐사선에 실릴 여분의 탐사 로봇 1대예요. NASA 제트추진연구소에서 개발한 3세대 화성 탐사 로봇들이죠. 자그마한 소저너가 스피릿과 오퍼튜니티 시제품 앞에 있어요. 오른쪽은 큐리오시티 크기의 과학 실험용 화성 탐사 로봇이에요.

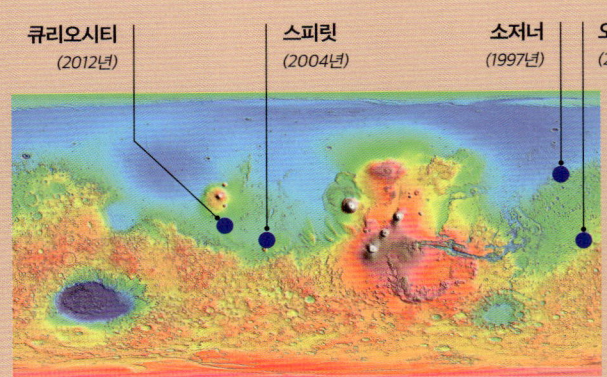

큐리오시티 *(2012년)* / 스피릿 *(2004년)* / 소저너 *(1997년)* / 오퍼튜니티 *(2004년)*

착륙 장소
머나먼 행성에 착륙할 기회는 단 한 번뿐이에요. 그러므로 프로젝트에 참여한 과학자들은 착륙에 관한 모든 것을 올바르게 알고 있어야 해요. 이를 위해 NASA는 전 세계 과학자들을 초청해 워크숍을 열고 결정 과정에 참여시켜요.

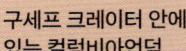

바퀴자국과 회오리바람

구세프 크레이터 안에 있는 컬럼비아언덕

화산의 암석

무게: 180킬로그램
발사일: 2003년 6월 10일(스피릿), 2003년 7월 8일(오퍼튜니티)
로켓: 델타 II 7925(스피릿), 델타 II 7925H(오퍼튜니티)
발사 장소: 미국 플로리다 케이프캐나베럴 공군 기지
착륙일: 2004년 1월 3일(스피릿), 2004년 1월 25일(오퍼튜니티)
착륙 장소: 구세프 크레이터(스피릿), 메리디아니 평원(오퍼튜니티)
상태: 2010년 3월 22일 마지막 임무 수행(스피릿), 2019년 2월 13일 임무 종료(오퍼튜니티)

태양전지판

카메라
탐사 로봇에는 전방 흑백 카메라 2대와 후방 컬러 카메라 1대가 달려 있어요.

소저너
다른 행성에 착륙해 지표면을 조사한 최초의 바퀴 달린 로봇이에요. 크기는 전자레인지만 하죠. 이 탐사 로봇은 사진을 찍고, 흙과 암석을 분석하고, 날씨를 조사했어요.

바퀴자국 이미지

소저너의 레이저 감지기 사용 모습

무게: 10.6킬로그램
발사일: 1996년 12월 4일
로켓: 델타 II 7925
발사 장소: 미국 플로리다 케이프캐나베럴 공군 기지
착륙 장소: 아레스협곡
탐사선: 마스패스파인더
탐사선 분리: 1997년 7월 4일
상태: 1997년 9월 27일 최종 교신

스피릿과 오퍼튜니티
두 탐사 로봇은 화산 활동뿐 아니라 오래전 물이 있던 흔적도 찾아냈어요. 또한 대기 중에 아르곤을 감지했고, 바람이 어떻게 회오리바람을 만드는지도 보여 주었어요.

소행성대

공전하는 우주 암석

화성과 목성 궤도 사이에는 우주를 날아다니는 수백만 개의 암석이 소행성대를 이루고 있어요. 이들은 태양계가 만들어질 때 생긴 잔해로, 작은 암석들부터 왜소행성이라 부를 만큼 커다란 소행성에 이르기까지 크기가 다양하죠. 가장 큰 소행성인 세레스는 지름이 953킬로미터나 돼요. 몇몇 소행성에는 귀중한 광물들이 있어요. 소행성들은 가끔 서로 충돌해요. 그리고 아주 드물게 궤도를 벗어나 지구를 포함한 다른 행성들과도 충돌하죠.

소행성 경고

NASA의 네오와이즈 우주탐사선은 적외선을 사용해 소행성을 확인하고 추적해요. 아래 태양계 이미지에서는 지구에 근접한 소행성 28개를 포함해 네오와이즈가 확인한 소행성들을 볼 수 있어요. 2017년 9월, 28개 소행성 가운데 가장 큰 플로렌스가 지구와 가까운 거리에서 지구를 지나갔어요.

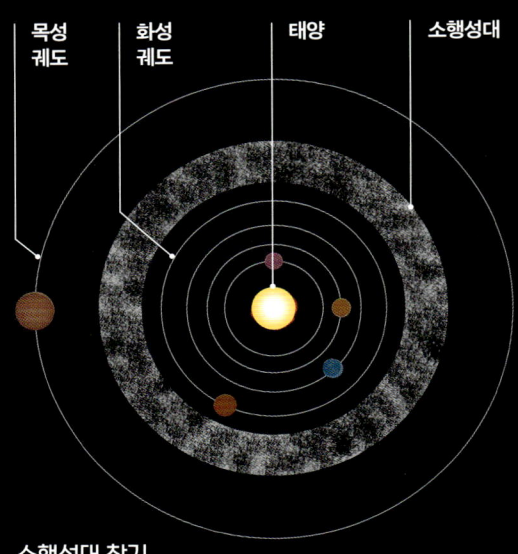

소행성대 찾기

1801년 1월 1일, 이탈리아의 성직자이자 천문학자인 주세페 피아치는 왜소행성을 발견하고 세레스라는 이름을 붙였어요. 그로부터 15개월 후, 팔라스라는 소행성이 발견됐어요. 1850년 무렵, 천문학자들은 '소행성대'에 대해 이야기했어요.

소행성대의 소행성들

소행성대에는 지름 1킬로미터 이상의 소행성들이 최대 190만 개 있어요. 나머지는 지름 1킬로미터 이하이며, 몇몇 소행성은 조약돌만큼 작죠. 오른쪽에는 지름을 기준으로 가장 큰 소행성 5개와 그 이외의 소행성 3개가 나와 있어요.

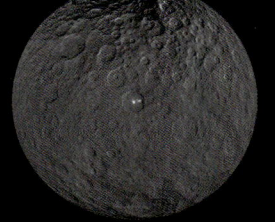
세레스
(953킬로미터)

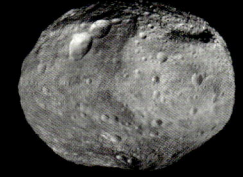
베스타
(530킬로미터)

팔라스
(512킬로미터)

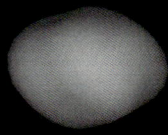
유로파
(315킬로미터)

루테티아
(121킬로미터)

소행성대에는 **수백만 개**의 소행성이 있어요. 대부분 **지름 10미터** 이하예요.

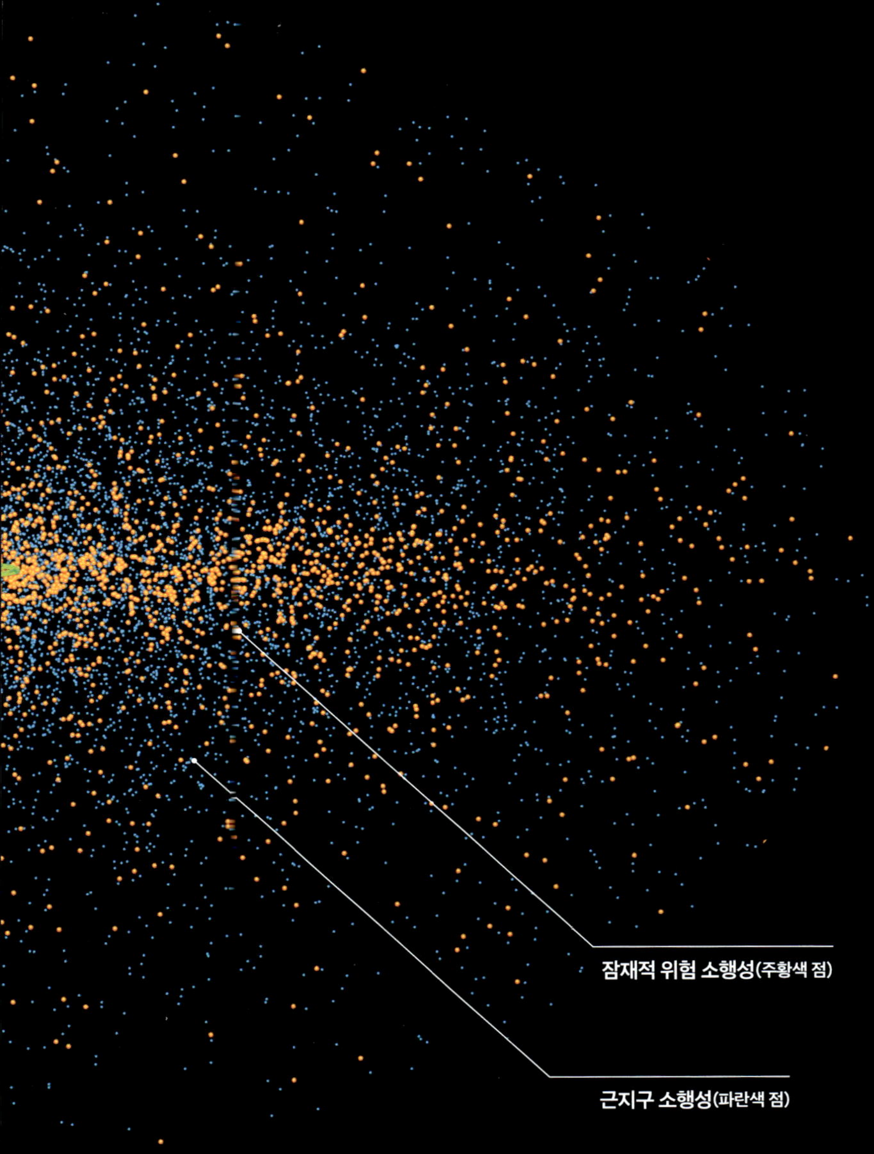

소행성 탐사 임무

미국 NASA는 소행성 세레스와 베스타의 모든 것을 알아내기 위해 2007년 9월 돈 우주탐사선을 발사했어요. 돈 우주탐사선은 2011~2012년 암석 소행성인 베스타 주위를 돌았으며, 2015년에는 얼어붙은 소행성인 세레스에 도달해 지금까지 그 주위를 돌고 있죠. 돈 우주탐사선은 많은 운석들이 베스타에서 떨어져 나왔다는 증거와 세레스에 유기 물질이 있다는 증거를 발견했어요.

돈 우주탐사선
세레스
베스타
아후나몬스(세레스)
유기 물질(세레스)
새로 생긴 크레이터(베스타)

잠재적 위험 소행성(주황색 점)
근지구 소행성(파란색 점)

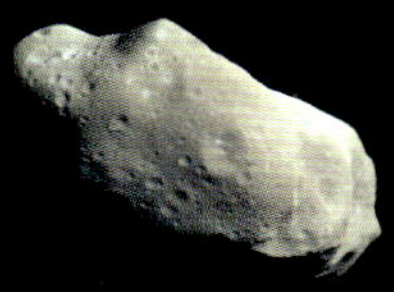

지구에 대한 위협

대략 1년에 한 번 자동차만 한 소행성이 지구 대기와 충돌해 타버려요. 또 2,000년에 한 번꼴로 축구장 크기의 운석이 지구와 충돌해 큰 피해가 발생하죠. 그러나 지구의 모든 생명체를 멸종시킬 만큼 커다란 소행성은 수백만 년에 한 번 정도예요.

지름 25미터 이하: 대기 중에서 타버림

지름 50미터: 지름 1.16킬로미터의 크레이터 생성

지름 15킬로미터: 6,500만 년 전, 지구에서 공룡을 멸종시킴

아이다 (31.4킬로미터, 다크틸이라는 위성 존재)
에로스 (16.84킬로미터)
이토카와 (350미터)

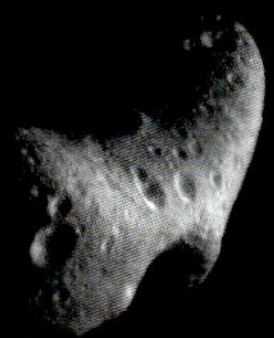

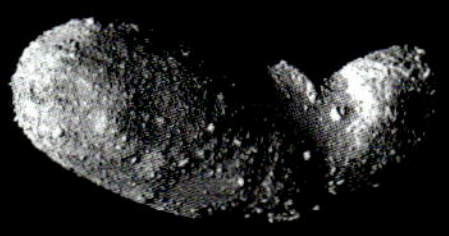

소행성대 85

목성

거대 가스 행성

목성은 태양계 다른 모든 행성을 그 안에 넣을 수 있을 만큼 커요. 그런데 만약 그런 일이 일어난다면 목성 안 행성들은 결코 안정적이지 못할 거예요. 목성이 소용돌이치는 가스와 액체의 거대한 덩어리이기 때문이죠. 목성의 가스와 액체는 주로 수소와 헬륨인데, 10시간에 한 바퀴씩 빠르게 자전하며 생긴 제트 기류에 쓸려 다니죠. 적도에서 구름은 시속 4만 5,000킬로미터 이상의 속도로 움직여요. 그래서 목성이 약간 불룩해지죠.

태양과의 평균 거리: 7억 7,800만 킬로미터 / 5.2AU

첫 번째 기록: 고대

탐사: 파이어니어 10호와 11호(1973년), 보이저 1호(1977년), 보이저 2호(1979년), 갈릴레오(1995년), 카시니-하위헌스(2000년), 뉴 호라이즌스(2007년), 주노(2016년)

태양 공전 속도: 시속 4만 7,002킬로미터

적도 둘레: 44만 9,197킬로미터

중력: 지구 중력의 2.528퍼센트

공전 주기: 4,333일

온도: -148도

대기: 수소, 헬륨, 메탄, 물, 암모니아

위성: 53개(확정), 16개(임시)

고리: 4개

대적점

목성에는 천문학자들이 수백 년 동안 관찰해 온 거대한 붉은 점이 있어요. 크기는 지구 폭의 2배이며, 바람의 속도가 시속 645킬로미터에 달하는 슈퍼 폭풍이죠. 목성 대기 상단의 이 폭풍은 2개의 제트 기류 사이에 갇혀 있으며, 고기압의 영향을 받아 그 중심부를 빠르게 회전해요.

목성의 구성

목성은 지구를 1,300개 넣고도 남을 만큼 커요. 여러 색깔의 두꺼운 독성 구름에 둘러싸인 목성은 그 중심부에 지구보다 약간 큰 암석 핵이 있죠. 약 1,000킬로미터 두께의 액체 수소 바다가 그 핵을 둘러싸고 있어요.

대적점의 크기는 현재 폭 **1만 6,350킬로미터** 정도로, 점점 **줄어들고** 있어요.

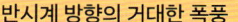

탐사선 방문

여러 탐사선들이 목성에 관한 정보를 수집해 왔어요. 1979년 보이저 1호가 발견한 목성 고리들(위)은 작은 위성들에 가해진 충격으로 생긴 먼지예요. 목성에는 '고사머 고리'라 부르는 희미한 외부 고리 2개, 평평하고 넓은 주 고리 1개, '헤일로 고리'라 부르는 두꺼운 내부 고리 1개가 있어요.

1996년 갈릴레오와 1979년 보이저 1호가 찍은 고리 이미지들의 합성

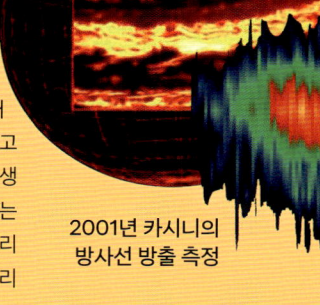

2016년 주노의 적외선 카메라로 찍은 열 방출 이미지

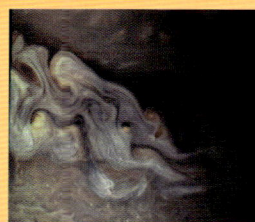

2001년 카시니의 방사선 방출 측정

목성의 모습

지구에서 보면 목성은 어두운 띠와 밝은 띠로 이루어진 것처럼 보여요. 여러 탐사선이 이 띠들의 움직임을 관찰한 결과, 이들이 목성 대기의 격렬한 움직임 가운데서도 서로 떨어져 있는 가스 띠라는 사실을 밝혀냈어요.

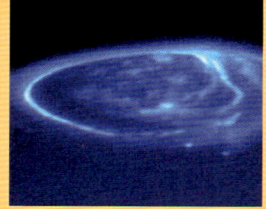

북극의 오로라   **폭풍 속 신비한 검은 점**   **반시계 방향의 거대한 폭풍**   **구름 둘결 형성**

번개 폭풍
흰색 점들은 번개와 천둥을 동반한 폭풍이에요.

뜨거운 지점
적도 북쪽 경계 지역에는 비교적 구름이 적어 열이 방출될 수 있어요.

흰 구름
얼어붙은 암모니아 결정들로 이루어져 있어요.

띠 접촉면
띠들의 색깔이 서로 다른 이유는 각 띠에 들어 있는 화학 물질의 양이 다르기 때문이에요.

폭풍의 혼돈
목성 대기가 혼돈에 빠져 있는 가장 큰 이유는 목성을 휘젓는 폭풍 때문이에요.

북반구
목성은 자전 속도가 매우 빨라 기상 현상이 매우 뚜렷하게 나타나요. 예를 들어, 거대한 목성을 둘러싼 구름 띠들은 동쪽과 서쪽으로 교차하며 부는 제트기류 때문에 생겨나요. 북극은 이 그림의 가운데에 있으며 탁한 대기 때문에 흐리게 보여요.

북극
카시니 우주탐사선이 비스듬한 각도에서 찍어 대기가 더 두꺼운 바람에 선명하지 않아요.

다양한 모양
많은 구름이 난기류로 늘어져 기다랗게 보여요.

정밀도
카시니 우주탐사선이 찍은 이미지 가운데 판별할 수 있는 가장 작은 모습의 크기는 약 120킬로미터예요.

대적점
이 폭풍은 약 6일마다 반시계 방향으로 한 바퀴씩 회전해요.

오발 BA
남반구 붉은색 폭풍으로 대적점과 비슷하지만 크기는 더 작아요.

회오리
바람의 지속적인 영향으로 물결 모양의 움직임이 만들어져요.

남극
북극과 마찬가지로 두꺼운 대기를 통해 촬영했어요.

남반구
목성은 태양계에서 폭풍이 가장 심한 행성이에요. 대적점은 가장 큰 폭풍으로, 남반구에 큰 영향을 끼치죠. 구름 낀 목성의 밝은 띠들은 빠른 자전 속도로 끊임없이 움직이며 모양이 계속 변해요.

목성 87

갈릴레이 위성

목성의 위성

목성은 커다란 위성 4개와 작은 위성 수십 개가 있어 작은 태양계와 같아요. 커다란 위성 4개는 갈릴레이가 1610년에 발견했죠. 처음에 그는 그 위성들을 별이라고 생각했어요. 그러나 이후 그들이 목성을 공전한다는 사실을 깨달았어요. 그의 관찰 결과는 지구가 아닌 태양이 태양계의 중심이라는 코페르니쿠스의 주장을 뒷받침했어요.

발견
1610년 1월, 춥지만 맑은 저녁에 갈릴레이는 자신이 직접 만든 망원경을 이용해 목성을 관찰했어요. 그는 목성의 동쪽과 서쪽에서 각각 2개, 1개의 별을 발견했죠. 이튿날 저녁, 그는 그 별들이 움직였다는 사실을 깨달았어요. 그는 며칠 동안 그 별들을 관찰한 후에 그들이 목성의 위성이라고 결론지었어요.

유로파

얼어붙은 세상

꽁꽁 얼어붙어 있어요. 태양계 어떤 천체보다 지표면이 매끈하죠. 몇몇 과학자들은 얼어붙은 지표면 아래에 깊이 100킬로미터에 달하며 지구의 물보다 2배나 많은 바다가 있다고 믿고 있어요.

태양과의 평균 거리: 7억 7,800만 킬로미터
목성과의 궤도 거리: 67만 900킬로미터
공전 주기: 3.6일
지름: 3,100킬로미터
표면의 나이: 2,000만~1억 8,000만 년
표면 온도: -160도 이하
대기: 얇은 산소층(매우 희박해 호흡은 불가능)

물의 증거
2016년, 갈릴레오 우주탐사선은 유로파의 지표면을 덮고 있는 갈라진 틈들을 사진으로 찍었어요. 사진을 보면 나중에 생긴 틈들이 기존 틈들을 가로지르고 있으며, 과거 지표면이 다시 얼어 생긴 어두운 띠가 보여요. 천문학자들은 지표면 아래 바다의 밀물과 썰물이 틈을 만들었다고 생각해요.

얼어붙은 위성
아래 그림은 1990년 후반 갈릴레오 우주탐사선이 보내온 이미지를 모아 만든 거예요. 푸른색과 흰색 영역은 거의 순수한 물이 얼어붙은 곳이죠. 그래서 유로파의 얼어붙은 지표면은 빛 반사율이 높아요.

칼리스토

밝은 위성

목성에서 약 188만 킬로미터 떨어져 있어요. 다른 위성들을 끌어당기는 중력의 영향권 밖에 있죠. 칼리스토는 수천 개의 크레이터로 뒤덮여 있어요. 가장 큰 크레이터의 크기는 지름이 305킬로미터나 돼요.

목성과의 궤도 거리: 188만 킬로미터
공전 주기: 16.7일
지름: 4,800킬로미터
표면의 나이: 약 40억 년
표면 온도: 평균 -139.2도
대기: 얇은 이산화탄소층

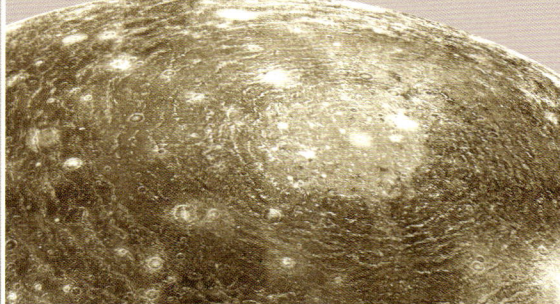

화려한 위성
목성의 위성 가운데 두 번째로 큰 칼리스토는 비슷한 분량의 암석과 얼음으로 이루어져 있어요. 칼리스토는 두꺼운 얼음층 때문에 달에 비해 태양 빛의 반사율이 좀 더 높아요.

갈라진 표면
칼리스토의 표면은 충격으로 생긴 크레이터들로 뒤덮여 있어요. 산조차 없죠. 칼리스토의 표면은 균열과 우주 파편과의 충돌로 생긴 크레이터들로 뒤덮인 거대한 빙판이에요.

이오

활동적인 세상

목성의 위성 가운데 가장 안쪽 궤도에 있는 이오는 목성 위의 플라스마 구름 안에 있어요. 이 플라스마 구름은 목성의 강한 자기장에 붙잡혀 있죠. 이오는 액체 상태의 용암을 300킬로미터 상공까지 내뿜는 수백 개의 화산으로 뒤덮여 있어 매우 위험해요. 이오의 화산 폭발은 때때로 너무 강력해서 커다란 망원경을 사용하면 지구에서도 볼 수 있어요.

태양과의 평균 거리: 7억 7,800만 킬로미터
목성과의 궤도 거리: 42만 2,000킬로미터
공전 주기: 1.77일
지름: 3,643킬로미터
표면의 나이: 약 40억년
표면 온도: 평균 -130도
대기: 얇은 이산화황층

로키파테라화산의 적외선 이미지

이오 지표면에서의 분출

기이한 모양

달보다 약간 큰 이오는 언제나 같은 면을 목성으로 향하고 있어요. 목성의 또 다른 위성인 유로파와 가니메데의 영향으로 강력한 조석력을 받아 이오의 지표면은 최대 100미터까지 부풀어 올라요.

화산 활동

이오는 화산을 기준으로 태양계에서 가장 활동적이에요. 얼음처럼 차가운 이산화황으로 뒤덮여 있지만 화산 근처의 온도는 1,650도까지 올라가요.

가니메데

자성을 가진 세상

태양계에서 가장 큰 위성이에요. 목성을 대신해 태양을 공전했다면 행성으로 분류됐을 거예요. 규산염 암석과 얼음이 둘러싸고 있는 가니메데의 핵은 철과 황화철로 이루어져 있어 위성 가운데 유일하게 자기장을 갖고 있죠.

태양과의 평균 거리: 7억 7,800만 킬로미터
목성과의 궤도 거리: 107만 킬로미터
공전 주기: 7.1일
지름: 5,262킬로미터
표면의 나이: 약 40억년
표면 온도: 평균 -163도
대기: 얇은 산소층

행성만 해요

가니메데는 수성만큼 커요. 핵은 암석으로 둘러싸여 있으며, 표면은 얼음으로 뒤덮여 있죠. 이미지 속 어두운 부분은 크레이터로, 가니메데의 초기 지표면으로 보여요. 밝은 점들은 거대한 크레이터들로 오른쪽 위는 트로스, 왼쪽 아래는 시스티예요.

갈릴레이 위성

밤하늘의 손님
몇몇 혜성은 비주기성 혜성으로 밤하늘에서 딱 한 번만 볼 수 있어요. 오스트레일리아 남부 로어에어반도에서 촬영된 대혜성 맥너트는 2006년 8월 7일 천문학자 로버트 맥너트가 발견했어요. 맥너트는 지난 40년 동안 관측된 혜성 가운데 가장 밝아요.

혜성

고대의 천문 관찰자들은 불길을 늘어뜨리며 떨어지는 혜성을 '긴 머리 별'이라 불렀어요. 혜성은 얼음, 암석, 먼지, 가스로 이루어진 덩어리로 태양을 공전해요. 그래서 우리는 여러 차례 혜성을 볼 수 있죠. 잘 알려진 핼리 혜성은 기원전 240년 전에 처음 기록됐으며, 이후 75.3년에 한 번씩 지구에 나타나요. 혜성은 종종 지구에 유성우로 떨어지는 파편 조각들을 남겨요.

오랜 추적

2004년 3월 2일, ESA는 로제타 우주탐사선을 발사했어요. 10년이 지난 2014년, 로제타 우주탐사선은 목적지인 67P/추류모프-게라시멘코 혜성에 도착해 필레 착륙선을 내려보냈어요. 그러나 태양 에너지로 동작하는 필레 착륙선이 쾌양이 비치지 않는 면에 착륙했어요. 로제타 우주탐사선은 귀중한 정보들을 지구로 보내왔으나, 결국 ESA는 2016년 9월에 탐사선을 혜성에 고의로 충돌시켰어요.

로제타 우주탐사선

혜성의 꼬리

우주를 가로질러 태양에 접근하는 혜성은 열을 받아 2개의 꼬리가 생겨요. 하나는 먼지 꼬리이고, 다른 하나는 플라스마 상태의 기체 꼬리예요. 먼지 꼬리는 희게 보이는 반면, 플라스마 기체 꼬리는 일산화탄소 이온 때문에 푸른색으로 보이는 경우가 많아요. 플라스마 기체 꼬리의 길이는 무려 1억 6,000만 킬로미터에 이르기도 해요.

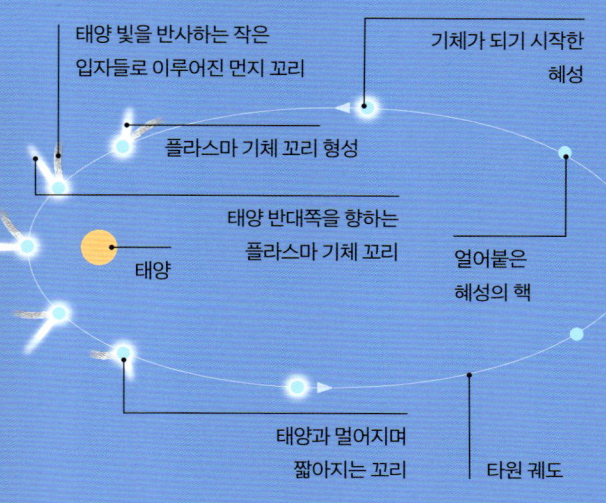

많은 혜성이 태양계 가장 바깥쪽 부분에 있는 오르트 구름과 산란 원반에서 만들어져요.

	홀스 혜성
지구 접근 주기: 6.88년	마지막 관측: 2021년 다음 관측: 2028년
지구 접근 주기: 75.3년	**핼리 혜성** 마지막 관측: 1986년 다음 관측: 2061년
지구 접근 주기: 133.3년	**스위프트-터틀 혜성** 마지막 관측: 1992년 다음 관측: 2126년
지구 접근 주기: 2,380년	**헤일밥 혜성** 마지막 관측: 1997년 다음 관측: 4380년
지구 접근 주기: 8,000년	**러브조이 혜성** 마지막 관측: 2015년 다음 관측: 10015년

정기 방문자

1705년, 천문학자 에드먼드 핼리는 1531년, 1607년, 1682년에 지구에 접근한 혜성이 실은 같은 혜성이었다고 결론 내렸어요. 또한, 그는 그 혜성이 1758년에 다시 지구에 접근할 것이라고 정확히 예측했어요. 이에 사람들은 그의 이름을 따서 그 혜성에 핼리라는 이름을 붙였어요. 천문학자들은 200년보다 공전 주기가 짧은 혜성을 '단주기 혜성'이라 부르고, 200년보다 공전 주기가 긴 혜성을 '장주기 혜성'이라 부르죠.

불길한 예언

스페인 정복자들이 침략하기 약 10년 전인 1509년경, 아즈텍을 다스리던 몬테수마는 하늘에서 '불기둥'을 보았다고 해요. 그는 이를 왕국의 멸망과 그의 죽음을 예시하는 여덟 가지 징조 가운데 하나라고 생각했죠. 1519년 8월, 스페인 정복자 에르난 코르테스는 아즈텍의 수도인 테노치티틀란으로 진군했고, 몬테수마의 두려움은 현실이 됐어요.

토성

거대 가스 행성

토성은 가스와 액체로 이루어진 행성이에요. 암모니아 얼음 구름이 수분층 얼음 위에 있으며, 그 밑에는 수소와 황이 뒤섞여 얼어 있죠. 그 아래에는 토성의 강력한 중력에 의해 부서진 수소가 액체 금속으로 변해 있어요. 토성의 중심부에는 뜨거운 핵이 있어요.

태양과의 평균 거리:
14억 3,000만 킬로미터 / 9.5AU

첫 번째 기록: 기원전 8세기 아시리아, 1610년 갈릴레이

탐사: 파이어니어 11호(1979년), 보이저 1호(1980년), 보이저 2호(1981년), 카시니(2004년)

태양 공전 속도:
시속 3만 4,701킬로미터

적도 둘레: 37만 8,675킬로미터

중력: 지구 중력의 106퍼센트

공전 주기: 1만 756일

온도: -178도

대기: 주로 수소. 그 외 헬륨, 메탄, 암모니아, 에탄 등

위성: 62개(9개는 아직 이름이 없음)

고리: 30개 이상(7개 그룹)

아름다운 행성

태양계에서 목성에 이어 두 번째로 큰 행성인 토성은 지구 764개가 들어갈 수 있을 만큼 커요. 토성은 망원경으로 보면 옅은 노란색으로 보이죠. 카시니 우주탐사선은 10년 넘게 토성과 토성의 고리를 관찰하고 있어요. 우리가 보아 온 토성의 멋진 모습은 카시니 우주탐사선이 지구로 전송한 상세한 사진들 덕분이에요.

토성은 10시간 39분에 한 번씩 자전해요.

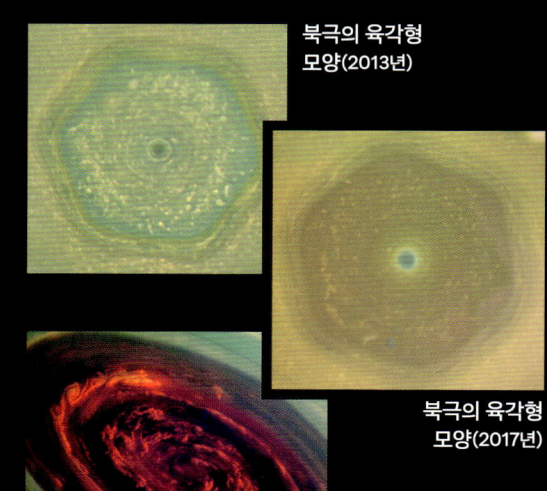

북극의 육각형 모양(2013년)

북극의 육각형 모양(2017년)

폭풍 중심부

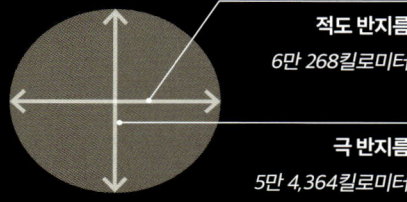

적도 반지름
6만 268킬로미터

극 반지름
5만 4,364킬로미터

회전에 의한 모양의 변화

토성은 원형이 아니에요. 토성은 자전축을 중심으로 매우 빠르게 회전하고 있죠. 그래서 약간 평평하고 적도 부분이 바깥쪽으로 부풀어 올랐어요.

구름의 형태

토성의 구름층은 서로 구성이 다르기 때문에 속도 차이가 발생해요. 켈빈-헬름홀츠 불안정성으로 알려진 이런 현상 때문에 때때로 지구와 비슷한 구름 형태가 나타나요

지구의 구름 형태

토성의 북극

1988년, 보이저 우주탐사선이 촬영한 토성 이미지를 확인하던 과학자들은 북극에 육각형 모양의 구름이 있는 것을 처음으로 발견했어요. 그 중심부에는 폭 3만 2,000킬로미터, 높이 100킬로미터에 이르는 허리케인이 있죠. 지금까지 그 밖의 다른 곳에서는 육각형 모양과 비슷한 어떤 것도 관측되지 않았어요.

토성의 여러 색깔

오로라의 장막이 토성 남극 구름에서 뻗어 나와 있어요. 카시니 우주탐사선이 가까이에서 찍은 적외선 이미지에서 오로라는 밝은 녹색이죠. 토성 고리에서 반사된 태양 빛은 파란색으로 보이며, 토성 내부의 열은 짙은 빨간색이죠. 어두운 점들과 띠들은 구름이에요.

토성의 거대 폭풍

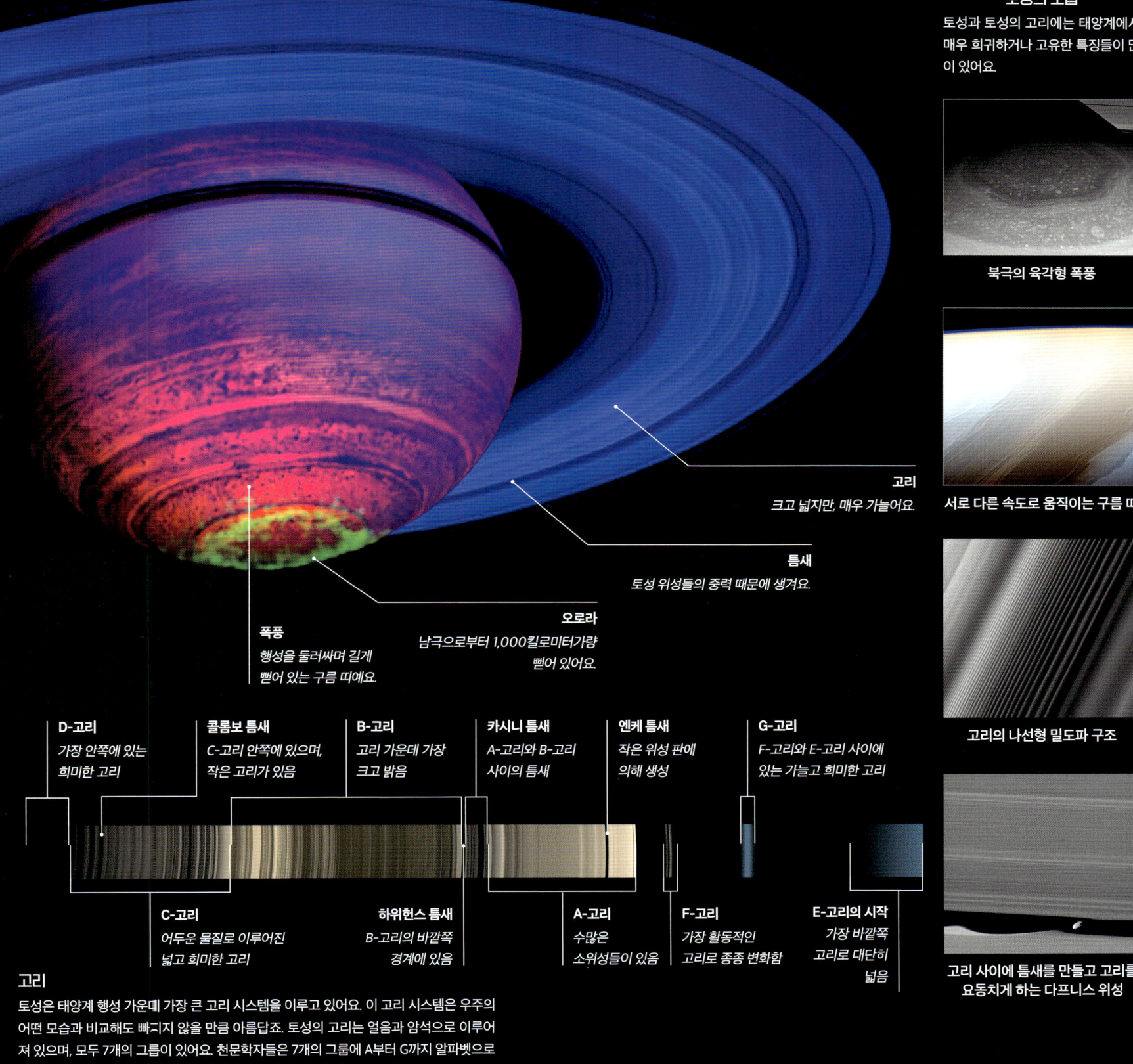

토성의 모습

토성과 토성의 고리에는 태양계에서 매우 희귀하거나 고유한 특징들이 많이 있어요.

북극의 육각형 폭풍

서로 다른 속도로 움직이는 구름 띠

고리의 나선형 밀도파 구조

고리 사이에 틈새를 만들고 고리를 요동치게 하는 다프니스 위성

고리
크고 넓지만, 매우 가늘어요.

틈새
토성 위성들의 중력 때문에 생겨요.

오로라
남극으로부터 1,000킬로미터가량 뻗어 있어요.

폭풍
행성을 둘러싸며 길게 뻗어 있는 구름 띠예요.

D-고리
가장 안쪽에 있는 희미한 고리

콜롬보 틈새
C-고리 안쪽에 있으며, 작은 고리가 있음

B-고리
고리 가운데 가장 크고 밝음

카시니 틈새
A-고리와 B-고리 사이의 틈새

엔케 틈새
작은 위성 판에 의해 생성

G-고리
F-고리와 E-고리 사이에 있는 가늘고 희미한 고리

C-고리
어두운 물질로 이루어진 넓고 희미한 고리

하위헌스 틈새
B-고리의 바깥쪽 경계에 있음

A-고리
수많은 소위성들이 있음

F-고리
가장 활동적인 고리로 종종 변화함

E-고리의 시작
가장 바깥쪽 고리로 대단히 넓음

고리

토성은 태양계 행성 가운데 가장 큰 고리 시스템을 이루고 있어요. 이 고리 시스템은 우주의 어떤 모습과 비교해도 빠지지 않을 만큼 아름답죠. 토성의 고리는 얼음과 암석으로 이루어져 있으며, 모두 7개의 그룹이 있어요. 천문학자들은 7개의 그룹에 A부터 G까지 알파벳으로 이름을 붙였어요. 고리 사이에 있는 틈새에는 좀 더 의미 있는 이름을 붙였고요.

토성의 뒷면

2013년 7월 19일, 카시니 우주탐사선은 토성의 그늘로 이동해 역광에서 토성을 촬영했어요. 사진 속에서 토성의 위성 7개, 안쪽 고리들, 지구, G-고리와 E-고리 사이의 밝은 푸른색 점들을 볼 수 있죠. 지구는 토성 오른쪽 4시 방향에 있어요. 태양계 바깥에서 지구를 세 번째로 촬영한 사진이에요. 탐사선은 각도를 넓히거나 좁히며 4시간 동안 총 323장의 사진을 찍었어요. 이 모자이크 이미지는 그중 141장을 모아 만들었어요.

토성의 위성

자연위성

토성의 위성은 62개예요. 위성 가운데 몇몇은 카시니 우주탐사선이 수년간 토성을 공전하는 동안 발견했어요. 타이탄을 포함해 크기가 큰 위성들은 주로 얼음과 암석으로 이루어져 있어요. 타이탄은 액화 메탄이 흘러 다니는 표면 위에서 오렌지색 안개를 일으키는 매우 차가운 질소 대기로 덮여 있어요.

위성들의 5중주
위 사진에서 맨 왼쪽은 야누스 위성이에요. 가운데 위쪽에는 엔켈라두스 위성, 고리에는 판도라 위성이 있어요.

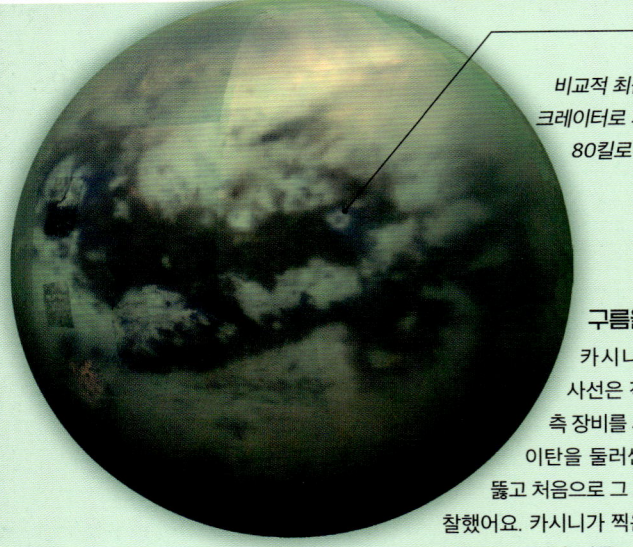

신랩
비교적 최근에 생긴 크레이터로 지름이 약 80킬로미터예요.

구름을 뚫고
카시니 우주탐사선은 적외선 관측 장비를 사용해 타이탄을 둘러싼 구름을 뚫고 처음으로 그 표면을 관찰했어요. 카시니가 찍은 사진을 보면 적도 북쪽으로는 펜살, 남쪽으로는 아즈틀란이라는 모래 언덕 지역이 있어요.

태양과의 평균 거리: 14억 2,700만 킬로미터
토성과의 궤도 거리: 120만 킬로미터
공전 주기: 16일
지름: 5,150킬로미터
표면의 나이: 5,000만 년
표면 온도: -292도
발견자: 크리스티안 하위헌스(1655년 3월 25일)
대기: 질소, 메탄 및 소량의 암모니아, 아르곤, 에탄

타이탄

가장 큰 위성
토성에서 가장 큰 위성은 원시 지구와 크기가 비슷해요. 또한 7.5년씩 지속되는 계절도 있죠. 타이탄은 태양계에서 지구처럼 표면에 액체가 흐르는 유일한 천체예요. 하늘에서는 메탄과 에탄이 비처럼 내려요.

두꺼운 구름
타이탄은 태양계에서 유일하게 두꺼운 대기를 갖고 있는 위성으로, 대기압은 지구의 수영장 밑바닥에서 느끼는 압력과 비슷하죠. 타이탄의 바깥쪽 대기는 탄화수소로 가득해요. 과학자들은 타이탄의 대기가 지구 생명체로 이어졌던 유기화학 물질의 실험실 역할을 할 수 있다고 생각해요.

엔켈라두스

눈덩이 위성
광대한 규모의 숨겨진 물 저장소는 101개의 간헐천을 통해 얼음과 수증기를 시속 1,290킬로미터의 속도로 분출해요. 분출물은 엔켈라두스의 고운 얼음 먼지 고리를 이루며, 이 고리는 토성의 E-고리 형성에도 사용돼요.

태양과의 평균 거리: 14억 2,700만 킬로미터
토성과의 궤도 거리: 23만 8,000킬로미터
공전 주기: 1.37일
지름: 500킬로미터
표면의 나이: 1억 년
표면 온도: -201도
발견자: 윌리엄 허셜(1789년 8월 28일)
대기: 상당한 수준의 대기가 존재한다고 추정

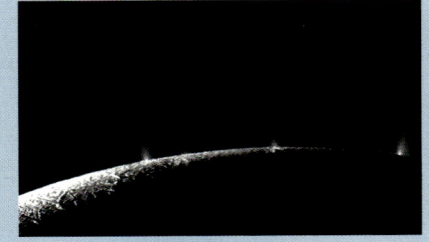

활동성 간헐천
2005년, 카시니 우주탐사선은 위성 표면에서 얼음과 수증기를 분출하는 여러 간헐천을 발견했어요. 2010년에 찍은 왼쪽 사진을 보면 남극 지역을 가로지르는 균열에서 분출하는 간헐천들을 볼 수 있어요. 엔켈라두스에서는 총 101가의 간헐천이 발견됐어요.

얼음으로 뒤덮인 바다
간헐천 관찰은 위성 구조에 대한 연구로 이어졌어요. 수백 장의 이미지를 조사해 특징 있는 장소들을 정리한 과학자들은 위성이 토성 주위를 공전할 때 흔들린다는 사실에 주목했어요. 그리고 지표면의 외부 얼음층이 간헐천에 물을 공급하는 큰 대양을 덮고 있기 때문이라고 결론 내렸어요.

얼음 위성

테티스는 표면이 많이 손상됐고, 대기가 없으며, 매우 차가운 위성이에요. 거의 얼음으로 이루어져 있으며, 표면은 크레이터로 뒤덮여 있죠. 특히 오디세우스 크레이터는 지름이 테티스 크기의 5분의 2에 달할 만큼 커요.

밝게 빛나는 위성

테티스의 얼음 표면은 빛 반사율이 매우 높아요. 그래서 수많은 크레이터의 바닥이 밝게 빛나요.

테티스

밝은 위성

테티스에는 위성이 한창 만들어질 당시의 충돌로 생긴 지름 400킬로미터의 거대한 분화구가 있어요. 길이 2,000킬로미터에 달하는 깊은 계곡 역시 그때 생긴 것으로 보여요.

태양과의 평균 거리: 14억 2,700만 킬로미터
토성과의 궤도 거리: 29만 5,000킬로미터
공전 주기: 1.89일
지름: 1,066킬로미터
표면의 나이: 2,000만~1억 8,000만 년
표면 온도: -187도
발견자: 조반니 카시니(1684년 3월 21일)
대기: 없음

디오네

얼음 천체

디오네의 앞면은 크레이터가 생길 만한 충돌에 시달려요. 그런데 신기하게도 뒷면이 훨씬 많이 손상됐죠. 과학자들은 과거에 위성 전체를 회전시켰을 만큼 강력한 충돌이 있었다고 생각해요.

마맛자국

디오네의 표면은 크레이터들로 뒤덮여 있어요. 오른쪽 아래에는 폭 350킬로미터로 여러 개의 고리 모양을 하고 있는 에반더 분지가 있어요.

태양과의 평균 거리: 14억 2,700만 킬로미터
토성과의 궤도 거리: 37억 7,400킬로미터
공전 주기: 2.7일
지름: 1,123킬로미터
표면의 나이: 5,000만 년
표면 온도: -186도
발견자: 조반니 카시니(1684년 3월 21일)
대기: 얇은 산소 이온층

2개의 위성

타이탄과 그보다 훨씬 작은 디오네는 토성 고리 위에 있어요. 이 모습은 태양 빛을 받고 있는 북쪽 고리를 향해 본 거예요. 카시니 우주탐사선의 카메라는 타이탄과 디오네에서 각각 230만 킬로미터, 320만 킬로미터 떨어져 있었어요.

지각 사이의 **구조적 힘**이 **디오네에 얼음 절벽들**을 우뚝 세웠을지도 몰라요.

다른 위성

움직이는 우주 파편

토성의 몇몇 위성은 크기도 작고, 모양도 이상해요. 아마도 토성의 강력한 중력에 붙잡힌 혜성들일 거예요. 나머지 위성은 거대한 위성이 부서지며 토성 고리가 되는 잔해들을 남길 때 만들어졌을 거고요.

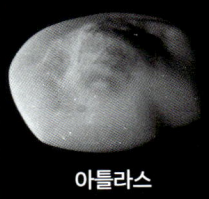
아틀라스

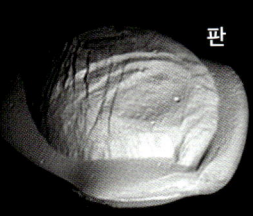
판

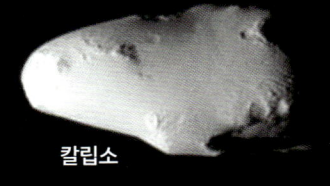
칼립소

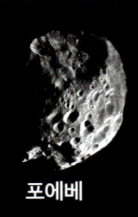
포에베

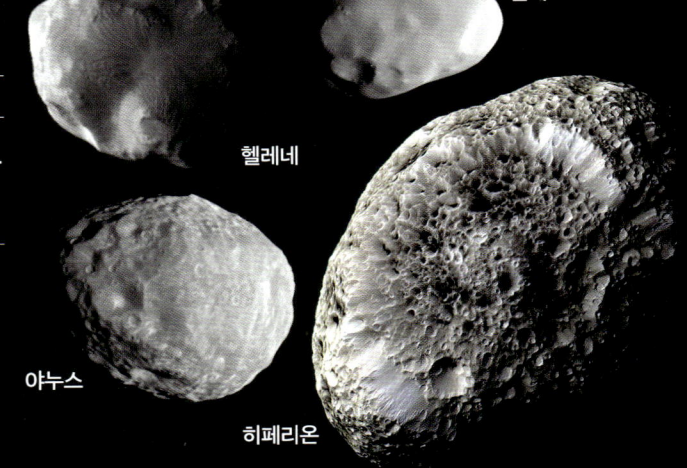
텔레스토
헬레네
야누스
히페리온

우주탐사선의 최후

카시니의 여행

카시니 우주탐사선은 금성을 두 차례 탐사했고 이후 지구를 돌아 목성을 탐사하며 처음 7년을 보냈어요. 그리고 13년 동안 토성과 토성의 위성들을 탐사했죠. 마지막으로 과학자들은 토성이나 그 위성들을 오염시키지 않도록 카시니 우주탐사선이 토성 대기에 직접 들어가 파괴되도록 했어요.

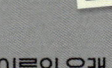

하위헌스   카시니

이름의 유래

NASA에서 제작한 카시니 우주탐사선의 이름은 천문학자이자 공학자였던 이탈리아의 조반니 카시니(1625~1712년)의 이름에서 따온 거예요. ESA의 하위헌스 착륙선 이름은 과학자이자 수학자인 네덜란드의 크리스티안 하위헌스(1629~1695년)를 기리기 위해 붙여졌어요.

카시니 우주탐사선의 크기는 미니버스만 했어요.

캘리포니아 패서디나에서 조립 중인 카시니 우주탐사선

탐사 프로젝트의 시작
흔히 카시니라 불렀던 카시니-하위헌스 프로젝트는 NASA, ESA, 이탈리아 우주국이 참여한 협력 프로젝트였어요. 프로젝트의 목적은 토성과 토성의 위성들을 탐사하기 위해 카시니 탐사선과 하위헌스 착륙선을 보내는 것이었죠. 탐사선과 착륙선은 타이탄 IVB/센토 로켓에 실려 발사됐어요.

케이프 캐나베럴에서 발사

445 뉴턴 엔진
주 엔진은 연료를 사용해 탐사선을 움직여요. 주 엔진과 똑같은 예비 엔진도 있어요

RPWS 시스템
안테나와 센서를 사용해 전자파와 플라스마파를 감지해요.

하위헌스 착륙선
카시니 우주탐사선에는 27가지 실험을 할 수 있는 12가지 첨단기술 장비가 설치돼 있었어요. 하위헌스 착륙선은 토성의 위성인 타이탄 착륙에 성공하며 외행성계 천체에 착륙한 첫 번째 탐사선이 됐어요.

돌고 또 돌고
토성과 그 위성들을 둘러싼 비행 궤적은 믿을 수 없을 만큼 길었던 카시니 우주탐사선의 여정을 보여 줘요. 토성은 가운데에 있어요.

긴 다리 받침대
가장 민감한 측정 장치들은 우주선과 분리돼 긴 다리 받침대 위에 설치됐어요.

하위헌스 탐사선
카시니 우주탐사선에 결합돼 있다가 발사됐어요.

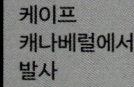

우주 탐사

카시니 우주탐사선은 지구, 금성, 목성의 중력을 이용해 토성에 날아가는 속도를 높였어요. 달을 경유했으며, 하위헌스 착륙선을 토성의 위성 가운데 가장 큰 타이탄에 보냈죠. 또한 태양계 바깥 경계 부분을 수없이 촬영했어요.

1997년 10월 15일	1998년 4월 25일	1999년 12월	2000년 12월 29일	2004년 4월 7일	2004년 12월 23일	2005년 1월 13일
케이프캐나베럴에서 발사	첫 번째 금성 근접 비행	소행성대 도착	목성에 접근	토성에서 폭풍 관찰	하위헌스 착륙선을 타이탄 위성으로 분리 발사	하위헌스 착륙선 타이탄 위성에 착륙

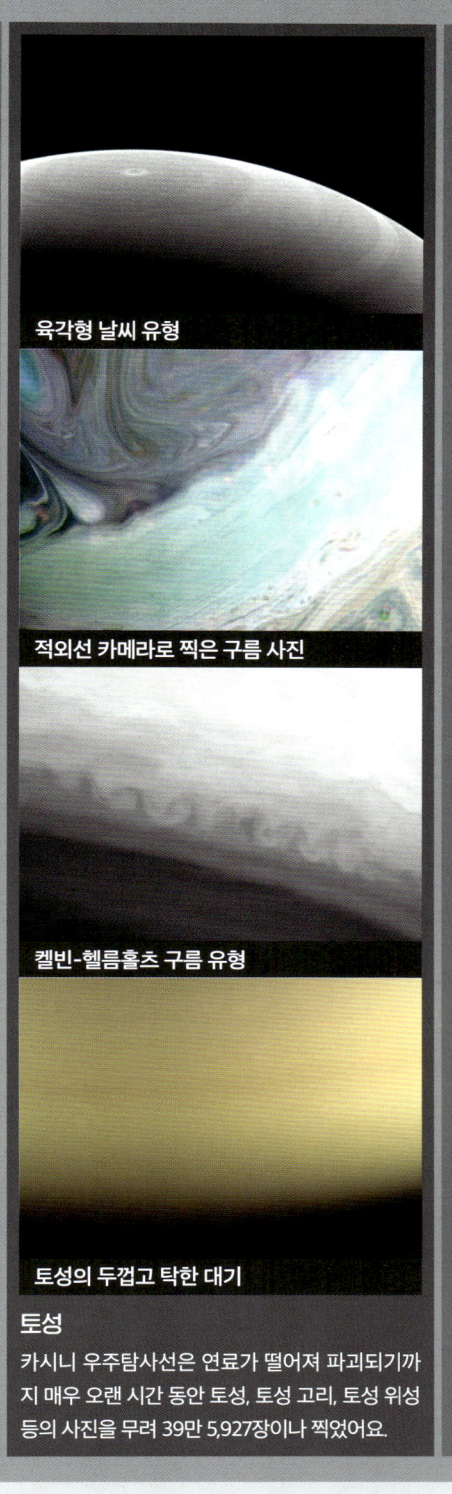
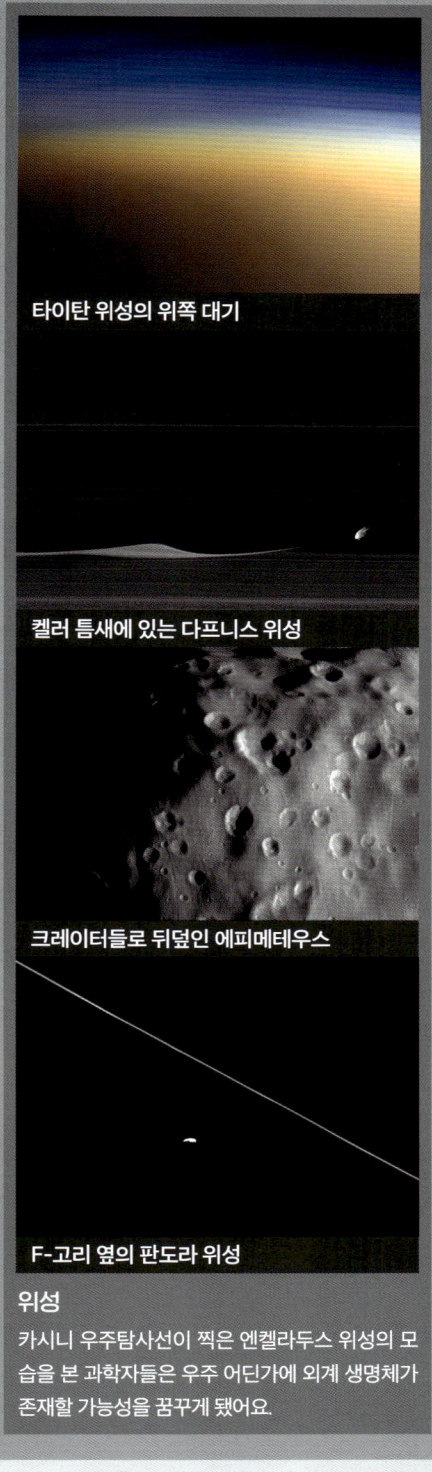

하위헌스 착륙선 제작
하강하며 촬영한 타이탄 표면
얼음 암석들이 있는 표면
모래로 뒤덮인 표면

육각형 날씨 유형
적외선 카메라로 찍은 구름 사진
켈빈-헬름홀츠 구름 유형
토성의 두껍고 탁한 대기

타이탄 위성의 위쪽 대기
켈러 틈새에 있는 다프니스 위성
크레이터들로 뒤덮인 에피메테우스
F-고리 옆의 판도라 위성

토성 A-고리의 '프로펠러'
켈러 틈새 가장자리의 물결 모양
마지막 토성 고리 사진
A-고리의 밀도파

하위헌스 착륙선
과학자들은 착륙선이 어떤 곳에 착륙할지 알지 못했어요. 딱딱하지만 매끄러운 얼음과 영하 180도의 낮은 온도는 놀라운 사실이었죠.

토성
카시니 우주탐사선은 연료가 떨어져 파괴되기까지 매우 오랜 시간 동안 토성, 토성 고리, 토성 위성 등의 사진을 무려 39만 5,927장이나 찍었어요.

위성
카시니 우주탐사선이 찍은 엔켈라두스 위성의 모습을 본 과학자들은 우주 어딘가에 외계 생명체가 존재할 가능성을 꿈꾸게 됐어요.

고리
카시니 우주탐사선은 마지막 임무로 토성 고리에 가까이 접근했어요. 그리고 가장 바깥쪽을 관찰하고는 고리와 행성 사이 틈새로 들어갔어요.

2006년 9월 14일 토성 주변에서 새로운 고리 확인

2010년 12월 4일 토성 북반구에서 초대형 폭풍 추적

2014년 7월 27일 엔켈라두스 위성에서 101개의 활동성 간헐천 확인

2015년 5월 31일 히페리온 위성에 접근해 충돌로 손상된 표면 확인

2016년 11월 29일 경사 궤도 이용 시작

2017년 4월 26일 토성과 고리들 사이의 틈새로 진입

2017년 9월 15일 토성 대기 속으로 최후 진입

천왕성

거대 가스 행성

아주 오래전, 어마어마하게 큰 천체가 천왕성과 충돌했어요. 그 결과 거대한 얼음 행성인 천왕성은 98도나 기울어진 채 태양을 공전하고 있죠. 천왕성의 공전 주기는 84년이며, 극지방에서 낮과 밤의 길이는 각각 42년이에요. 천왕성을 둘러싼 메탄 구름 때문에 천왕성의 모습을 볼 수는 없어요.

원소 이름

1789년, 독일 화학자 마르틴 클라프로트는 은 광산에서 광물 샘플을 조사하던 중 우라늄을 발견했어요. 그는 불과 8년 전에 발견된 천왕성의 영문 이름 '우라노스'를 따라 새로 발견한 환상적인 원소의 이름을 지었어요.

우라늄 광석

태양과의 평균 거리: 28억 7,000만 킬로미터 / 19.2AU

첫 번째 기록: 윌리엄 허셜(1781년 3월 13일)

탐사: 보이저 2호(1986년)

태양 공전 속도: 시속 2만 4,477킬로미터

적도 둘레: 16만 592킬로미터

중력: 지구 중력의 90퍼센트

공전 주기: 3만 687일(84년)

온도: -216도

대기: 수소, 헬륨, 메탄

위성: 27개

고리: 11개(안쪽 고리), 2개(바깥쪽 고리)

거대한 푸른 행성

망원경 없이는 제대로 보기 어려운 천왕성은 상층부 대기의 메탄가스가 빨간색 빛을 흡수하는 바람에 흐릿한 푸른색으로 보여요. 구름 꼭대기의 온도는 영하 224도까지 낮아질 수 있어 행성 대기 가운데 가장 차갑죠. 대기 아래에는 물, 암모니아, 메탄이 깊이 수천 킬로미터에 이르기까지 묽은 반죽처럼 뒤섞여 있는 듯해요.

혜성일까?

1781년 3월 13일, 영국의 천문학자 윌리엄 허셜은 겉보기 등급이 8보다 밝은 모든 별을 조사하고 있었어요. 매우 희미하게 보이는 천체 하나를 발견한 그는 그것이 혜성이라고 생각했죠. 훗날, 그는 그 천체가 천왕성이라는 사실을 깨달았어요. 고대 이후 새롭게 발견한 첫 번째 행성이었어요.

천문학자 윌리엄 허셜

허셜의 천문대

천왕성의 핵은 암석과 니켈-철 합금으로 이루어져 있으며, 얼음 맨틀이 이 핵을 둘러싸고 있어요.

희미한 고리가 있어요

매우 희미하게 보이는 천왕성의 10번째 고리가 위쪽에 있어요. 이 고리는 천왕성에서 5만 킬로미터 떨어져 있으며, 1986년 1월 보이저 2호가 발견했어요.

폭풍

흥미로운 띠

폭풍 속의 극지방

고리 찾기

1977년 3월, SAO 158687 별을 관찰하던 과학자들은 최소 5개의 천왕성 고리가 시야를 가린다는 사실에 주목했어요. 1986년, 보이저 2호가 지구에 보낸 근접 사진을 통해 천왕성에 13개의 고리가 있다는 사실이 알려졌지요.

숨겨진 폭풍

근적외선 이미지들을 조합하는 방식으로 켁 망원경을 통해 메탄 구름 아래에 숨어 있는 천왕성의 놀라운 날씨를 슬쩍 엿볼 수 있었어요. 순환하는 거대한 구름 띠는 최대 시속 900킬로미터로 천왕성 주위를 돌았어요.

색 보정

보이저 2호가 찍은 사진의 색을 보정하면 다른 방법으로는 알 수 없는 세밀한 사항까지 볼 수 있어요. 이 사진은 주로 수소와 헬륨으로 이루어진 행성의 대기가 행성 자전 방향과 동일한 방향으로 회전하고 있다는 사실을 확실히 보여 줘요.

천왕성의 고리

켁 당원경을 통해 본 천왕성

태양 빛을 받는 북극 — 천왕성

태양

21년 동안 지속되는 북극 여름

그늘진 북극

21년 동안 지속되는 남극 여름

길고 뜨거운 여름

23.5도 기울어진 자전축 때문에 지구에는 사계절이 있어요. 지구의 공전 궤도는 거의 원에 가깝죠. 천왕성 역시 마찬가지예요. 그러나 자전축의 기울기가 98도이기 때문에 지구의 계절과는 완전히 달라요. 21년 길이의 여름과 겨울이 있는데, 천왕성의 반구는 태양을 향하거나 태양 반대편을 향해요.

천왕성

천왕성의 위성

자연위성

보이저 2호와 허블 망원경 덕분에 천왕성의 27개 위성에 대해 알게 됐고, 10번째 고리도 확인할 수 있었어요. 그러나 천왕성에는 아직 이해할 수 없는 모습들이 남아 있어서 과학자들은 여전히 이유를 찾느라 노력하고 있죠. 천왕성의 위성들은 대부분 셰익스피어의 작품 속 등장인물에서 이름을 따왔어요. 그중에서도 코델리아와 오펠리아는 천왕성의 한 고리를 흩어지지 않도록 굳게 잡고 있어서 '목자 위성'이라 부르기도 해요.

윌리엄 셰익스피어 　 알렉산더 포프

이름의 유래
천왕성의 위성 이름에 셰익스피어만 영향을 끼친 것은 아니에요. 엄브리엘은 18세기 시인 알렉산더 포프의 작품에서 따온 이름이에요.

미란다

표면의 모습
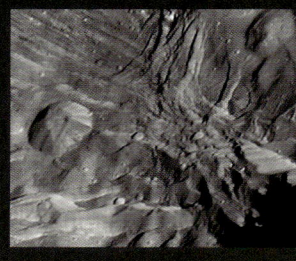
미란다 위성에는 깊이가 무려 20킬로미터에 달하는 거대한 협곡이 있어요. 그랜드 캐니언보다 12배나 깊죠. 과학자들은 미란다 위성이 부서졌다가 다시 만들어지기를 다섯 번 정도 반복했다고 봐요.

천왕성과의 궤도 거리: 12만 9,900킬로미터
공전 주기: 1.4일
지름: 500킬로미터
표면 온도: -213도
발견자: 제러드 카이퍼 (1948년 2월 16일)
대기: 없음

충실한 딸

미란다 위성의 이름은 셰익스피어의 희곡 《템페스트》에서 아버지 프로스페로와 함께 추방된 딸의 이름에서 따왔어요.

가장 안쪽에 있는 위성
미란다의 표면은 매우 울퉁불퉁하며, 땅이 끊어진 거대한 절벽이 있어요. 아마도 천왕성의 중력이 위성 내부를 조였다 늘였다 하기 때문일 거예요.

금이 간 위성
보이저 2호는 해왕성에 가는 데 필요한 추진력을 얻기 위해 미란다 위성에 최대한 바짝 붙어 비행했어요. 보이저 2호를 통해 본 미란다 위성의 표면은 생긴 지 오래된 표면과 얼마 되지 않은 표면이 특이하게 뒤섞여 있었죠. 이런 모습의 위성은 태양계에서 미란다 위성이 유일해요.

아리엘

밝은 위성
아리엘의 표면은 셀 수 없이 많은 작은 운석들과의 충돌로 딱딱한 표면이 흙으로 바뀌어 마치 스펀지 같아요. 위성 표면에는 크레이터가 잔뜩 있으며, 끊임없이 일어나는 충돌로 옛날에 생긴 커다란 충돌의 흔적들이 사라지기도 해요.

천왕성과의 궤도 거리: 19만 930킬로미터
공전 주기: 2.52일
지름: 1,158킬로미터
표면 온도: -213도
발견자: 윌리엄 러셀 (1851년 10월 24일)
대기: 없음

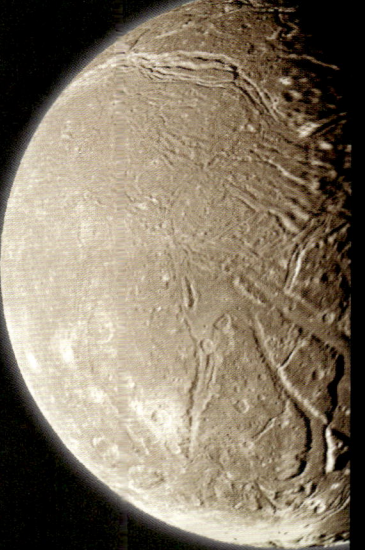

그림자 드리우기
2006년 허블 우주망원경이 찍은 사진에서 밝은 점은 천왕성을 지나가는 아리엘 위성이에요. 위성 오른쪽의 어두운 점은 아리엘의 그림자죠.

자국 난 위성
아리엘 위성은 주로 얼음과 암석으로 이루어져 있어요. 표면은 천왕성의 위성 가운데 가장 젊어요. 많은 협곡이 사방으로 얽혀 있는 걸 보면 가장 최근까지도 지질학적 움직임이 있었던 것 같아요.

천왕성의 가족

보이저 2호가 찍은 합성 사진에는 푸른색 행성인 천왕성과 천왕성의 주요 위성 5개가 함께 보여요. 가장 작게 보이는 위성부터 가장 크게 보이는 위성까지 차례로 아리엘, 미란다, 티타니아, 오베론, 엄브리엘이에요. 보이저 2호는 예전에는 볼 수 없었던 11개의 위성도 발견했어요.

엄브리엘

가장 어두운 위성

과학자들은 엄브리엘 위성이 탄소가 풍부한 잔여물을 남기는 메탄 때문에 어둡게 보인다고 주장해요.

천왕성과의 궤도 거리
26만 5,970킬로미터

공전 주기: 4.14일

지름: 1,200킬로미터

표면 온도: -198도

발견자: 윌리엄 러셀
(1851년 10월 24일)

대기: 없음

이상한 고리

천왕성의 큰 위성 가운데 엄브리엘이 가장 어두워요. 자신을 비추는 빛 가운데 단지 16퍼센트만 반사하기 때문이죠. 1986년, 보이저 2호는 이유를 알 수 없는 지름 140킬로미터의 밝은 고리를 발견했어요.

천왕성과의 궤도 거리:
58만 4,000킬로미터

공전 주기: 13.5일

지름: 1,158킬로미터

표면 온도: -198도

발견자: 윌리엄 허셜
(1787년 1월 11일)

대기: 없음

마법의 위성

오베론은 셰익스피어의 희곡 《한여름 밤의 꿈》에 등장하는 요정들의 왕이에요. 그리고 티타니아는 그의 부인이죠. 두 위성은 윌리엄 허셜이 발견했으며, 그의 아들 존이 이름을 붙였어요.

오베론

가장 바깥쪽 위성

천왕성의 위성 가운데 가장 심하게 크레이터가 있는 것으로 보아 가장 오래된 위성인 듯해요. 다른 위성들보다 훨씬 붉게 보여요.

티타니아

가장 큰 위성

천왕성의 위성 가운데 가장 커요. 지름 360킬로미터의 크레이터가 있기는 하지만, 크레이터의 수가 적은 것으로 보아 가장 최근에 생긴 위성이에요. 티타니아의 표면은 거대한 단층선들 때문에 부서져 있어요.

천왕성과의 궤도 거리:
43만 6,300킬로미터

공전 주기: 8.71일

지름: 1,578킬로미터

표면 온도: -203도

발견자: 윌리엄 허셜
(1787년 1월 11일)

대기: 없음

과거 활동

티타니아에는 표면을 가로지르는 거대한 협곡들이 있어요. 몇몇 협곡은 길이가 거의 1,600킬로미터에 달하죠. 이는 위성이 지질학적으로 매우 활동적이라는 뜻이에요.

파괴적인 힘

거대 가스 행성인 목성과 토성에서는 지구보다도 큰 폭풍이 발생해요. 이 두 행성은 엄청난 에너지를 쌓은 후, 수년간 지속되는 사나운 폭풍으로 그 에너지를 뿜어내죠. 이 사진에서 오른쪽 흰색 타원은 '진주 띠'라 부르는 목성 남반구의 8개 거대 폭풍 가운데 하나예요.

행성의 날씨

지구에서도 무시무시한 폭풍우가 도시 전체를 파괴할 수 있어요. 그러나 그런 폭풍우조차 몇몇 행성의 날씨에 비하면 여름 산들바람 같을 거예요. 지구에서 폭풍은 따뜻한 바다에서 생겨나 육지에서 소멸하죠. 그러나 목성처럼 대륙이 없는 행성들에서는 사나운 폭풍우가 몇 년씩 지속될 수 있어요. 화성의 먼지 폭풍은 정전기를 만들어 거대한 번개를 일으켜요.

먼지 폭풍

만약 사나운 먼지 폭풍이 북아메리카 전체를 몇 주 동안 뒤덮는다면, 사람들은 세상의 종말이 왔다고 생각할 거예요. 그런데 사실 화성에서는 이런 대규모 먼지 폭풍이 1년에도 몇 번씩 일어나요. 소용돌이치는 붉은 먼지가 화성 전체를 뒤덮을 만큼 큰 규모로 발생하기도 하죠. 이런 화성의 먼지 폭풍은 규모에 비해 바람의 속도는 다소 약해요. 최대 풍속이 시속 100킬로미터로, 지구 슈퍼 폭풍의 절반에 못 미쳐요.

폭풍의 힘

지구의 폭풍은 매우 위력적일 때도 그 중심부의 크기가 약 3~5킬로미터예요. 토성의 폭풍은 중심부의 크기가 무려 4,000킬로미터나 되죠. 해왕성에서는 바람의 속도가 음속보다 빨라요.

대서양 동쪽에서 발생한 허리케인 곤잘로를 우주정거장에서 찍은 사진

천왕성의 폭풍

목성의 대적점

시계 반대 방향으로 회전하는 토성의 폭풍

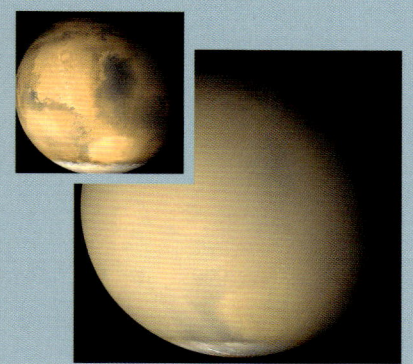

화성 전체를 뒤덮은 먼지 폭풍

눈과 비

우주의 '눈'과 '비'가 언제나 물은 아니에요. 금성의 산 정상들은 방연광, 휘창연광과 같은 금속 물질이 눈으로 덮여 있죠. 토성의 위성 타이탄에서는 메탄 비가 내려요.

금성의 산에 내린 눈

해왕성에서 **바람**의 속도는 무려 **시속 1,800킬로미터**나 돼요.

영화 〈마션〉의 주요 소재가 된 화성 먼지 폭풍

밝은 빛

오로라는 행성 대기와 고에너지 입자들이 충돌하면서 일어나요. 토성과 목성에서는 매우 넓은 지역에 걸쳐 일어나요.

타이탄의 메탄 호수

목성 북반구의 오로라

토성 북반구와 남반구의 오로라

큐리오시티 탐사 로봇이 찍은 화성의 먼지 회오리바람

붉은 행성, 화성의 눈

2017년 5월, 화성정찰위성은 화성 북반구의 언덕을 덮고 있는 눈과 얼음 사진을 찍었어요. 얼어붙은 이산화탄소로 둘러싸인 얼음 눈송이는 하늘 위 구름에서 내린 것이었죠. 밤이 되면 화성 표면의 온도는 영하 125도까지 떨어질 수 있어요. 불안정한 대기와 낮은 온도가 맞물리면 이산화탄소 얼음 입자들이 눈이 돼서 표면에 떨어질 만큼 커질 수 있어요.

해왕성

거대 가스 행성

태양계 행성 가운데 해왕성은 지구에서 가장 멀리 있어요. 공전 주기가 길어 1846년에 발견된 이후 지금까지 태양을 한 바퀴밖에 돌지 못했죠. 거대한 폭풍이 불고 있는데, 내부 열에너지로 바람의 속도가 무려 시속 1,930킬로미터나 돼요. 해왕성의 표면 온도는 영하 200도로 매우 낮아요.

초승달 같은 해왕성
보이저 2호가 486만 킬로미터 거리에서 본 해왕성과 트리톤 위성이에요.

태양과의 평균 거리:
45억 킬로미터 / 30AU

첫 번째 기록: 위르뱅 르베리에, 존 카우치 애덤스, 요한 고트프리드 갈레 (1846년 9월 23일)

탐사: 보이저 2호(1989년)

태양 공전 속도:
시속 1만 9,566킬로미터

적도 둘레: 15만 5,597킬로미터

중력: 지구 중력의 114퍼센트

공전 주기: 6만 190일(165년)

온도: -200도

대기: 수소, 헬륨, 메탄

위성: 14개

고리: 5개의 매우 얇은 고리

— 구름이 떠있는 모습
— 사나운 폭풍인 대흑점

사나운 행성
옅은 푸른색의 얼음 행성인 해왕성에서는 바람의 속도가 매우 빨라요. 태양계에서 발견된 폭풍을 통틀어 가장 빠르죠. 1989년 보이저 2호는 최대 풍속이 시속 2,200킬로미터에 달하는 거대 폭풍인 대흑점을 발견했어요.

희미한 고리

처음에는 해왕성의 고리가 불완전하다고 생각했지만, 보이저 2호가 5개의 고리를 확인했죠. 고리는 20~70퍼센트의 먼지와 얼음 입자, 암석들로 이루어져 있어요.

해왕성의 고리

해왕성을 둘러싼 고리 시스템

1996년 봄

1998년 봄

2002년 봄

계절의 변화

남반구는 매년 밝아지고 있어요. 이는 태양이 그 부분을 따뜻하게 만들고 있으며 해왕성에도 계절이 있다는 뜻이에요.

첫 번째 관찰

독일의 요한 고트프리트 갈레는 1846년 베를린 천문대에서 프랑스의 수학자 위르뱅 르베리에가 만든 수식을 이용해 해왕성을 찾았어요.

해왕성은 **유일**하게 **수학적 예측**을 통해 **발견**된 행성이에요.

기후에 관한 단서

2016년, 허블 우주망원경을 통해 새로운 흑점이 해왕성의 대기에 나타났다는 것을 확인했어요. 여러 세기에 걸쳐 생성과 소멸을 반복하는 목성의 폭풍과는 달리 해왕성의 폭풍은 여러 해를 주기로 생성과 소멸을 반복하죠.

밝은 구름과 함께 있는 새로운 흑점

유일한 방문자

보이저 2호는 1989년 여름 해왕성에 도착해 트리톤 위성을 관찰했어요. 외행성을 탐사 중이었던 보이저 2호는 불과 4,950킬로미터 떨어진 곳에서 해왕성을 촬영했어요.

가장 낮은 온도

지구에서 이제까지 기록된 자연 상태의 최저 온도는 남극 대륙의 보스토크 기지에서 측정한 영하 89.2도예요. 거대 얼음 행성인 해왕성의 지표면 온도는 영하 200도까지 내려갈 수 있어요.

해왕성의 모습

대기 상층부 구름은 메탄 얼음비가 내리는 폭풍과 함께 푸른 해왕성을 휘저으며 빠르게 이동해요.

대기 상층부 구름

거대한 폭풍

대기 상층부 메탄

이어지는 전통

로마 사람들은 태양과 가까운 5개 행성에 신들의 이름을 붙여 주었어요. 해왕성을 처음 확인한 르베리에도 전통에 따라 바다를 다스리는 로마의 신 '넵튠'에서 이름을 땄어요.

해왕성 109

해왕성의 위성

자연위성

해왕성의 14개 위성은 어둡고 멀리 떨어져 있어서 찾기가 매우 어려워요. 1846년에 처음으로 위성을 발견했으며, 가장 최근에는 2013년에 발견했죠. 가장 최근에 찾은 위성은 S/2004 N1으로, 이름이 딱딱해요. 트리톤 위성만 동그란 모양이며, 5개 위성은 해왕성의 중력에 붙들린 혜성으로 보여요.

밝은 위성 (허블 우주망원경)
해왕성 대기의 메탄 띠들과 4개의 밝은 위성 프로테우스(위쪽), 라리사, 갈라테아, 데스피나를 볼 수 있어요.

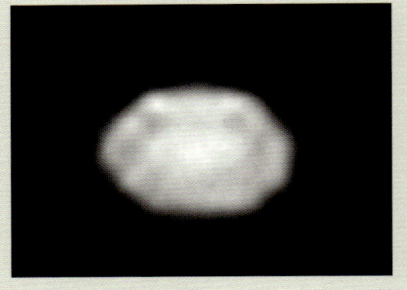

희미한 달
불규칙한 모양의 데스피나는 해왕성의 희미한 고리 시스템 안에 있어요. 신화 속에서 데스피나는 바다의 신 포세이돈(넵튠)의 딸이에요.

데스피나

작은 위성

지름 150킬로미터 크기의 작은 위성인 데스피나는 천천히 부서지고 있어요. 언젠가 8시간의 공전을 멈추고 부서져 해왕성 고리의 일부가 될 거예요.

- 해왕성과의 궤도 거리: 5만 2,500킬로미터
- 공전 주기: 0.34일
- 지름: 150킬로미터
- 표면 온도: -222도
- 발견: 보이저 2호(1989년 7월 28일)
- 대기: 없음

라리사

울퉁불퉁한 위성

- 해왕성과의 궤도 거리: 7만 3,500킬로미터
- 공전 주기: 0.55일
- 지름: 190킬로미터
- 표면 나이: 모름
- 표면 온도: 모름
- 발견자: 윌리엄 허버드, 래리 레보프스키, 해럴드 레이트세마, 데이비드 톨렌(1981년 5월 24일), 공식 발견은 보이저 2호 과학팀
- 대기: 없음

작고 특이한 모양의 라리사 위성은 희미한 해왕성 고리 시스템의 일부예요. 언젠가 해왕성의 대기에 들어가거나 부서져 고리의 일부가 될 거예요.

추가 정보

이 위성은 크레이터들로 뒤덮인 차가운 얼음 위성이에요. 몇몇 크레이터는 지름이 50킬로미터나 돼요.

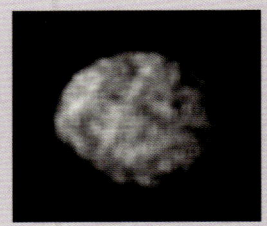

프로테우스

어두운 위성

크레이터가 많은 어두운 위성이에요. 위성 표면은 태양 빛의 6퍼센트만 반사해요.

- 해왕성과의 궤도 거리: 11만 7,600킬로미터
- 공전 주기: 1.12일
- 지름: 4,000킬로미터
- 표면 나이: 모름
- 표면 온도: 모름
- 발견: 보이저 2호(1989년 6월 16일)
- 대기: 없음

변신 위성
1989년에 발견된 프로테우스 위성은 그을음만큼이나 검다고 알려져 왔어요. 해왕성의 위성 가운데 큰 위성인 프로테우스는 해왕성에 빨려 들어가지 않을 만큼 커요. 이 위성의 이름은 모습을 바꿀 수 있는 그리스 신화의 신에게서 따온 거예요.

프사마테

외곽 위성

해왕성에서도 멀리 떨어진 이 위성은 커다란 천체가 부서질 때 네소라는 위성과 함께 만들어진 것 같아요.

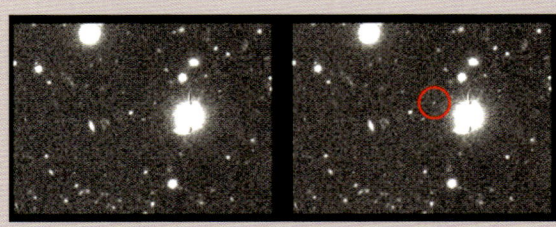

멀리 떨어진 위성(마우나케아 망원경)
이 작은 위성은 해왕성에서 매우 멀리 떨어져 있어요. 위 사진에서 빨간 원 속의 작은 점이 프사마테예요.

- 해왕성과의 궤도 거리: 2,570만~6,770만 킬로미터
- 공전 주기: 25년
- 지름: 38킬로미터
- 표면 나이: 모름
- 표면 온도: 모름
- 발견자: 스콧 셰퍼드, 데이비드 주이트, 젠 클리너(2003년 8월 29일)
- 대기: 없음

트리톤

가장 큰 위성

얼어붙은 암석 위성으로 질소와 메탄이 옅은 대기를 이루고 있어요. 질소와 메탄은 여전히 활동 중인 수많은 간헐천에서 뿜어져 나온 거예요. 트리톤은 표면의 온도가 영하 235도로 매우 차가워요.

해왕성과의 궤도 거리: 35만 4,759킬로미터

공전 주기: 5.9일(역행 공전)

지름: 2,700킬로미터

표면 나이: 5,000만년

표면 온도: -235도

발견자: 윌리엄 러셀(1846년 10월 10일)

대기: 주로 질소. 소량의 메탄 포함

얼음 위성

달보다 약간 작은 트리톤 위성은 해왕성의 위성 가운데 가장 커요. 달과 마찬가지로 표면에 크레이터가 있죠. 트리톤은 태양계에서 처음으로 간헐천과 얼음 화산이 발견되는 등 지질학적으로 아주 활동적이에요. 간헐천과 얼음 화산은 차가운 가스와 얼음을 내뿜고 있어서 그 주변 지역의 모습이 계속 바뀌어요.

매끈한 화산 평원

트리톤 위성은 태양계에서 가장 추운 천체 가운데 하나예요.

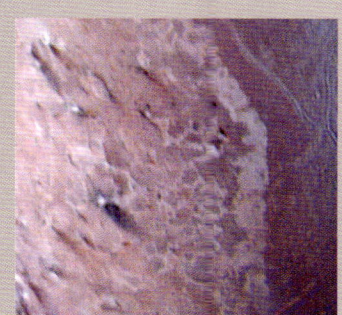

화산 구멍

이 사진은 1989년 보이저 2호가 트리톤과 19만 킬로미터 떨어진 곳에서 찍은 사진들을 합성한 거예요. 길고 좁은 협곡을 따라 있는 부드럽고 검은 물질들은 고대 화산 활동 당시 분출된 옛 화산 분출물인 듯해요.

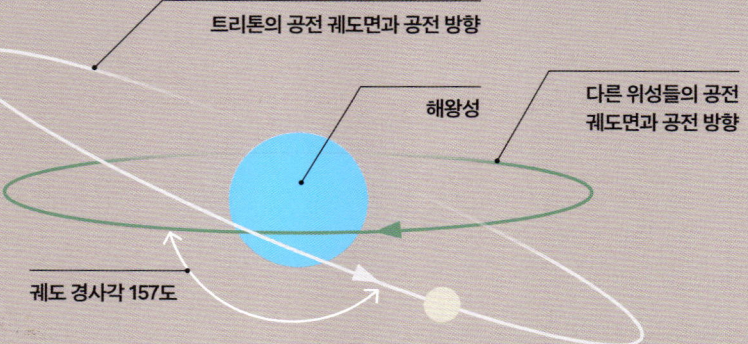

트리톤의 공전 궤도면과 공전 방향

해왕성

다른 위성들의 공전 궤도면과 공전 방향

궤도 경사각 157도

특이한 공전 궤도

트리톤 위성은 커다란 태양계 위성 가운데 역행 공전하는 유일한 위성이에요. 가장 바깥쪽에 있는 위성 중 하나인 네레이드는 공전 궤도가 납작한 타원 모양이에요.

해왕성의 위성

태양계를 가로지르는 보이저 우주탐사선
보이저 1호와 2호는 똑같아요. 화물차 크기에 무게는 815킬로그램 정도예요. 텔레비전 카메라(현재 작동 정지), 라디오 송수신기, 적외선·자외선 감지기(현재 작동 정지), 자기력 측정 장치, 플라스마 감지기, 우주 입자 감지기 등을 갖추고 있어요. 또한 음악, 고래와 파도 같은 자연의 소리, 115장의 지구 사진, 55개 언어로 된 인사말을 담은 골든 레코드를 싣고 있어요.

보이저 우주탐사선

보이저팀 비행감독관 제퍼슨 홀

1972년 NASA는 우주탐사선 2대를 발사해 태양계를 가로지르며 비행하는 보이저 탐사 계획을 수립했어요. 보이저 우주탐사선 1호와 2호는 외행성 모두를 방문하기 위해 175년 주기로 일어나는 외행성들의 배치를 이용했어요.

보이저 검증 실험 모델

보이저 우주탐사선은 목성과 토성의 중력을 이용해 천왕성과 해왕성을 향해 날아갈 속도를 얻었어요. 보이저 2호가 해왕성에 도달했을 무렵, 보이저 1호와 2호는 약 8만 장의 사진과 5조 비트의 데이터를 지구에 보냈죠. 두 탐사선 모두 태양계 외곽에 도달한 이후에도 여전히 데이터를 보내고 있어요. 전력을 아끼기 위해 카메라 작동은 중지했지만요.

NASA는 세 달에 한 번씩 탐사선에 지시를 내려요. 탐사선 데이터는 캘리포니아, 스페인, 오스트레일리아에 있는 NASA 심우주통신망(DSN) 기지국들에서 받아요. 기지국이 여러 곳에 있어 지구 자전과 상관없이 항상 통신할 수 있죠.

비행감독관
제퍼슨은 1978년에 보이저팀에 합류했으며, 1998년에 비행감독관이 됐어요. 그와 그의 팀은 여전히 귀중한 데이터를 수집하고 있어요.

보이저 1호가 보낸 데이터가 지구까지 오는 데는 19시간 이상 걸려요. 보이저 2호는 16시간 이상 걸리죠. 탐사선 전력이 서서히 줄어들고 있기 때문에, 어쩔 수 없이 과학 장비들의 전원을 하나둘 차단하기 시작했어요. 향후에도 두 탐사선은 우주를 가로지르며 계속 날아갈 거예요.

태양계 바깥쪽 데이터를 얻을 수 있다는 것은 정말 흥분되는 일이에요. 인류가 만든 어떤 물체도 태양계 바깥쪽에 도달한 적이 없었다는 것과 우리가 살아가는 동안에도 다시 없을 일이라는 사실을 생각하면 정말 특별한 일이죠. 40년 전의 기술로 현재 우리가 얻고 있는 성과는 정말 엄청나요!

보이저 1호가 찍은 목성 사진

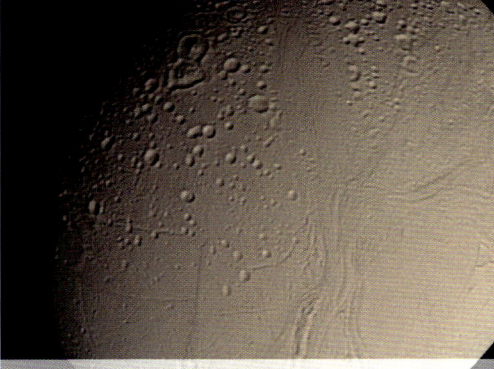

토성의 위성인 엔켈라두스의 확대 사진

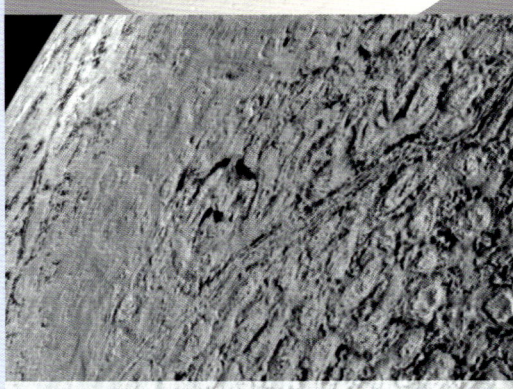

해왕성의 위성인 트리톤의 확대 사진

> "**보이저 우주탐사선들**이 여전히 **고유한 과학 데이터**를 수집할 **능력**을 유지하고 있다는 사실이 너무 **기쁩니다.**"

왜소행성

행성 같은 천체

2005년, 천문학자들은 명왕성 크기만 한 천체 에리스를 발견했어요. 에리스는 열 번째 행성이 됐을까요? 천문학자들은 왜소행성이라는 새로운 분류를 만들었어요. 왜소행성은 태양을 공전하는 커다란 천체지만, 위성이 아니며 구형에 가까운 모양을 유지하기 위한 중력과 질량을 가진 천체예요. 현재까지 명왕성, 하우메아, 마케마케, 에리스, 세레스가 왜소행성으로 분류됐죠. 소행성대 내부에 있는 세레스를 빼고는 모두 태양계 외곽을 떠돌고 있어요.

알-이드리시산맥

엘리엇 크레이터

명왕성

물의 세상

지름 2,380킬로미터로 달보다 작은 명왕성은 카이퍼벨트에서 떠다니고 있어요. 명왕성에는 여전히 지구보다 물이 3배 많아요. 또한 메탄 얼음산이 질소 평원 위에 솟아 있어요.

발견

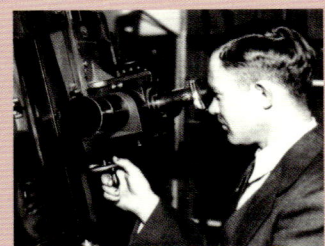

1930년, 미국 천문학자 클라이드 톰보는 왼쪽 사진과 같이 반짝비교정을 사용해 명왕성을 발견했어요. 천체 위치에 변화가 있는지 확인하는 이 장치 덕에 하늘을 찍은 사진들을 서로 비교할 수 있어요.

태양과의 평균 거리: 58억 킬로미터
탐사: 뉴호라이즌스(2015년)
공전 주기: 248년
지름: 2,380킬로미터
표면 온도: -233도
발견자: 클라이드 톰보(1930년 2월)
대기: 없음
위성: 5개

1915년 미국 천문학자 **퍼시벌 로웰**은 **명왕성**의 위치를 **예언**했어요.

흐릿한 파란색 층

명왕성 주위에는 흐릿한 층이 있어요. 천문학자들은 질소와 메탄이 화학 반응을 일으킬 때 나오는 작은 그을음 입자 같은 톨린이 원인이라고 생각해요.

카론

1978년에 발견된 카론은 명왕성의 5개 위성 가운데 가장 크고, 가장 안쪽에 있어요. 천문학자들은 명왕성과 카론 위성이 45억 년 전 같은 충돌로 생겼다고 추정하고 있어요.

카론과 공전   명왕성과 공전

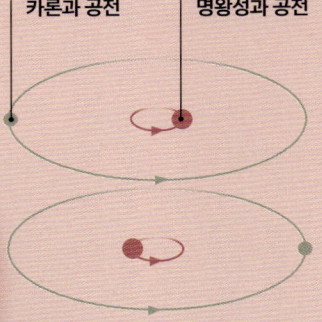
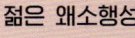

상호 고정

명왕성과 카론 위성은 조석 공정으로 서로 묶여 있어요. 이는 명왕성과 카론 위성이 공전할 때 언제나 서로에게 같은 면을 향하고 있다는 뜻이에요.

젊은 왜소행성

뉴호라이즌스 탐사선이 최근 보내온 명왕성 사진이에요. 적도 부근에서 예상보다 젊은, 아니 태양계를 통틀어 가장 젊은 산맥을 볼 수 있어요. 이 사진은 명왕성의 다양한 특징들을 잘 보여 줘요.

세레스

살아 있는 왜소행성?

세레스 위성에는 얇지만 대기가 있고, 물이 풍부하며, 암석과 소금 퇴적물들이 있어 미생물이 살고 있을 수도 있어요. 세레스는 내행성에 있는 유일한 왜소행성으로 화성과 목성 사이의 소행성대를 떠다녀요.

세레스의 돈 탐사선

세레스는 왜소행성 가운데 지구와 가장 가까워요. 2015년 돈 우주탐사선이 도착하며 우주선이 방문한 첫 번째 왜소행성이 됐죠. 세레스 왜소행성은 지름 280킬로미터 이하의 젊은 크레이터들로 덮여 있어요. 세레스가 지질학적으로 활동적이기 때문에 표면의 밝은 얼룩들은 소금 물질이 솟아난 것일 가능성이 있어요.

에리스

얼어붙은 왜소행성

에리스는 태양으로부터 150억 킬로미터 떨어져 있고, 2005년에 발견됐어요. 질소가 풍부한 얼음과 얼어붙은 메탄이 서리를 이뤄 지표면을 덮고 있어요.

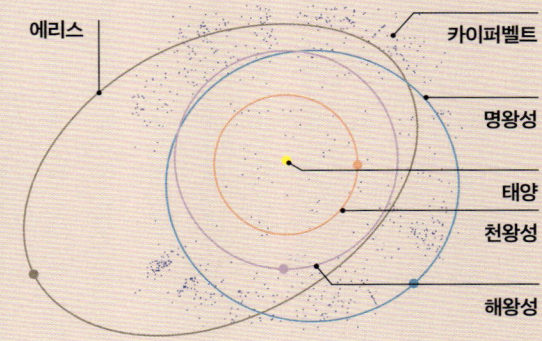

괴상한 왜소행성

에리스와 태양 사이의 거리는 가장 길 때가 97.65AU이고 가장 가까울 때는 37.91AU예요. 에리스는 공전 주기가 561년인 이상한 모양의 궤도를 돌고 있죠. 에리스에는 디스노미아라는 위성이 있고, 카이퍼벨트에서 태양을 공전해요. 왜소행성 가운데 가장 바깥쪽에 있어요.

스푸트니크 평원

텐징산맥

마케마케

붉은 왜소행성

명왕성 다음으로 밝은 왜소행성인 마케마케는 카이퍼벨트에 있어요. 캘리포니아 팔로마산 천문대의 천문학자들이 2005년에 처음 관측했죠. 마케마케 왜소행성은 지표면 위의 얼어붙은 메탄층 때문에 불그스름한 갈색으로 보여요.

새로운 위성

천문학자들은 최근 마케마케 왜소행성에 지름 약 160킬로미터 크기의 작고 어두운 위성이 있다는 사실을 발견했어요. 이 위성은 마케마케에서 2만 1,000킬로미터 떨어진 거리에서 공전해요.

태양계의 끝

태양계의 경계

태양계의 끝은 어디일까요? 과학자들은 15조 킬로미터 떨어진 얼어붙은 오르트 구름 너머라고 생각해요. 태양권의 바깥으로, 태양과 지구 사이의 거리보다 10만 배나 멀리 떨어진 곳이죠.

태양계의 끝은 태양으로부터 약 15조 킬로미터 떨어진 곳에 있어요.

이동
태양으로부터 우주를 여행하는 물체는 내행성을 지나 외행성과 카이퍼벨트를 향해 이동해요. 대부분의 왜소행성 궤도 너머에는 오르트 구름이 있는데, 이곳에서는 새로운 천체들이 발견되고 있어요.

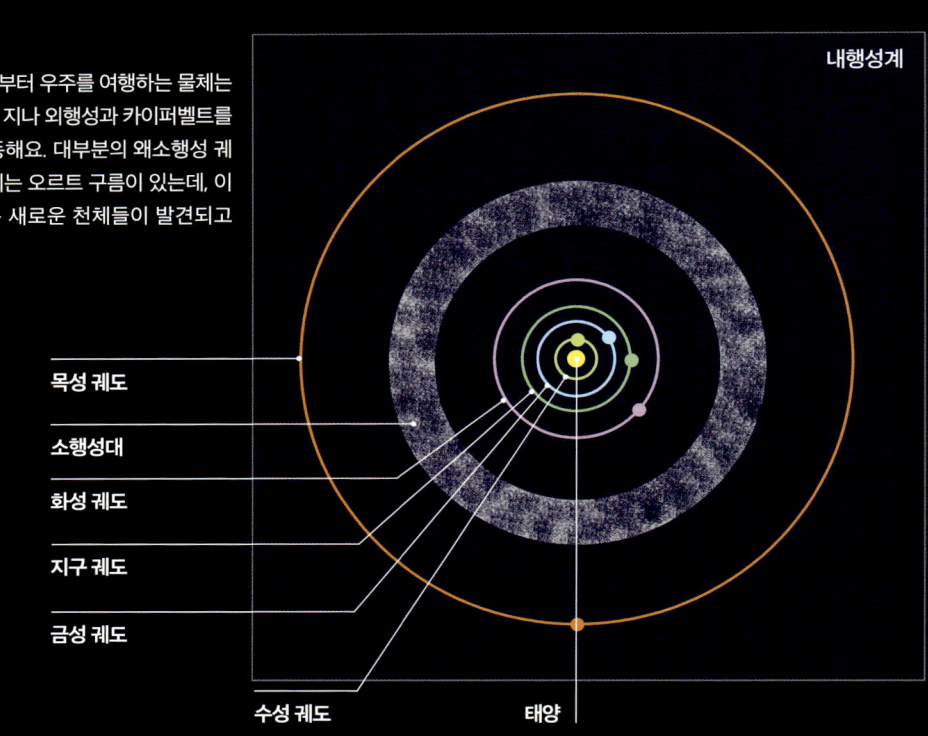

내행성계: 목성 궤도, 소행성대, 화성 궤도, 지구 궤도, 금성 궤도, 수성 궤도, 태양

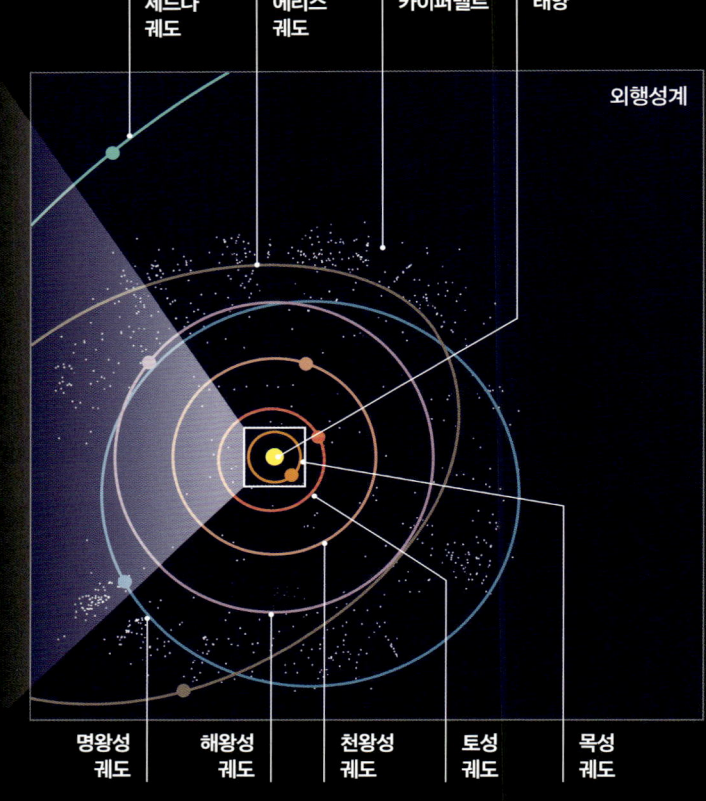

외행성계: 세드나 궤도, 에리스 궤도, 카이퍼벨트, 태양, 명왕성 궤도, 해왕성 궤도, 천왕성 궤도, 토성 궤도, 목성 궤도

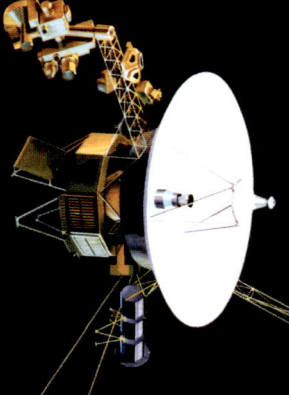

훌륭한 업적
카이퍼는 태양계에 대한 여러 발견과 이론으로 유명한 네덜란드계 미국인 천문학자예요. 1951년에는 자신의 이름을 딴 카이퍼벨트의 존재를 주장했죠. 1년 전인 1950년, 네덜란드의 천문학자 오르트는 혜성이 그런 천체들의 무리에서 만들어졌다는 이론을 제시했어요. 훗날 사람들은 그 천체 무리를 그의 이름을 따서 오르트 구름이라 불렀어요.

제러드 카이퍼 / 얀 오르트

장거리 여행자
2대의 보이저 우주탐사선은 태양계를 가로질러 여행하며 40년 넘게 지구와 교신하고 있어요. 지난 2012년 보이저 1호는 최초로 성간 공간에 진입했죠. 보이저 2호는 현재 태양계의 끝인 헬리오시스에 있어요.

아홉 번째 행성
2016년, 과학자들은 태양계 끝에 아홉 번째 행성이 있을 가능성을 발표했어요. 이 행성은 지구보다도 10배 무거우며, 태양으로부터 해왕성보다 20배 멀리 떨어져 공전하고 있죠. 직접 관찰된 적은 없어요.

단주기 혜성

이 혜성들은 200년 이하의 주기로 태양을 공전하거나 태양 주변을 지나가는 모습이 한 번 이상 관찰됐어요. 대부분은 카이퍼벨트 너머에 있는 산란 원반에서 왔지요.

스위프트-터틀
잔해에서 나온 유성우

주기 혜성
스위프트-터틀

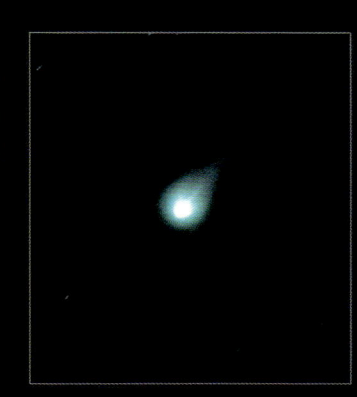

장주기 혜성

200년 이상의 주기로 태양을 공전하는 혜성을 장주기 혜성이라 불러요. 오르트 구름에서 온 것으로 생각되는 이 혜성들은 혜성 가운데 가장 멋지죠. 장주기 혜성들은 다른 별이나 은하들의 영향을 받아 궤도에서 흔들릴 수 있어요.

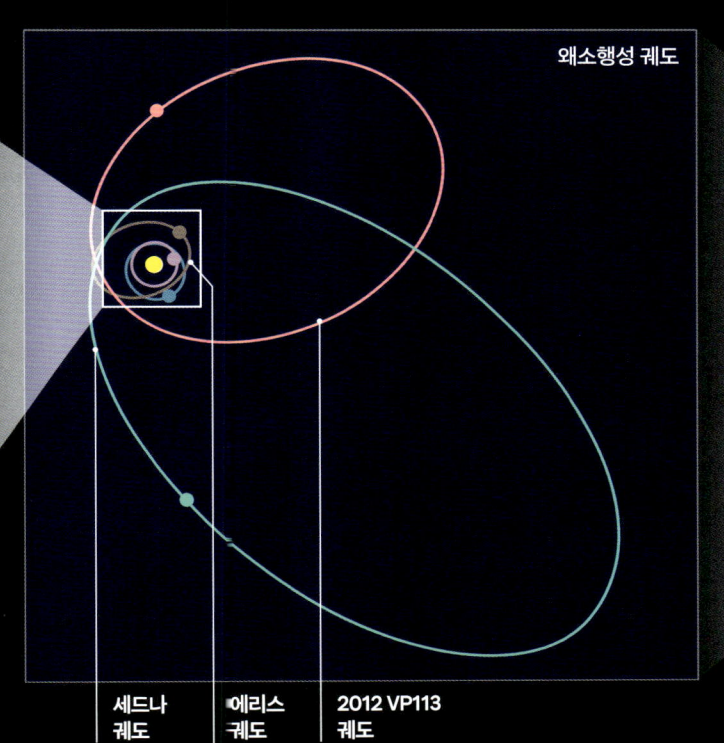

왜소행성 궤도

세드나 궤도 | 에리스 궤도 | 2012 VP113 궤도

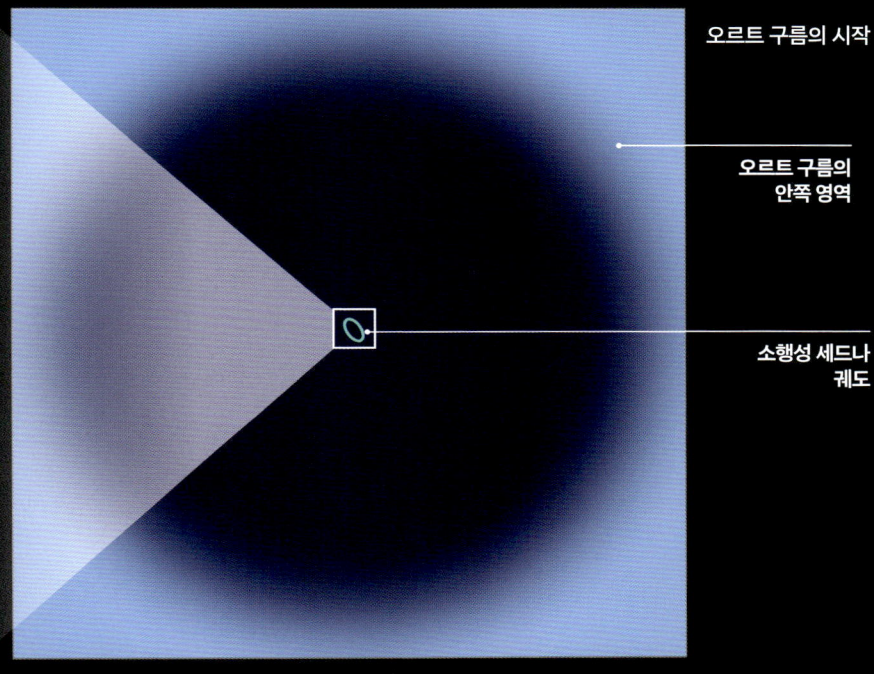

오르트 구름의 시작

오르트 구름의 안쪽 영역

소행성 세드나 궤도

오르트 구름 구조

광대한 영역에 걸쳐 있는 오르트 구름은 46억 년 전 태양과 행성이 생성된 원반의 잔해물인 듯해요. 오르트 구름은 원반 모양의 안쪽 구름과 구 모양의 외부 구름으로 나뉘는데, 모두 태양권 너머예요. 오르트 구름에 있는 천체들을 '해왕성 바깥 천체'라 부르는데 그 수가 얼마나 되는지는 아무도 몰라요.

구 모양의 바깥쪽 오르트 구름
태양권
원반 모양의 안쪽 오르트 구름
카이퍼벨트

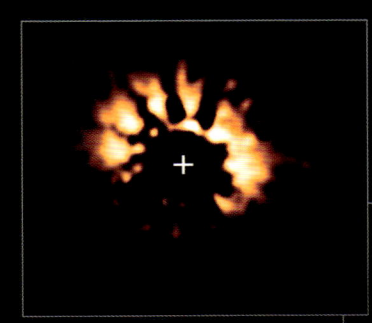

잔해물 원반의 앞면

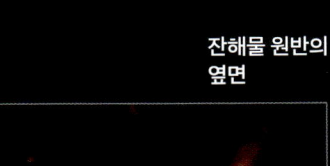

유사 오르트 구름

허블 우주망원경으로 주위에 잔해물 원반이 있는 5개 별의 사진을 찍었어요. 오른쪽 위편에 보이는 별 HD 141943은 태양이 생성됐을 때 생긴 오르트 구름과 매우 비슷한 잔해물 구름을 갖고 있어요.

잔해물 원반의 옆면

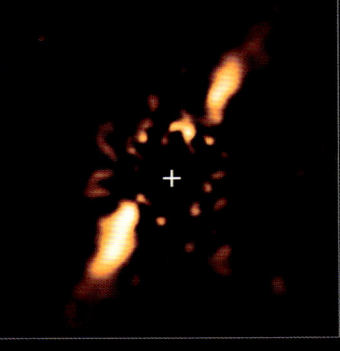

혜성 탐사 미션

67P/추류모프-게라시멘코 혜성은 시속 13만 5,000킬로미터의 속도로 우주를 날아다니는 도시만 한 혜성이에요. 이 혜성은 목성과 지구의 공전 궤도 사이에서 6.5년 주기로 태양을 공전하며 태양계 안쪽을 주기적으로 방문하죠. 로제타 우주탐사선이 10년 동안 이 혜성을 추적했는데, 2014년 중반에 혜성 궤도에 진입했어요. 로제타 우주탐사선은 2014년 11월 필레 착륙선을 혜성에 보냈어요. 2016년 9월, 로제타 우주탐사선은 계획에 따라 고의로 혜성과 충돌하며 임무를 마쳤어요.

우주를

여행하다

우주 경쟁

인류는 우주를 탐사하려고 노력하는 가운데 역사상 가장 위대한 기술적 성취를 달성했어요. 제2차 세계대전 후, 미국과 소련은 우주 경쟁에 돌입했어요. 그 결과 1960년대 말, 인류가 달에 착륙했죠. 이후에 많은 나라가 공동으로 우주정거장을 만들었고, 우주비행사들은 우주를 연구하며 그곳에 머물게 됐어요.

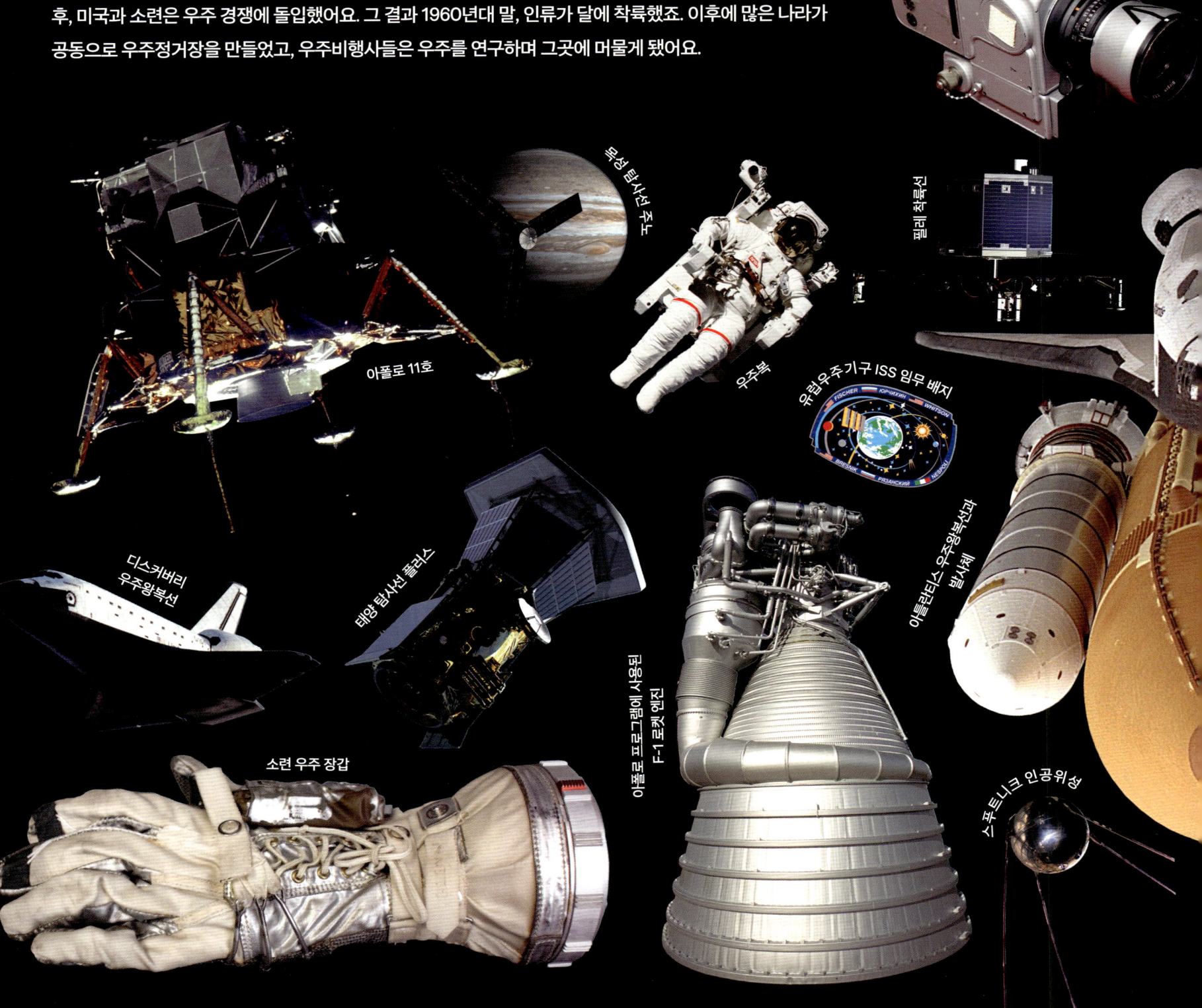

하셀블라드 카메라
목성 탐사선 주노
필레 착륙선
아폴로 11호
우주복
유럽우주기구 ISS 임무 배지
애틀랜티스 우주왕복선과 발사체
디스커버리 우주왕복선
태양 탐사선 율리시스
아폴로 프로그램에 사용된 F-1 로켓 엔진
스푸트니크 인공위성
소련 우주 장갑

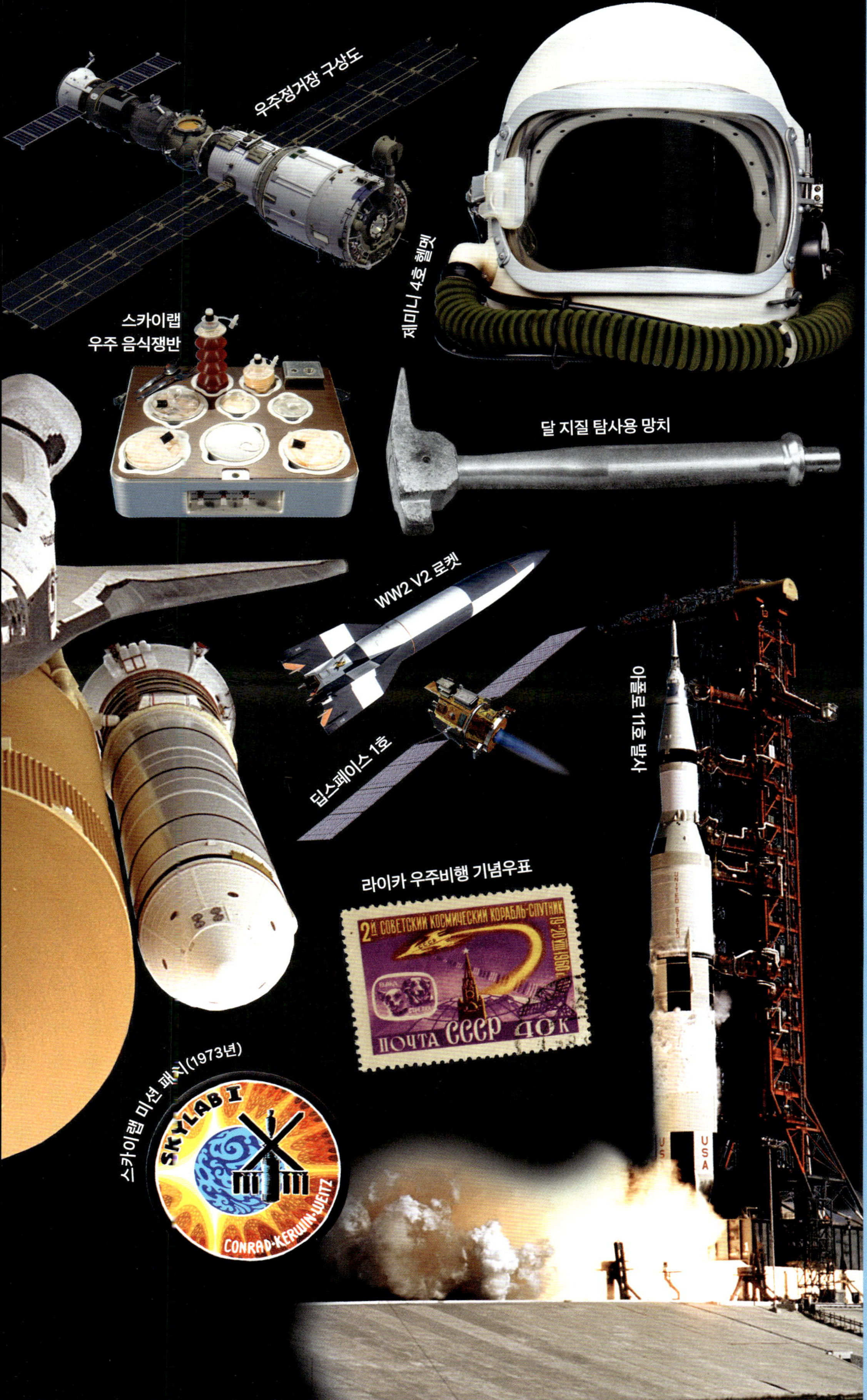

우주정거장 구상도

제미니 4호 헬멧

스카이랩 우주 음식쟁반

달 지질 탐사용 망치

WW2 V2 로켓

딥스페이스 1호

아폴로 11호 발사

라이카 우주비행 기념우표

스카이랩 미션 패치(1973년)

우주 경쟁

소련은 1961년 세계 최초로 유인 우주선을 우주에 보냈어요. 우주비행사 유리 가가린은 벨트로 조여진 덜컹거리는 우주선을 타고 1시간 48분 동안 지구를 돌았죠. 이에 미국의 존 F. 케네디 대통령은 10년 안에 사람을 달에 보내겠다고 선언했어요. 승부를 알 수 없는 대결이었죠. 1966년 소련은 루나 우주선을 보내 최초로 달 사진을 찍었어요. 2년 후 미국은 첫 번째 유인 우주선을 보내 달의 뒷면을 돌아 비행하도록 했죠. 1969년, 미국의 유인 우주선 아폴로 11호가 달에 착륙했고, 닐 암스트롱이 최초로 달에 작지만 위대한 첫발을 내디뎠어요.

계속되는 우주 경쟁

초강대국 사이의 우주 경쟁과는 달리, ISS 제작에는 16개 나라가 참여했어요. ISS는 다른 우주정거장과 함께 과학자, 기술자, 정치가, 심지어 여행가까지 550명 이상의 사람들이 우주를 방문하는 데 기여했죠. 세계가 우주 여행에 주목하고 있어요. 중국은 미국에 이어 두 번째로 많은 우주선을 지구 궤도 안에 운영하고 있고, 인도는 80기 이상의 우주선을 발사했어요. 우주 여행은 돈이 많이 드는 일이에요. 이에 우주 여행을 적극적으로 추진하는 과정에서 안전한 우주 여행에 거액의 돈을 기꺼이 투자하려는 민간 기업들이 우주 사업에 뛰어들었어요. 우주 경쟁은 모습을 바꿔 가며 계속되고 있어요.

아폴로 13호 재돌입 장치

우주 속으로

초기의 시도

공식적으로 우주는 지상 100킬로미터 지점인 카르만라인부터 시작해요. 인류는 일찍이 지구의 대기를 뚫고 우주에 기계를 보내려다 수없이 실패했어요. 그러나 1957년 첫 인공위성 발사 이후 인류는 동물과 사람을 우주에 보내는 방법을 빠르게 배워 나갔어요.

우주에서 본 지구

우주에서 본 지구 대기의 색깔이에요. 지구 대기를 이루는 주요 기체와 입자는 프리즘처럼 태양 빛을 산란하거나 특정 색깔을 차단하죠. 그 결과 주로 파란색과 주황색이 보여요. 이 사진은 ISS를 방문한 일본 우주비행사 고이치 와카타가 찍었어요.

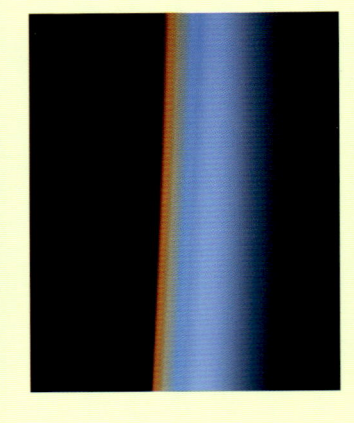

지구의 방패
지구의 대기는 지구를 보호하는 기체 덩어리예요. 여러 층으로 이루어져 있으며, 각 층의 크기는 서로 다르죠. 대기는 질소(78퍼센트), 산소(21퍼센트)를 비롯한 다양한 기체들로 이루어져 있어요.

중간권(50~85킬로미터)
이곳의 공기는 너무 희박해서 숨을 쉴 수 없어요. 중간권 맨 위쪽 근처는 지구 대기에서 가장 낮은 온도가 측정된 곳이에요.

카르만라인(100킬로미터)
지구의 대기와 우주의 경계예요. 미국은 우주비행사를 지상 80킬로미터보다 높은 하늘을 비행한 사람으로 정의해요.

열권(85~1,000킬로미터)
태양으로부터 날아온 전하를 띤 입자가 오로라를 일으킬 수 있는 영역이에요. 수많은 인공위성과 ISS가 이곳에서 지구를 공전해요.

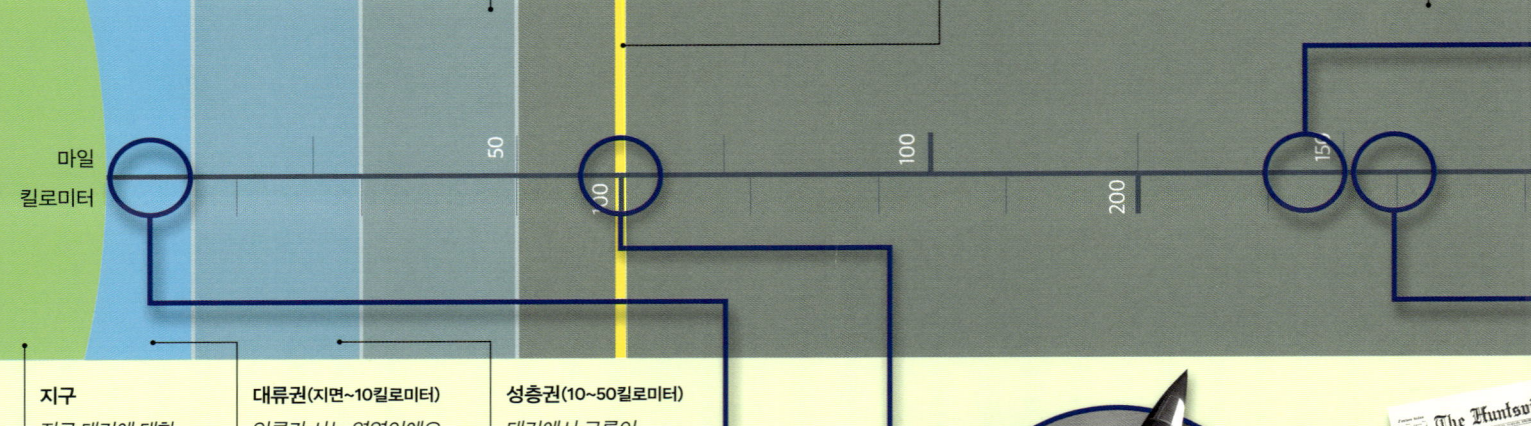

지구
지구 대기에 대한 모든 관측은 지면을 기준으로 삼아요.

대류권(지면~10킬로미터)
인류가 사는 영역이에요. 공기의 순환 등 거의 모든 날씨 현상이 이곳에서 일어나요.

성층권(10~50킬로미터)
대기에서 구름이 만들어질 수 있는 가장 높은 영역이에요. 대기가 안정돼 있어 제트기가 비행하는 영역이에요.

로켓 개발의 선구자
1926년 3월, 미국 뉴잉글랜드 지역에서 교수로 일하던 로버트 고다드 박사는 자신이 만든 로켓을 트럭에 싣고 뉴멕시코 로스웰 북서쪽 사막의 발사 장소로 가져갔어요. 로켓은 성공적으로 발사됐으며, 평균 시속 97킬로미터로 12.5미터까지 올라갔죠. 비행 시간은 2초였어요. 1930년대 중반, 고다드 박사의 로켓은 음속보다 빠르게 비행하며 고도 2.7킬로미터까지 올라갈 수 있게 됐어요.

전쟁의 성과
1943년 이후, 독일은 전쟁을 위해 V2 로켓을 만들었어요. 제2차 세계대전이 끝났을 때, V2 로켓을 개발한 과학자와 기술자는 미국과 러시아로 갔어요. 1949년, 미국은 V2 로켓에 미사일을 실어 발사했는데, 이 미사일은 로켓을 이용해 우주로 날아간 첫 번째 물체였어요.

1면 기사
1961년 4월 12일, 전 세계 신문은 소련의 유리 가가린이 최초의 우주인이 됐다는 소식을 알렸어요. 그는 보스토크 1호를 타고 108분 동안 지구를 한 바퀴 돌았죠. 소련은 미국과의 우주 경쟁에서 이기고 있었어요.

미국 최초의 인공위성

1958년 1월 31일 발사된 익스플로러 1호는 미국의 첫 인공위성으로 과학 장비도 갖추고 있었어요. 과학 장비 가운데 하나인 우주 방사선 감지기는 익스플로러 1호가 열권에서 지구를 공전하는 동안 방사선을 측정했죠. 익스플로러 1호는 1958년 5월 23일 마지막 임무를 수행했어요.

최초의 인공위성

1957년 10월 4일 소련에서 개발한 세계 최초의 인공위성 스푸트니크 1호가 우주에 도달했어요. 직경 58센티미터의 스푸트니크 1호는 라디오 송수신기를 갖추고 있었으며, 98분 동안 지구를 한 바퀴 돌았어요.

최초의 통신위성

텔스타는 NASA가 1960년대 발사한 한 쌍의 통신위성 이름이에요. 두 위성은 최초로 북아메리카와 유럽 사이에서 텔레비전 신호를 전송했죠. 그러나 한 번에 18분 동안만 주요 사건들을 보여줄 수 있었어요.

동물의 헌신

소련, 미국, 프랑스, 루마니아 등을 포함해 많은 나라는 우주에 간 동물들을 기리기 위해 기념 우표를 발행했어요. 이 몽골 우표는 우주선을 타고 지구를 돈 첫 번째 개 라이카를 기념한 우표예요.

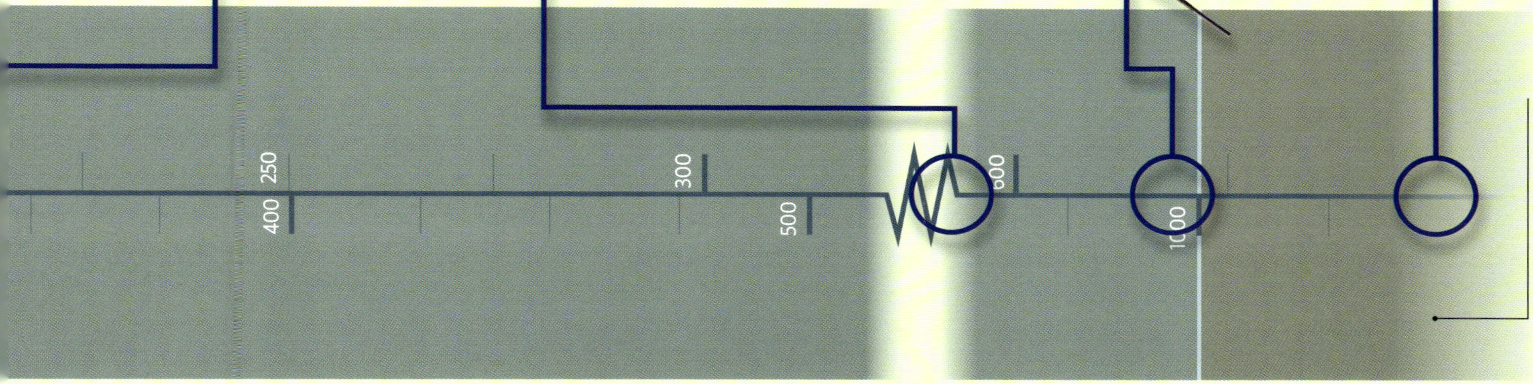

외기권(1,000~10만 킬로미터+)

외기권은 공기가 매우 희박해요. 또한 공기가 우주로 사라져버리기 때문에 상단의 경계가 모호해요.

우주에서 지구의 위치

2001년 4월 19일, 화성 탐사선 오디세이에 실린 열 감지 카메라는 화성을 향해 날아가며 지구와 달의 모습을 사진으로 찍었어요. 이 사진은 356만 3,735킬로미터 이상 떨어진 곳에서 찍었죠.

달을 향한 열망

달에 도달하는 일은 모두의 오랜 꿈이었어요. 1865년, 프랑스 작가 쥘 베른은 《지구에서 달까지》라는 책을 썼어요. 책에 나오는 로켓의 모양과 크기는 아폴로 사령선과 비슷해요!

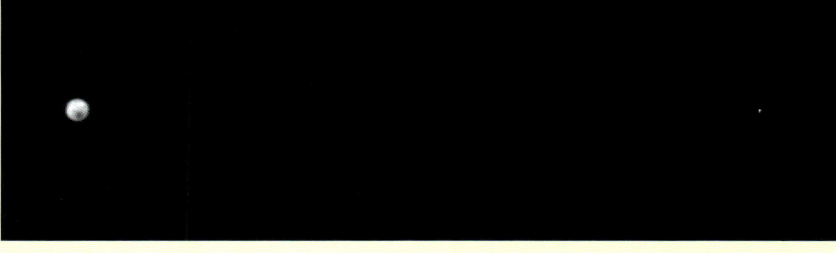

영화 〈달 여행〉의 한 장면(1902년)

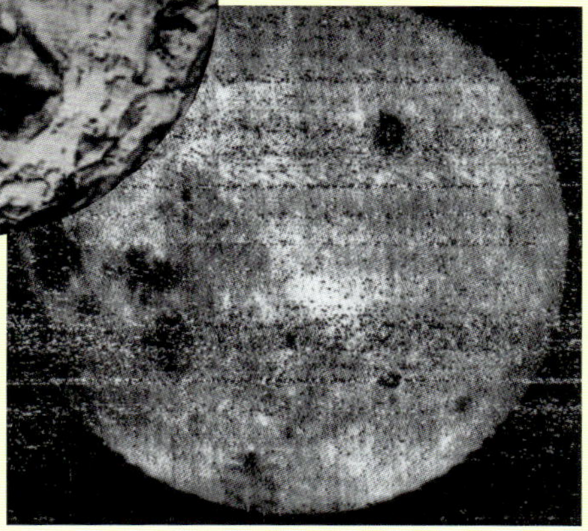

1959년 루나 3호가 최초로 찍은 달 뒷면

인공위성은 **대부분** 정지해 있거나 **적도 약 690킬로미터 상공**에서 **공전**해요.

우주 속으로 125

로켓

우주 기술

인류는 이제 우주로 나갈 수 있게 됐어요. 사람과 물체를 우주정거장과 달 그리고 더 먼 우주로 보낼 수 있는 로켓을 만들려면 추진력이 필요한데, 그 원리는 20세기와 21세기에 개발됐어요.

헤론의 증기 기관

로켓은 빠른 속도로 분출되는 가스가 로켓을 위로 밀어 올리는 방식으로 동작해요. 기원전 1세기, 그리스 알렉산드리아의 수학자이자 기술자인 헤론은 '헤론의 공'이라는 증기 기계를 발명했어요. 이 기계는 로켓과 같은 방식으로 공을 회전시켰어요.

- 증기의 분출로 공이 회전해요.
- 증기가 공으로 이동해요.
- 끓는 물을 담은 수조
- 불

로켓의 힘

중국인들은 약 2,000년 전에 최초의 로켓을 사용했어요. 그들은 불화살을 발전시켜 화약을 채운 관으로 실험을 했죠. 관에서 나온 가스는 최초의 로켓을 발사시켰어요.

전쟁 속으로

19세기 초, 영국의 윌리엄 콩그리브는 금속 실린더와 탄두를 장착한 군사용 로켓을 실험했어요. 이후, 많은 나라가 로켓 공장과 부대를 만들었죠. 콩그리브 로켓은 오늘날 로켓의 조상이에요.

발사

지구 대기를 벗어나려면 로켓의 힘이 필요해요. 연료를 태워 얻은 로켓의 추진력이 로켓을 잡아당기는 중력보다 클 때 지구 대기를 벗어날 수 있어요. 발사체가 무거울수록 더 많은 연료를 소비해요. 지구 중력의 영향은 우주에까지 뻗어 있어요. 그래서 우주선이 지구 궤도에 머물려면 중력의 영향을 벗어날 만큼 빠르게 움직여야 하죠. 태양계로 날아갈 만큼 충분한 추진력을 얻으려면 거대한 크기의 다단계 로켓이 필요해요. 다단계 로켓은 연료를 모두 소비한 단계별로 로켓을 떼어 버리죠.

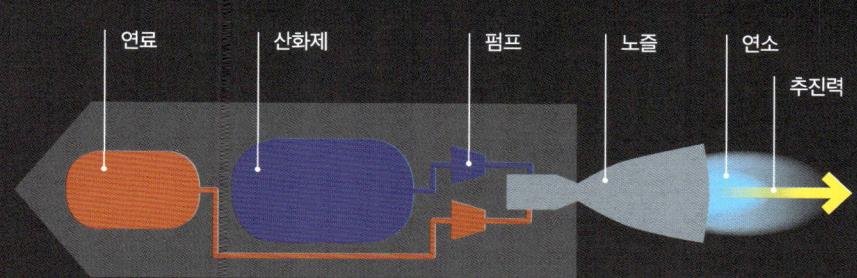

로켓의 작동 원리

일반적으로 로켓은 액체 질소(추진제) 같은 연료를 액체 산소(산화제)와 섞어 사용해요. 펌프는 탱크에 든 차가운 액체를 엔진까지 끌어 올리죠. 점화 장치는 최대 3,315도에서 연료를 점화시키며, 액체를 기체로 변화시켜요. 이 기체가 노즐을 통해 빠르게 배출되면 로켓이 날아가요.

보조 추진 로켓

다단계 로켓은 2단 이상의 로켓들을 사용해요. 직렬 구조에서는 커다란 1단계 로켓 위에 그보다 작은 2단계 로켓이 있어요. 연료를 모두 소비한 1단계 로켓은 분리되고, 2단계 로켓이 점화돼 궤도로 올라가죠. 병렬 구조에서는 1단계 소형 로켓들이 중앙의 2단계 로켓에 붙어 있어요.

레드스톤 프로젝트 시험

레드스톤 로켓은 V2 로켓(124쪽을 보세요)의 직계 후손 격이에요. 사진은 1953년 8월 20일 발사 예정의 레드스톤 로켓이에요. 1961년 레드스톤 로켓의 후속인 프리덤 7호는 머큐리 우주선을 싣고 우주로 날아갔어요(136쪽을 보세요).

소유즈

1967년 이후 소유즈 로켓이 사용됐어요. 원래 소련은 달 착륙 목적으로 소유즈를 개발했지만, 탄두를 장착해 발사할 수 있도록 다시 설계했죠. 2011년 이후, 소유즈 우주캡슐은 ISS를 오가는 승무원들의 유일한 교통수단이에요.

새턴 5호

1969년 7월 16일, 새턴 5호 로켓은 닐 암스트롱과 버즈 올드린을 우주에 보냈어요. 새턴 5호 로켓은 역사상 가장 큰 로켓이에요. 이 로켓을 발사하는 데 무려 207만 6,546킬로그램의 연료가 들었어요.

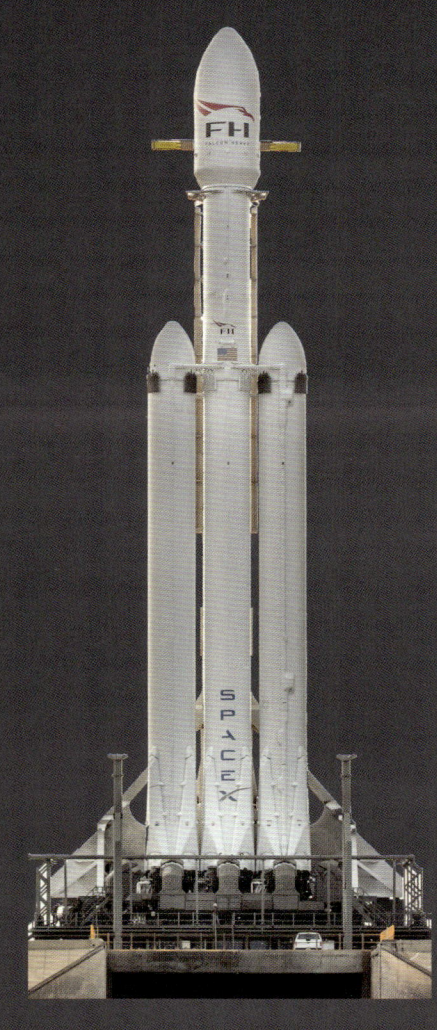

스페이스X 팔콘헤비

로켓은 대개 지구로 떨어지며 대기에서 불타 없어져요. 그러나 팔콘헤비 로켓은 1단 로켓을 다시 사용할 수 있어요. 또한 이 로켓은 다른 로켓들보다 2배 이상 무거운 물체를 싣고 날아갈 수 있어요.

끝없는 도전의 연속

미국 텍사스주 휴스턴에 있는 존슨우주센터의 우주비행관제센터는 1965년 이후 미국 우주 프로그램용 비행 제어실을 운영해 왔어요. 이 사진은 1971년 도킹 중인 아폴로 14호의 우주 비행 장면을 찍은 거예요. 스크린 오른쪽 윗부분에서 새턴 5호 로켓의 3단 로켓에 달려 있는 루나 우주선을 볼 수 있어요. 당시 한 가지 문제가 생겨 사령선과 루나 우주선을 기계적으로 결합시키기 위해 여섯 번이나 도킹을 시도해야 했어요.

우주에 간 떠돌이 개

1960년 8월 19일, 소련은 스푸트니크 5호를 우주로 발사했어요. 스푸트니크 5호는 동물을 태운 두 번째 우주선이에요. 이 우주선에는 모스크바 거리의 떠돌이 개 2마리, 생쥐 40마리, 시궁쥐 2마리, 토끼 1마리, 초파리 몇 마리 그리고 약간의 식물이 실려 있었죠. 개 1마리의 이름은 다람쥐라는 뜻의 '벨카'였어요. 그들은 하루 동안 지구 궤도를 돌았으며, 지구로 무사히 돌아온 첫 번째 동물들이 됐어요.

우주로 간 동물들

과학자들은 우주 여행의 안전성을 확인하기 위해 사람 이외에 많은 생명체를 이용해 실험했어요. 1947년, 초파리가 첫 번째 실험동물이 됐죠. 로켓을 타고 지상 110킬로미터까지 날아올랐을 때는 지구에서 가장 빠른 곤충이 됐어요. 이후에도 실험은 계속됐어요. 2017년, 과학자들은 ISS에서 벌레를 대상으로 우주 여행이 세포에 미치는 영향을 연구했어요.

강력한 녀석들

물곰이라고도 부르는 완보동물은 물속에 사는 몸길이 1밀리미터의 작은 생명체예요. 2007년 9월, 3,000마리의 완보동물들이 ESA의 실험위성 포톤-M3에 실려 12일 동안 우주에 노출됐으나 살아남았어요.

완보동물

우주 원숭이

1949년 6월 14일, 붉은털원숭이 앨버트 2세는 우주로 간 첫 번째 원숭이이자 포유동물이 됐어요. 이후 많은 원숭이가 우주로 보내졌죠. 인간이 우주 비행을 견딜 수 있다는 사실이 확인된 1960년대 이후, 좀 더 작은 동물이 실험에 사용되면서 우주 비행에 사용된 원숭이와 유인원의 숫자는 점차 줄어들었어요.

리틀조 로켓에 타기 전의 히말라야원숭이 샘

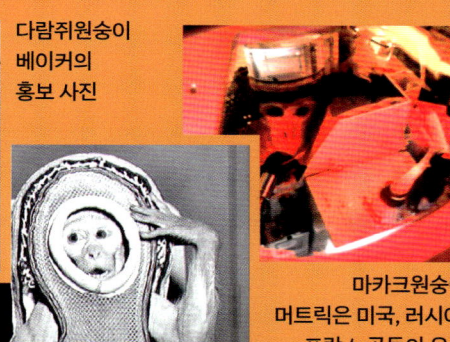

다람쥐원숭이 베이커의 홍보 사진

마카크원숭이 머트릭은 미국, 러시아, 프랑스 공동의 우주 비행에 참여했어요.

개

소련 과학자들은 20마리 이상의 개를 우주에 보냈어요. 그들은 개가 오랜 기간 움직이지 않고도 견딜 수 있다고 생각했죠. 우주 비행 실험에 사용된 개는 영웅 대접을 받았어요. 사람들은 우표와 기념물을 만들어 그 개들을 기념하고 기억했어요.

라이카를 태운 스푸트니크 2호의 우주 비행을 기념하는 햄버거 광고

1951년 저궤도 비행을 한 말리시카

라이카의 도전

1957년 11월 3일, 소련의 과학자들은 스푸트니크 2호에 라이카라는 작은 개 1마리를 실어 발사했어요. 이 우주선은 지구 궤도를 향해 발사된 두 번째 우주선이자 생명체를 실은 첫 우주선이었죠. 라이카는 집 없는 떠돌이 개로 발사 일주일 전에 모스크바 골목에서 데려왔어요. 라이카는 우주에 간 첫 동물은 아니었지만, 지구 궤도를 돈 첫 동물이 됐죠. 과학자들은 라이카를 통해 살아 있는 생명체가 로켓 발사와 여러 우주 환경에 어떻게 반응하는지에 관한 데이터를 얻었어요.

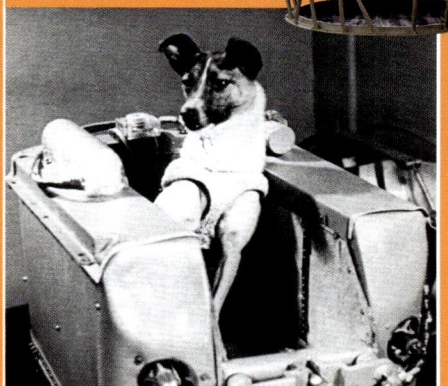

스푸트니크 2호

라이카

우주 동물원

수많은 동물이 로켓이나 우주선을 타고 우주 여행을 떠났어요. 여러 실험을 하는 ISS에서는 동물들이 미세 중력 상태를 견딜 수 있는지와 벌이 우주에서 꿀을 만들 수 있는지 등도 실험하고 있어요.

최초로 우주 거미줄을 만들고 있는 아라벨라 거미

황소개구리

거북이

기니피그

생쥐

쥐

꿀벌

초파리

달을 향한 도전

우주선

거의 충돌에 가까웠던 첫 번째 달 탐사 이후 10년 만에 인류는 달 표면에 발자국을 남겼어요. 그 사이 최초로 사람이 우주로 나가고, 탐사선들은 공전 유형을 확인했으며, 과학자들은 착륙선이 안전하게 착륙할 부드러운 지역을 찾아 달 표면을 샅샅이 뒤졌죠. 달 탐사에 관한 이야기는 1969년 닐 암스트롱의 '위대한 도약'이라는 말로 멋지게 끝났어요.

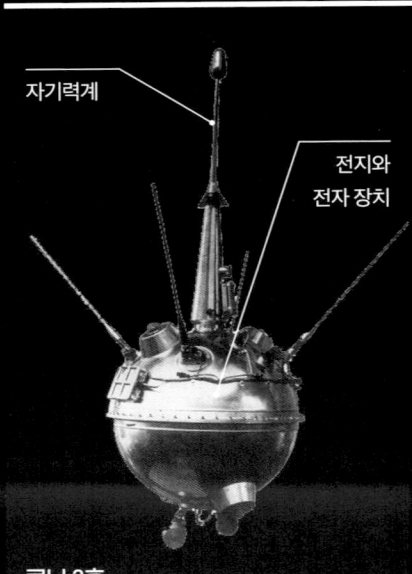

루나 2호
1959년 소련의 무인 우주선 루나 2호는 달 표면에 고의로 충돌했어요. 루나 2호는 달에 자기장이 없다는 것과 방사선 띠의 증거가 없다는 사실을 확인했어요.

(자기력계 / 전지와 전자 장치)

레인저 7호가 찍은 달 표면 사진

레인저 7호
1964년, 미국 우주탐사선 레인저 7호는 최초로 달 표면 확대 사진들을 지구에 보냈어요. 이 사진들은 아폴로 프로그램 및 1969년 달 착륙 계획에 데 도움이 됐어요.

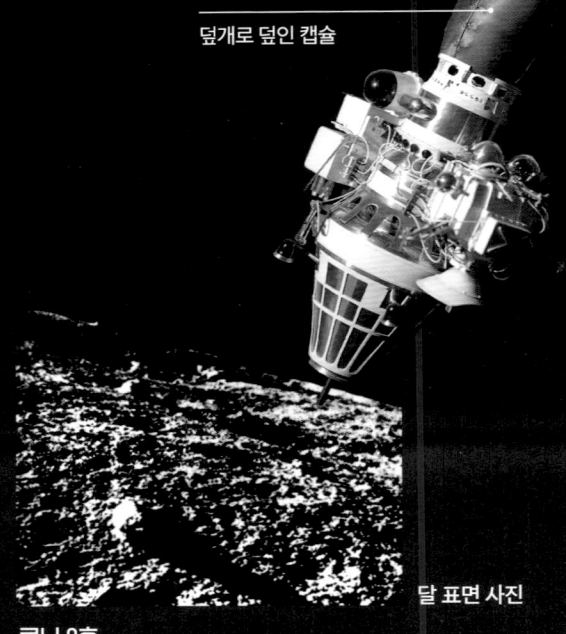

덮개로 덮인 캡슐

달 표면 사진

루나 9호
1967년 소련 우주탐사선 루나 9호는 충돌 직전 착륙 캡슐을 분리시키며 달에 착륙했어요. 로봇 달 기지국은 지름 1.5미터, 무게 99킬로그램이고, 전경 사진 4장을 찍어 보냈어요.

메마른 땅
달 탐사선과 우주선은 달이 크레이터, 사화산, 고대 용암이 흘러 생긴 넓은 평원들로 뒤덮여 있다는 사실을 발견했어요. 세 차례에 걸친 달 탐사를 통해 루나 탐사선들은 여러 샘플을 가져왔으며, 여섯 차례에 걸친 달 탐사를 통해 아폴로 탐사선은 382킬로그램의 암석과 흙을 가져왔어요. 이들은 지구 생성 초기, 지구가 화성만 한 천체와 충돌했을 때 생긴 파편에서 달이 생성됐을 것이라는 사실을 보여 줬어요.

달은 27.3일에 한 번씩 지구를 공전해요.

우주탐사선 아래의 모습

달 상공에 있는 달 착륙선

달 지질 조사

달 표면

태양전지판

TV 카메라

태평양에서 구조되는 우주비행사

외부 카메라에서 필름을 회수하기 위한 우주유영

월면차의 세 번째 사용

달 표면 위에 선 우주비행사 버즈 올드린

서베이어 1호
1966년 6월 2일, 미국 최초의 우주선인 서베이어 1호가 달 표면 '폭풍의 바다'에 착륙했어요. 서베이어 1호는 착륙 후 지구에 사진들을 보내기 시작했죠. 1967년 1월, 서베이어 1호와의 통신이 끊어졌어요.

아폴로 11호
1969년 7월 20일, 닐 암스트롱은 달에 발을 내디디며 "이것은 한 인간에게는 작은 걸음이지만, 인류에게는 위대한 도약입니다"라고 말했어요. 닐 암스트롱과 버즈 올드린은 달 착륙선 이글호를 타고 아폴로 11호에 다시 돌아오기까지 21시간 동안 달에 머물렀어요.

아폴로 17호
달에 사람을 착륙시키는 여섯 번째이자 마지막 미션이 1972년에 있었어요. 실험용 과학 장비를 운반하고 샘플을 수집하기 위해 월면차가 사용됐죠. NASA는 우주 기지인 스카이랩을 만드는 일로 관심을 돌리고 있었어요. 유진 서넌은 달을 걸은 마지막 우주비행사가 됐어요.

우주유영

1965년 3월 18일, 소련 우주비행사 알렉세이 레오노프는 세계 최초로 우주선 밖으로 나가 약 10분간 우주유영을 했어요. 오늘날 우주비행사들은 한 번에 8시간씩 우주유영을 하죠. 우주비행사 마이크 홉킨스는 2013년 4일 동안 두 번의 우주유영을 했으며, 이 사진은 두 번째 우주유영 모습이에요. 헬멧에 비친 사람은 함께 우주유영 중인 릭 마스트라치오예요. 그는 ISS 바깥에서 고장 난 펌프를 교체하고 있어요.

우주복

우주 기술

우주복은 작은 우주선과 같아요. 우주복은 비행사에게 산소를 공급해 주고, 비행사가 내뱉은 이산화탄소를 배출하죠. 우주복은 추위, 태양 직사광선의 열, 우주를 날아다니는 우주먼지 등으로부터 우주비행사를 보호해요. 지난 수십 년 동안 우주복도 더 오랜 시간 편하게 입을 수 있도록 발전해 왔어요.

밀봉된 덮개
완벽히 밀폐된 헬멧을 통해 공기를 공급받을 수 있어요.

밀폐 링
헬멧과 우주복 윗부분을 빈틈없이 결합해요.

산소 공급 호스
온도 조절과 호흡을 위해 우주복과 헬멧에 산소를 공급해요.

우주의 위험들
우주복 뒤쪽의 배낭은 생명 유지 시스템을 갖추고 있으며, 비행사들이 우주에서 이동할 수 있도록 로켓 추진력을 제공해요. 우주비행사들은 극한의 온도 속에 8시간까지 우주에서 머물 수 있으므로, 우주복의 철저한 테스트는 정말로 중요해요.

우주유영 동안에는 생명 보호를 위해 밀폐돼요.

물탱크 속에서 새는 곳을 확인해요.

장갑
링 커넥터가 부착된 장갑은 지퍼로 옷자락에 고정시켜요.

우주복의 출발과 발전
우주복은 1950년대 최고의 비행기 조종사들이 고도 1만 5,250미터 이상의 차갑고 희박한 공기 속에 보호용으로 입었던 옷에서 출발했어요. 물론, 우주에서 입으려면 훨씬 더 튼튼해야 했죠. 우주복으로 재설계된 옷에는 산소가 채워져 있었고, 물 공급 장치가 있었으며, 심지어 대소변도 볼 수 있었어요.

높은 고도에서 X-1E 비행기를 조종할 때 몸을 보호하기 위해 부분여압복을 입은 조 워커 조종사의 모습(1958년)

X-15 로켓 비행기 승무원(1959년)

양말과 장화
공기가 통하지 않는 천으로 만든 헐렁한 양말이 우주복 다리에 직접 붙어 있어요. 장화는 양말이 부풀어 오르지 않도록 끈으로 조여져 있어요.

은색 우주복
NASA의 머큐리 프로그램(1958~1963년) 초창기에 사용된 우주복이에요. 우주복 외부는 녹색 나일론에 알루미늄 분말을 코팅했어요. 그래서 열을 반사하는 은색이 됐어요.

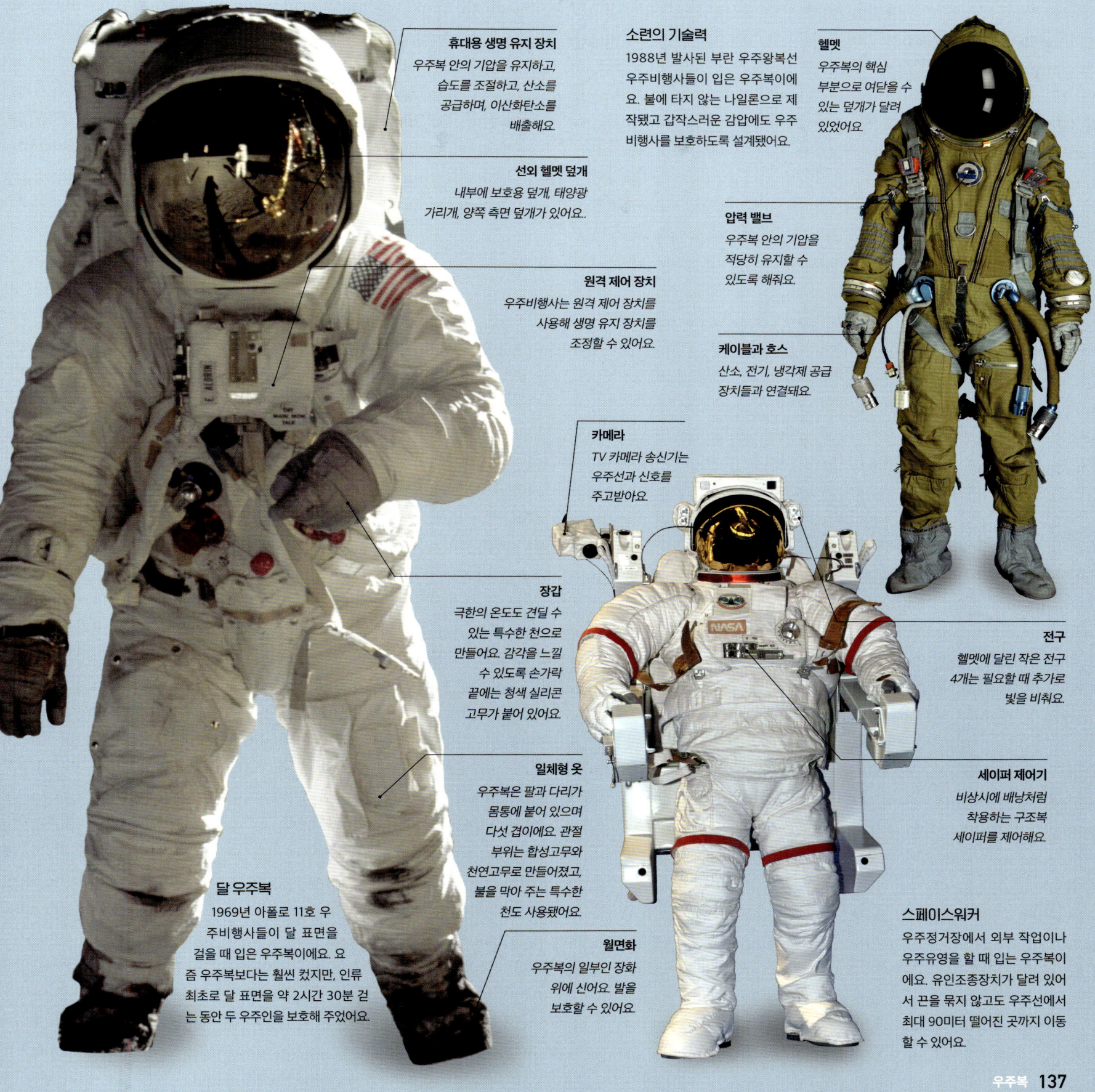

달 착륙

위성 탐사

새턴 5호 로켓을 타고 날아오르는 아폴로 11호와 승무원들

1969년, 닐 암스트롱이 달에 첫발을 내디뎠을 때, 전 세계가 그 장면을 지켜보았어요. 인류가 바깥 세계에 다다른, 우주 탐사와 인류 역사에서 기념비적인 순간이었죠. 당시 세계 인구의 20퍼센트인 6억 명의 사람들이 그 흐릿한 영상을 보며 감탄했어요. 달 위에 정말로 사람들이 있었어요!

7월 16일 케네디우주센터에서 발사

7월 19일 달 뒷면으로 들어가 통신 두절

착륙 이글호의 달 착륙

공전 우주선을 점검하며 지구를 공전함

공전 달 궤도를 도는 사령선

기다림의 시간
닐 암스트롱, 버즈 올드린, 마이클 콜린스는 새턴 5호 로켓 꼭대기에 있는 사령선 의자에 벨트로 몸을 고정한 채 앉아 있었어요. 지구를 1.5바퀴 돈 후, 달을 향해 날아갔어요.

사령선

도착
우주선은 발사 3일 후 달 궤도에 도착했어요. 그리고 하루 후 암스트롱과 올드린은 달 착륙을 위해 이글호에 탑승했죠. 콜린스는 사령선에 남아 달 궤도를 계속 돌았어요.

달 착륙선 하강

S-밴드 안테나 추적 및 통신 시스템

반동 제어용 엔진 달 착륙선 이착륙에 사용되는 8개 엔진 가운데 하나

연료 탱크 달을 떠날 때 사용할 연료인 에어로진 50이 들어 있음

하강부 달 착륙선 아랫부분

착륙선 다리 착륙을 위해 펼쳐진 채 고정

이글호 착륙
7월 20일 세계 표준시로 20시 18분에 이글호가 달에 착륙했어요. 그리고 7월 21일 2시 56분에 6억 명 이상의 사람들이 TV로 지켜보는 가운데, 암스트롱은 달에 선 첫 번째 사람이 됐죠.

닐 암스트롱은 라이트 형제의 비행기 조각을 달에 가져갔어요.

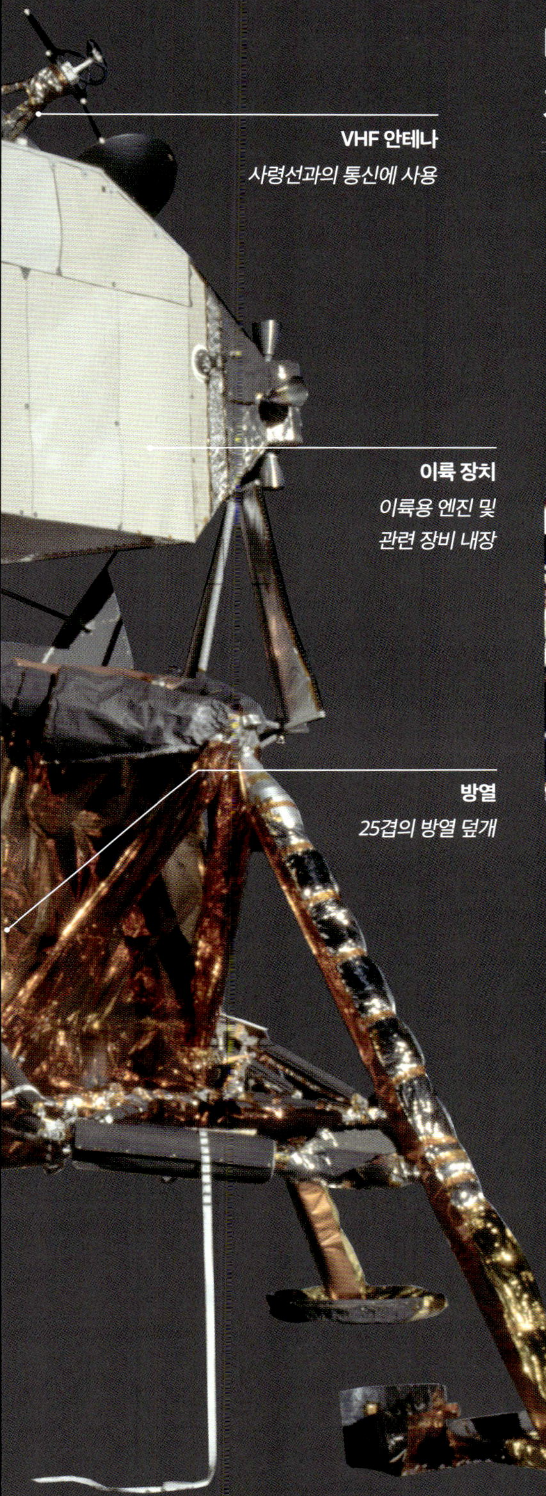

다른 방문자
아폴로 11호의 달 착륙 이후, 10명의 우주비행사가 달 위를 걸었어요. 달 궤도를 돈 우주비행사까지 포함하면 총 24명이고요. 우주비행사 외에도 중국 창어 3호 (2013년)를 포함한 몇몇 무인탐사선이 성공적으로 달에 착륙해 수집한 정보를 지구로 보냈어요.

VHF 안테나
사령선과의 통신에 사용

이착륙 엔진

이륙 장치
이륙용 엔진 및 관련 장비 내장

사다리 위의 기념 명판

방열
25겹의 방열 덮개

금박 포일로 감싼 발판

출발
올드린은 실수로 점화 스위치를 망가뜨렸어요. 점화 스위치가 없으면 이륙 엔진을 작동시킬 수 없었죠. 올드린이 펜을 스위치에 넣어 엔진을 점화시킨 후에야 달을 떠날 수 있었어요.

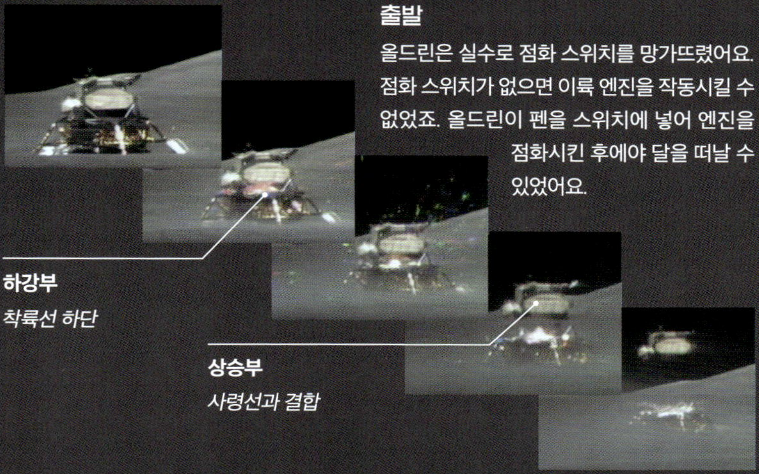

하강부
착륙선 하단

상승부
사령선과 결합

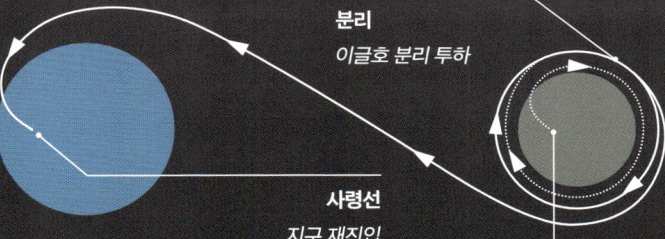

분리
이글호 분리 투하

사령선
지구 재진입

이륙
이글호가 달을 떠남

달 표면 위에서
암스트롱과 올드린은 흙과 암석을 수집하고, 사진을 찍었어요. 그리고 실험 장비를 설치했죠. 두 사람은 작업을 마친 후 이글호로 돌아가 잠을 잤어요. 17시 54분, 두 사람은 이글호를 이륙시켰어요. 하강 모듈과 사다리는 달 표면 위에 그대로 놓아두었어요.

집으로
착륙선인 이글호는 사령선인 컬럼비아호와 도킹했어요. 우주비행사들은 이글호를 분리 투하하기 전에 중요한 것들을 모두 사령선으로 옮겼죠. 지구를 향한 사령선은 대기에 진입하는 과정에서 내부를 보호하기 위해 불이 붙은 사령선 덮개를 떨어뜨렸어요.

구조 작전
사령선은 하와이 남서쪽 태평양에 떨어졌어요. 구조선인 항공모함 USS 호넷에서 불과 몇 킬로미터 떨어진 곳이었죠. 우주비행사들은 혹시 모를 오염을 피하기 위해 21일 동안 격리됐어요.

달 탐험

아폴로 15호의 달착륙선 팔콘(왼쪽)이 해들리델타의 매끈한 평원에 도착했을 때, 대장인 데이비드 스콧은 "여기는 정말 멋진 곳이군요"라고 말했어요. 당시, 우주비행사들은 최초로 세 번에 걸쳐 7시간씩 달을 걸으며 작업했어요. 또한, 월면차 덕분에 착륙선에서 꽤 먼 곳까지 가서 많은 것을 수집해 올 수 있었죠. 사진 속에서 달착륙선 조종사 짐 어윈은 월면차의 첫 주행에 사용할 도구와 장비들을 싣고 있어요.

월면차

우주 기술

아폴로 15호, 16호, 17호는 월면차 덕분에 달에 관한 정보를 많이 수집했어요. 우주비행사들이 월면차를 타고 넓은 지역을 탐사할 수 있었기 때문이죠. 소련은 1970년에 이미 루노호트라는 무인 월면차를 달에 착륙시켰고, 2013년에 유투(옥토끼)라는 중국의 월면차가 뒤를 이었죠. 유투는 새로운 종류의 달 암석을 발견하기도 했어요.

첫 선외 작업을 위해 달 탐사선에 올라탄 아폴로 17호의 대장 유진 서넌

아폴로 우주선의 월면차
아폴로 우주 탐사 과정에서 사용한 월면차 3대는 모두 달에 남겨졌어요. 아폴로 17호 우주 탐사에서 사용된 월면차는 시속 18.5킬로미터로 35.9킬로미터를 주행했죠. 월면차 덕분에 이전 우주 탐사보다 훨씬 많은 것을 달에서 채집할 수 있었어요. 월면차의 과학적 성과는 더할 나위 없이 훌륭해요.

아폴로 17호 임무 수행 지역 주변의 NASA 루나리코네상스 궤도선의 흔적

착륙 과정
월면차는 고정핀, 케이블, 충격 흡수 장치 같은 장비 때문에 착륙선 몸체 중앙에 접힌 채 고정돼 있어요. 혼자서도 달 표면에 내려놓을 수 있죠. 월면차를 달 표면에 펼쳐 내려놓은 뒤에는 가장 먼저 조종 장치를 확인해야 해요.

문버기
많은 사람이 전지로 동작하는 네 바퀴 월면차를 '문버기'라고도 불러요. 모래 언덕을 달릴 수 있는 버기카와 비슷하게 생겼기 때문이죠. 월면차는 울퉁불퉁한 달 표면들을 잘 달려야 해요.

고출력 안테나
영상이나 데이터를 전송하기 위해 사용되지만 월면차가 움직이고 있을 때는 작동하지 않아요.

저출력 안테나
월면차가 이리저리 움직이고 있을 때도 오디오 통신이 가능해요.

컬러 TV 카메라
지구에서 원격 조종으로 우주비행사들의 작업 모습을 촬영해요.

조정 및 계기판
월면차의 주행, 방향 전환, 멈춤 등을 조정해요. 달 착륙선과의 거리와 방향을 보여 주는 주행거리계도 달려 있어요.

사륜구동
월면차는 울퉁불퉁한 달 표면을 잘 달릴 수 있고, 반경 3미터 이내로 유턴할 수도 있어요.

알루미늄 프레임
세 부분의 차대에 2,219개의 튜브 부품으로 이루어져 있어요. 가운데 경첩이 있어 깔끔하게 접혀요.

안전벨트
울퉁불퉁한 지역을 달릴 때 우주비행사가 월면차 밖으로 튀어 나가는 것을 막아 줘요.

장비함
의자 아래와 뒤편에는 암석 채집 장비를 넣어 두었어요. 채집한 암석과 흙을 저장하는 특수 가방도 있어요.

**아폴로 월면차와 시험 모델들은 보잉사가 만들었어요.
오늘날 금액으로 약 3,000억 원의 비용이 들었지요.**

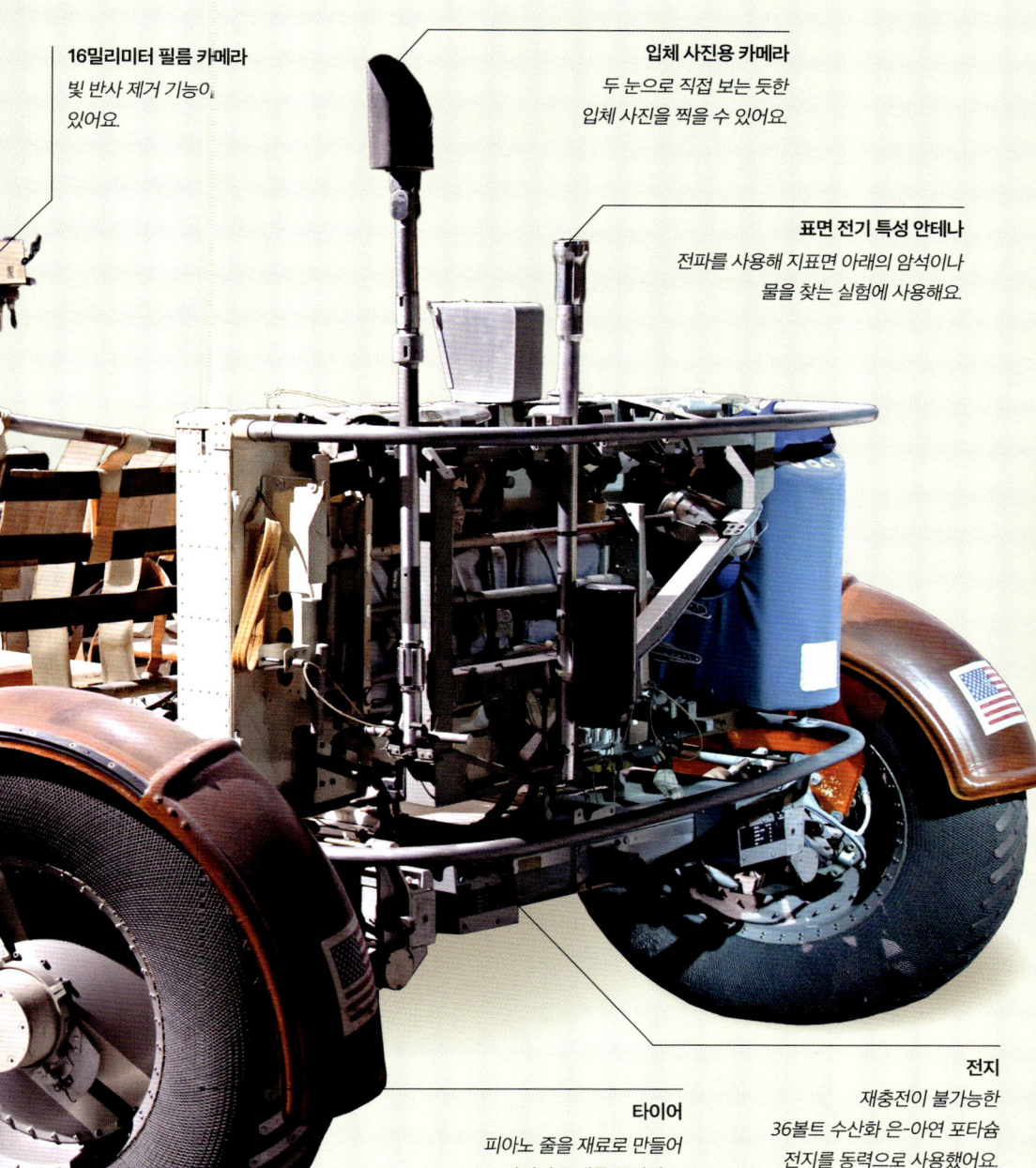

루노호트 1호

16밀리미터 필름 카메라
빛 반사 제거 기능이 있어요.

입체 사진용 카메라
두 눈으로 직접 보는 듯한 입체 사진을 찍을 수 있어요.

표면 전기 특성 안테나
전파를 사용해 지표면 아래의 암석이나 물을 찾는 실험에 사용해요.

태양전지판
달 탐사선 유투는 달에 착륙한 뒤 불과 한 달 만에 움직일 수 없게 됐으나, 태양전지판 덕분에 여전히 동작하고 있어요.

유투

다른 월면차들
소련, 미국, 중국만 월면차를 가지고 있어요. 1969년, 소련은 무인 월면차인 루노호트 1호를 달에 착륙시켰죠. 미국은 1971년과 1972년 세 번의 아폴로 우주 탐사에서 월면차를 이용했어요. 1973년, 소련은 루노호트 2호를 달에 착륙시켰죠. 중국 월면차 유투는 2013년 12월 달에 착륙했으며, 여전히 데이터를 수집하고 있어요.

NASA 에임스 K10 월면차

타이어
피아노 줄을 재료로 만들어 바퀴의 무게를 줄였어요.

전지
재충전이 불가능한 36볼트 수산화 은-아연 포타슘 전지를 동력으로 사용했어요.

미래 달에서 사용할 전기 월면차

미래의 월면차들
NASA는 미래형 전기 월면차를 개발했어요. 높이 3미터에 밀폐된 실내 공간이 있죠. 뒤편에는 2개의 '슈트포트'가 있어서 우주비행사들은 15분 안에 우주복으로 갈아입을 수 있어요. 그러나 NASA는 현재 화성에 집중하고 있어서, 새로운 월면차를 사용할 계획은 아직 없어요.

금과 우주

금은 운석에 실려 우주로부터 지구에 왔어요. 그리고 현재 인류는 그 일부를 다시 우주로 돌려보내고 있죠. 금은 우주비행사를 강한 태양 광선으로부터 보호하기 위해 헬멧 덮개를 얇게 코팅하는 데 사용되죠. 금을 사용해 우주선과 인공위성의 전자기기들이 자외선과 엑스선을 받아 부식되는 것을 막아요. 또한 금은 우수한 전기적 특성을 지니고 있어요.

발명

우주 탐험 과정에서 얻은 수많은 결과는 인류의 삶을 나아지게 하는 발명으로 이어졌어요. 로켓 여행 덕에 무선 헤드셋과 흠이 나지 않는 렌즈 기술이 향상됐어요. 정수기 필터, 방화복, 침대 메모리폼 등도 개발됐죠. 심지어 별의 온도를 측정하기 위해 개발한 적외선 기술을 사용해 귀 체온계가 만들어지기도 했어요.

연결용 전기 장치에 사용된 금

금
금은 색이 변하거나 녹슬지 않기 때문에 매우 유용한 금속이에요. 우주에서 금을 이용한 몇몇 실험은 몇 가지 발명으로 이어졌어요. 또한, 제임스웹 우주 망원경에서는 멀리 있는 별을 더 잘 찾을 수 있도록 적외선 파장에 있는 빛을 반사시키는 데 금을 사용해요.

고속 회로에 사용된 금

금 코팅 센서가 있는 체온계

집에서는 이렇게 열이 손실돼요.

온도 조절
열을 반사하는 단열재 덕분에 우주비행사들은 아폴로 우주선 안에서 셔츠 차림으로 일할 수 있었어요. 오늘날 이 기술은 난방 에너지를 최대 20퍼센트까지 보존해 절약할 수 있도록 가정에서 사용되고 있어요.

강력 코팅
NASA는 로켓과 우주선 지지대가 녹스는 것을 막아야 했어요. 1980년대 초 강철과 결합하고 빠르게 마르는 코팅이 개발됐죠. 그리고 1980년대 중반, 같은 기능의 코팅 용액 852리터가 자유의 여신상 내부를 보호하기 위해 사용됐어요.

자유의 여신상

구조적 지지
오늘날 미국 샌프란시스코, 일본 도쿄, 타이완처럼 지진이 자주 생기는 곳에는 NASA의 충격 흡수 기술이 사용된 건물이 550채 이상 있어요. 로켓 발사대의 거대한 스윙암들이 로켓에 연료를 공급하는데, 로켓 발사 시 스윙암들이 제자리에 있을 수 있도록 충격 흡수 장치를 개발한 거죠. 오늘날 건축가들은 같은 종류의 장치로 지진에 대비하고 있어요.

순간 포착
1990년대, NASA에서는 매우 정교한 사진을 찍을 수 있으면서도 행성 간 이동에 적합할 만큼 충분히 작은 카메라를 만들고자 했어요. 그 결과 CMOS 이미지 센서를 내놓았죠. 오늘날 이 기술은 스마트폰 카메라에 사용되고 있어요.

기능성 소재
유리섬유와 테플론으로 만든 새로운 소재는 원래 1970년대 우주복 제작을 위해 개발됐어요. 오늘날 건축가들은 스타디움, 대형 전시관, 쇼핑몰, 공항 등과 같은 건물의 지붕에 이 소재를 사용해요.

고장력 소재로 지붕을 만든 댈러스카우보이 스타디움

우주 담요
아폴로 우주 비행에서 사용된 반짝반짝 빛을 반사하는 포일은 현재 자주 사용되고 있어요. 열을 유지하기 위해 덮는 담요와 구조 단체에서 나누어 주는 담요로 사용되죠.

스마트폰으로 사진을 찍을 때마다 NASA 기술을 사용하는 셈이에요.

스마트폰 속의 우주 기술

보온 담요

NASA의 충격 흡수 기술을 적용한 도쿄의 고층 건물들

우주정거장

우주 기술

우주정거장 덕에 장시간의 무중력 상태가 미치는 영향과 오랜 우주 여행에 따른 대처 방법을 연구할 수 있었어요. 우주정거장은 산소가 가득 찬 거대한 인공위성으로, 그곳에서 우주비행사들은 편히 생활할 수 있어요. 우주정거장 덕분에 과학자들은 우주에서의 생활을 연구할 수 있고요. 또한, 시야를 가리는 대기의 영향 없이 우주를 관찰하고 지구를 살필 수 있어요.

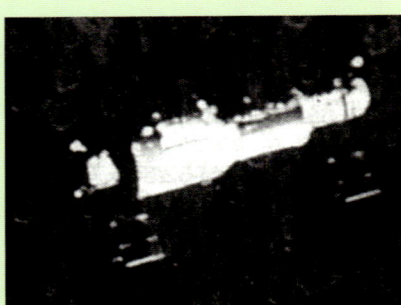

살류트 1호 (1971년 발사)

살류트 6호 (1977년 발사)

소련의 초창기 우주정거장 프로그램

소련은 1971년에서 1982년 사이 과학 연구와 군사 목적으로 7기의 우주정거장을 발사했어요. 이 중 6기에는 승무원이 있었죠. 오랫동안 우주정거장에 머문 살류트 6호와 7호의 승무원들은 우주정거장을 방문한 다른 나라 우주비행사들을 맞이해 주었어요.

팽창식 원형 우주정거장 모형

미르 우주정거장은 계획된 수명보다 3배 긴 15년 동안 지구 궤도에 있었어요.

우주정거장 구상도 (1977년)

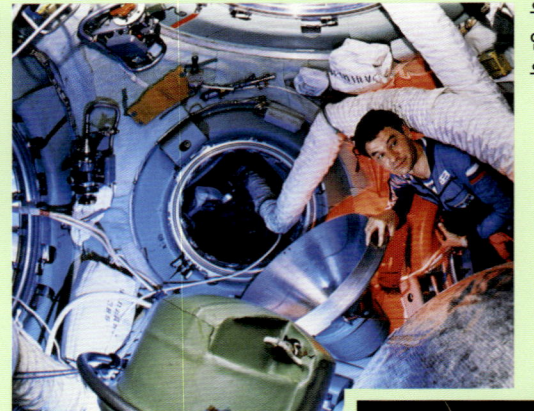

우주정거장 연결부에 있는 우주비행사

- 제작 기간: 1986~1996년
- 발사 장소: 바이코누르 우주기지와 케네디우주센터
- 최대 탑승 인원: 3명
- 길이: 19미터
- 폭: 31미터
- 무게: 129.7톤
- 공전 주기: 91.9분
- 상태: 2001년 3월 23일 추락

태양전지판 우주정거장 구상도 (1984년)

상상력

사람들은 오랫동안 우주 생활을 상상해 왔어요. 1869년 10월, 〈애틀랜틱 먼슬리〉에 연재된 에드워드 에버렛 헤일의 소설 《브릭문》에는 지구를 공전하며 우주선의 비행을 지원하는 둥근 물체가 등장했어요.

우주왕복선 아틀란티스와 도킹하는 미르 우주정거장

- 동력 모듈
- 천체물리학 모듈
- 중심 모듈
- 확장 모듈

미르 우주정거장

소련에서 제작해 발사한 최초의 국제 우주정거장이에요. 1986년에서 2001년까지 여러 나라에서 우주비행사 125명이 방문했죠. 그 사이 2만 3,000회 이상의 과학 실험이 진행됐어요. 미르 우주정거장에 가장 오랫동안 머문 사람은 소련의 발레리 폴랴코프로 무려 438일 동안 머물렀어요.

발사: 1973년 5월 14일
발사 장소: 케네디우주센터
최대 탑승 인원: 3명
길이: 25.1미터
폭: 6.6미터
무게: 77.111톤
태양전지판 길이: 17미터
공전 주기: 93.4분
상태: 1979년 7월 11일 추락

스카이랩 미션 패치

가벼운 자석 식판

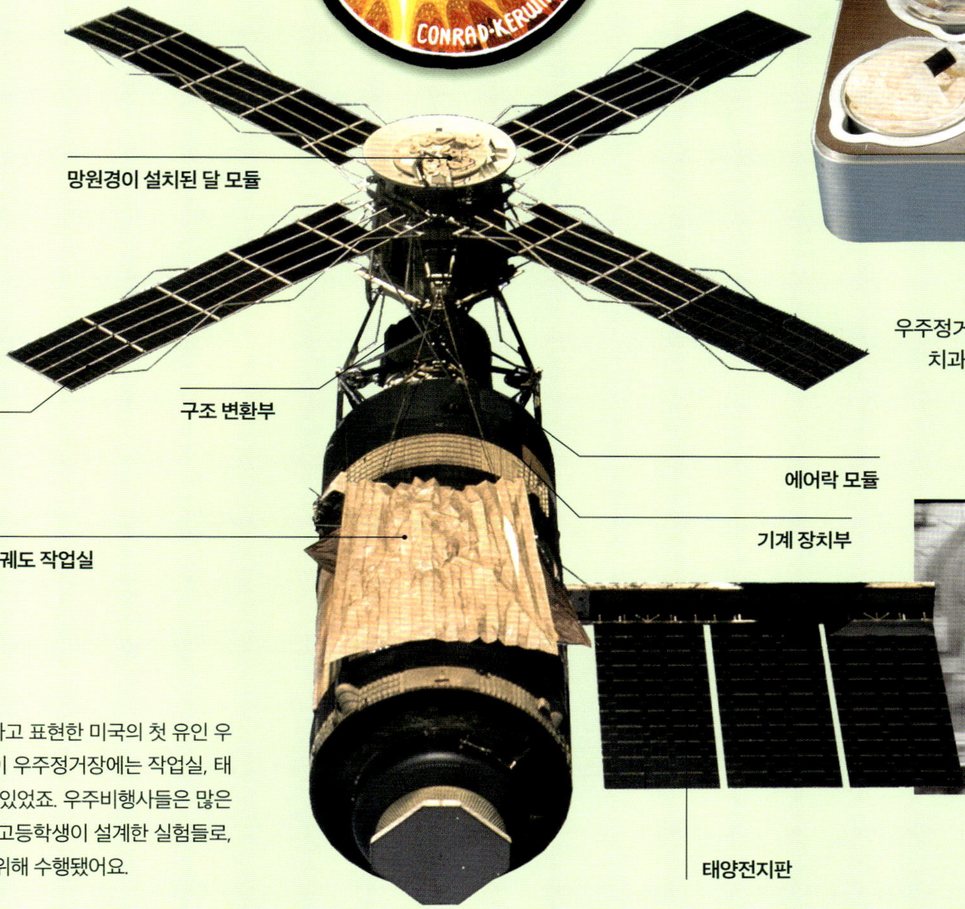

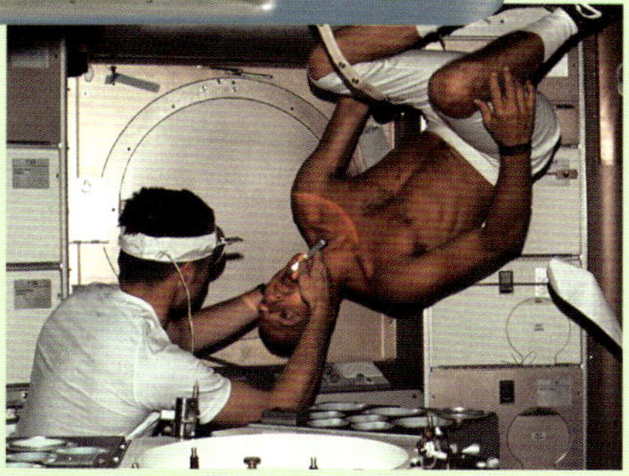

망원경이 설치된 달 모듈

우주정거장의 치과 치료

태양전지판

구조 변환부

에어락 모듈

지구 궤도 작업실

기계 장치부

TV 인터뷰

태양전지판

스카이랩

NASA에서 '지구 궤도 작업실'이라고 표현한 미국의 첫 유인 우주정거장이에요(1973~1979년). 이 우주정거장에는 작업실, 태양 관측실, 과학 실험용 시스템이 있었죠. 우주비행사들은 많은 실험을 수행했어요. 그중 몇몇은 고등학생이 설계한 실험들로, 과학 교육에 대한 관심을 높이기 위해 수행됐어요.

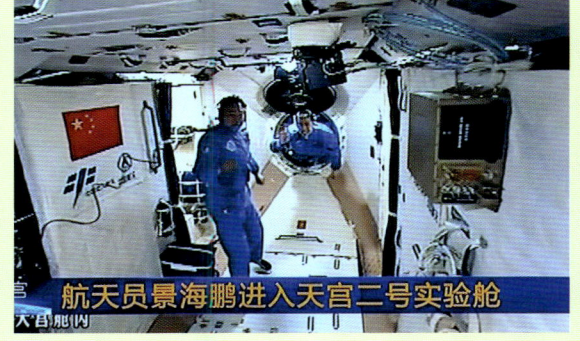

텐궁 2호

발사: 2016년 9월 15일
발사 장소: 주취안 위성발사센터
최대 탑승 인원: 2명
길이: 10.4미터
폭: 3.35미터
무게: 8.6톤
태양전지판 길이: 17미터
공전 주기: 92분
상태: 운영 중

중국의 우주 실험실로, 2022년경 중국이 거대한 모듈식 우주정거장을 만들 때 사용할 기술들을 실험했어요. 우주비행사들은 텐궁 2호 내부에서 쌀, 겨자와 같은 식물의 재배부터 건강 확인을 위한 스캐닝에 이르기까지 여러 실험을 수행했어요.

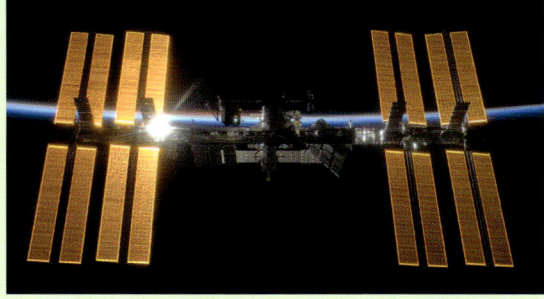

국제우주정거장(ISS)

제작 기간: 1998~2011년
발사 장소: 바이코누르 우주기지와 케네디우주센터
최대 탑승 인원: 6명
길이: 73미터
폭: 108.5미터
무게: 419.725톤
태양전지판 길이: 73미터
공전 주기: 92.65분
상태: 운영 중

ISS는 미르와 스카이랩보다 4~5배 커요. 태양전지판은 보잉 777의 날개보다 길고요. 총 16개의 모듈로 구성됐는데 러시아, 미국, 일본, 유럽이 각각 5개, 8개, 2개, 1개를 만들었어요. 2017년, 우주비행사 페기 위슨은 665일간 우주정거장에 머물며 미국인으로 최장기 우주 체류 기록을 세웠어요.

우주왕복선

우주 기술

135번의 우주 비행 동안, 우주비행사들은 우주왕복선을 타고 지구로 돌아왔어요. 대기 중에서 타버리는 외부 연료 탱크를 제외한다면, 우주왕복선의 모든 부분은 다시 사용할 수 있어요. 우주왕복선은 ISS에 우주비행사와 화물을 운반하며 8억 2,600만 킬로미터 이상을 비행했어요.

발사!

이 놀라운 우주선은 로켓처럼 하늘로 치솟아 8분 만에 시속 2만 8,200킬로미터에 도달했어요. 이 우주선은 궤도 진입을 위해 2개의 고체 부스터 로켓, 3개의 주 엔진, 외부 연료탱크, 궤도조정시스템을 갖추었죠. 우주선의 추진력은 대부분 부스터 로켓에서 얻었으며, 사용한 부스터 로켓은 재활용을 위해 낙하산을 달아 지구에 투하했어요.

넓은 시야

앞쪽 창문으로는 지구를, 뒤 창문으로는 화물칸을 볼 수 있어요.

승무원

대장은 왼쪽에, 승무원은 오른쪽에 앉았어요.

우주왕복선 조종
우주왕복선 조종사들은 왕복선을 비행기처럼 조종했어요. 의자 뒤에는 ISS와 도킹하거나 원격으로 인공위성의 배치를 제어하는 장치가 있었어요.

NASA 우주왕복선

엔터프라이즈호(시험용 우주왕복선)
비행 횟수: 5회(시험 비행으로 우주 비행 아님)
첫 번째 비행: 1977년 8월 12일
마지막 비행: 1977년 10월 26일

컬럼비아호
비행 횟수: 8회
첫 번째 비행: 1981년 4월 12일
마지막 비행: 2003년 2월 1일

챌린저호
비행 횟수: 10회
첫 번째 비행: 1983년 4월 4일
마지막 비행: 1986년 1월 28일

디스커버리호
비행 횟수: 39회
첫 번째 비행: 1984년 8월 30일
마지막 비행: 2011년 2월 24일

아틀란티스호
비행 횟수: 33회
첫 번째 비행: 1985년 10월 3일
마지막 비행: 2011년 7월 8일

엔데버호
비행 횟수: 25회
첫 번째 비행: 1992년 5월 7일
마지막 비행: 2011년 5월 16일

우주 파편에 손상된 우주왕복선 날개 밑면

위험한 우주

우주왕복선은 우주 파편 때문에 마모돼요. 2003년 컬럼비아호 폭발 사고로 우주왕복선과 승무원을 잃은 후 NASA는 2년 이상 우주 비행을 중단했어요.

절연 타일 손상

우주 속 아틀란티스호

2010년 아틀란티스 우주왕복선이 STS-132 임무를 수행하는 동안 ISS와 도킹하는 모습이에요. 오른쪽은 ESA의 콜럼버스 우주실험실이죠. 아틀란티스호는 STS-132 임무에서 미르 우주정거장과 ISS를 방문하는 것을 포함해 마젤란과 갈릴레오 탐사위성, 콤프턴 감마선 관측위성을 설치했어요. 아틀란티스호는 우주왕복선 프로그램의 마지막을 장식했어요. STS-135 임무를 수행하기 위해 2011년 7월 8일 발사된 아틀란티스호는 2011년 7월 21일 지구에 무사히 귀환했으며, 그와 함께 우주왕복선 시대도 막을 내렸어요.

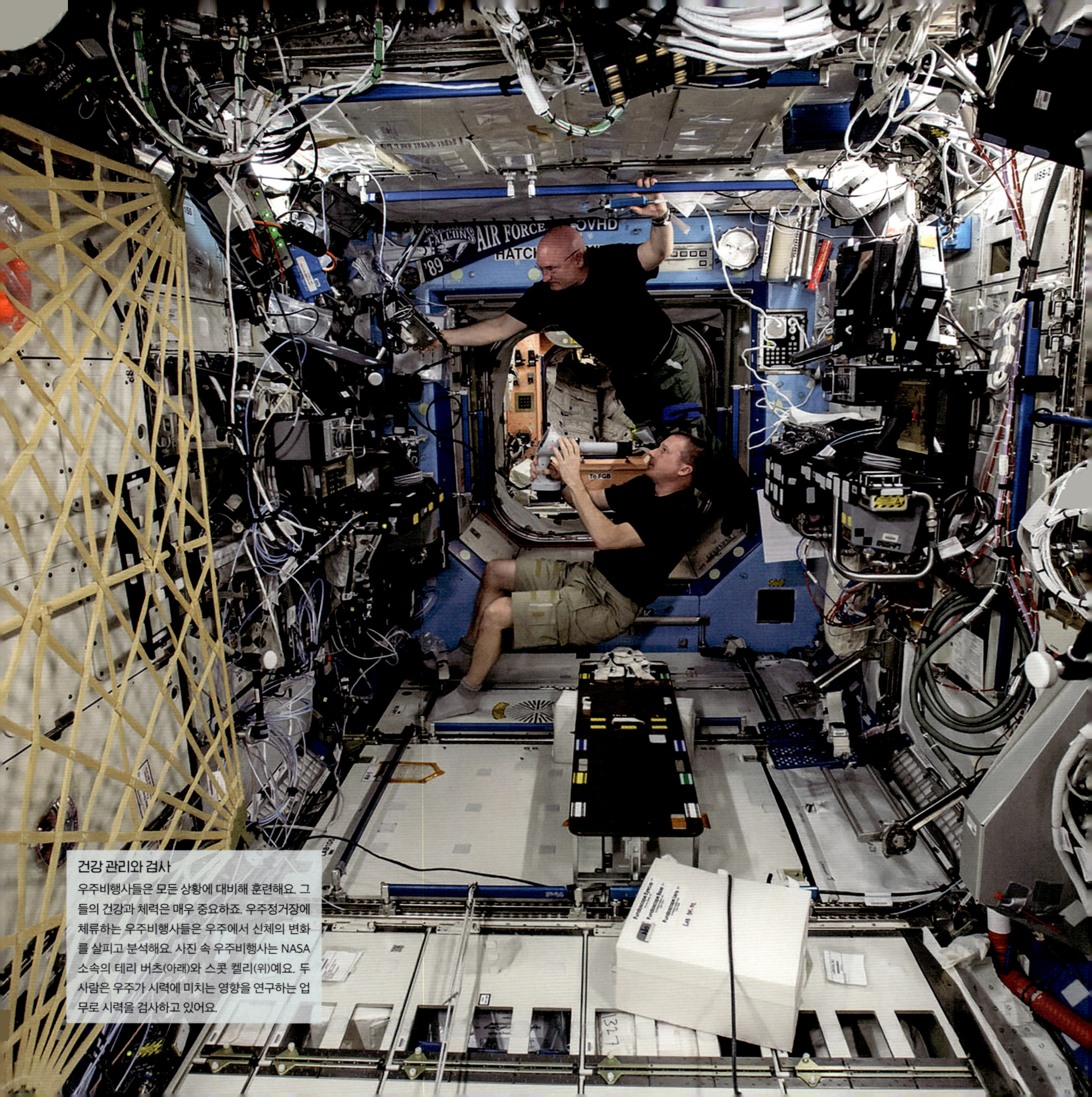

건강 관리와 검사

우주비행사들은 모든 상황에 대비해 훈련해요. 그들의 건강과 체력은 매우 중요하죠. 우주정거장에 체류하는 우주비행사들은 우주에서 신체의 변화를 살피고 분석해요. 사진 속 우주비행사는 NASA 소속의 테리 버츠(아래)와 스콧 켈리(위)예요. 두 사람은 우주가 시력에 미치는 영향을 연구하는 업무로 시력을 검사하고 있어요.

우주선을 타고 우주로

우주비행사이자 미르 & ISS 비행전문가 제리 L. 로스

우주선을 타고 우주로 나간 경험은 결코 잊을 수 없어요. 정말 흥분되는 일이거든요. 물론 불안하지 않다면 거짓말이죠. 하늘로 날아오를 때와 지구로 돌아올 때는 꽤나 위험해요.

발사 3시간 전, 우주비행사들은 170만 킬로그램의 폭발성 연료가 든 로켓 꼭대기 의자에 앉아 있어요. 발사대 검사 담당자는 우주선 해치를 닫고 최종 점검을 하죠. 로켓은 몇 분 만에 시속 2만 8,200킬로미터에 도달해야 하죠. 발사 6초 전, 주 엔진이 점화되고, 우주선은 소리를 내며 흔들려요. 왕복선이 발사대를 떠날 때 조종사는 누군가 자신을 걸어차는 것처럼 느껴요.

이륙 후 40초, 엔진이 잠시 속도를 줄였다가 다시 최대 출력을 내요. 이륙 후 2분, 고체 로켓 부스터들은 50만 킬로그램의 연료를 모두 소비해요. 빈 부스터가 떨어져 나가면 펑 하는 소리와 함께 새로운 로켓이 점화해요. 궤도 진입 마지막 단계에서, 조종사들은 중력의 3배에 달하는 힘을 받아 숨이 가빠져요. 발사 후 8분 30초, 로켓 엔진이 멈추고 조종사들이 자리 위로 떠올라요. 드디어 우주에 도착했어요.

우주유영은 특별히 조심해야 해요. 2001년, 크리스 해드필드는 우주유영 중 왼쪽 눈에 이상을 느끼며 눈물을 흘렸어요. 무중력 상태라 눈물이 방울로 퍼져 나가 앞이 보이지 않았죠. 그는 산소를 강제로 우주에 배출해 문제를 해결했어요. 지구로 돌아오는 일도 발사만큼이나 위험해요. 대기 속으로 들어갈 때 우주선 바깥쪽에는 플라스마 흐름이 생기고, 우주선 외부는 충격파와 마찰로 온도가 1,648도까지 올라 불길에 휩싸여요. 불길이 수그러들면, 우주선은 착륙하기 위해 가파른 각도로 하강해요.

우주비행사

제리 L. 로스는 우주왕복선을 타고 7번이나 우주 비행을 했어요. 현재, 이 분야 공동 1등이죠. 그는 인공위성을 발사했으며, 9번이나 우주유영을 했고, 미르호에 물자를 전달하거나 ISS 건설을 지원했어요.

> "나는 **로봇 팔을 운전**해요.
> 또한 **실험**, **인공위성** 배치, **우주유영** 등을
> 수행하고, **ISS** 건설을 도왔습니다."

우주왕복선 조종

건강 관리와 검사

실험 수행

우주유영

우주선을 타고 우주로 153

국제우주정거장(ISS)

우주 기술

중력이 매우 작은 국제우주정거장, 즉 ISS에서의 일상은 까다로워요. 비눗방울이나 소금 가루가 떠다니다 장비를 막거나 누군가의 눈에 들어갈 수 있기 때문이죠. 우주비행사들은 매일 바쁘게 지내야 해요. 실험을 하고, 때론 태양전지판도 수리하죠. 또한, 중력이 작아 뼈와 근육이 약해지는 것을 막기 위해 하루 2시간씩 특별한 운동을 해야 해요. 그러나 아무리 바빠도 창문을 통해 일출이나 일몰을 감상할 수는 있어요.

ISS는 축구장만 한 크기에 무게는 거의 420톤에 달해요.

구조

ISS는 실험실, 유틸리티 허브, 생활 공간, 화물 창고, 도킹 장치로 이루어져 있어요. 기보는 일본에서 만든 실험실로, 모듈 가운데 가장 커요. 기다란 주 트러스가 거대한 태양전지판, 열 방사기, 외부 작업용 로봇 팔과 각종 장비들을 지탱하고 있으며, 여러 모듈도 이 트러스에 붙어 있어요.

첫 승무원이 도착했을 때의 모습 (2000년)

첫 태양전지판을 설치한 모습 (2002년)

태양전지판과 부가 모듈이 늘어난 모습 (2007년)

ISS 조립

ISS는 궤도에서 조금씩 제작됐어요. 1998년 발사된 첫 번째 모듈 자르야(러시아)는 통신, 동력, 저장을 담당했죠. 이후, ISS의 구조는 점점 확장됐어요. 2000년부터는 3명의 우주비행사가 체류했지요. 2018년 1월 기준, 18개 나라 230명의 사람들이 ISS를 방문했어요.

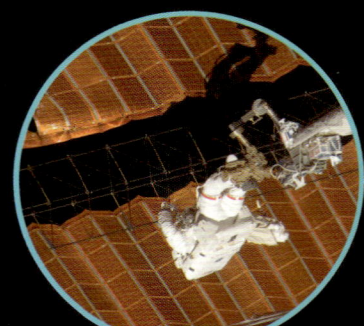

태양전지판 수리

ISS도 내부와 외부를 관리해야 해요. 몇몇 장비는 정기적으로 교체하거나 업그레이드해야 하죠. 낡거나 손상돼 수리할 곳은 없는지도 확인하고요. 우주비행사들은 일정에 따라 또는 필요하면 갑자기라도 우주유영을 하며 우주정거장 밖에서 작업을 해요.

태양전지판

우주에서는 태양 빛을 받기 좋아서 거대한 태양전지판이 늘 태양을 향하고 있죠. 태양전지판은 총 26만 2,400개의 태양광 셀로 이루어져 있어요.

트러스 부분

10개의 트러스들이 서로 연결돼 ISS의 기본 구조를 이루고 있어요. 이 트러스들은 태양전지판과 다른 장비들을 지탱해요.

알파 마그네틱 분광계

이 물리학 장비는 우주 방사선을 측정하고 분석해요. 총 900만 개의 우주선 발생을 확인했어요.

도킹
ISS의 여러 모듈에는 도킹부가 있어요. 덕분에 여러 대의 우주선들이 동시에 도킹할 수 있죠. 오른쪽 그림에서 우주왕복선은 우주비행사와 화물을 우주정거장에 전달하며 NASA 모듈에 도킹해 있어요.

ISS 생활
ISS의 일과에는 실험, 학생들과의 대화, 우주 유영 등이 있어요. 우주비행사들은 하루 평균 2시간씩 운동해야 해요. 가족들과 이야기를 나눌 수도 있고, 1인 선실에서 잠자기 전에 게임을 즐길 수도 있어요.

실험이 일상 업무

하모니 노드
세계 여러 나라의 과학 실험실을 연결하고 전기를 공급해요.

기보
일본의 실험 모듈로 일본에서 제작한 첫 번째 유인 우주 장비예요.

콜럼버스 연구실
유럽의 첫 우주 연구 설비로 2008년에 결합됐어요.

데스티니 연구실
2001년에 설치돼 미국의 생명과학과 자연과학 실험, 지구 관찰에 사용됐어요.

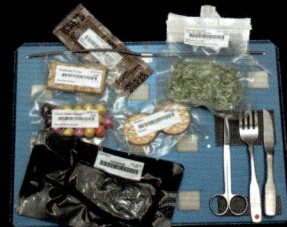

자력이 있는 식판

까다로운 식사

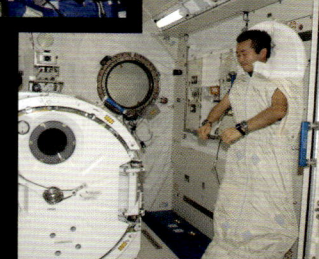

벽에 고정된 침대

열 제거 방열기
각 방열기에는 길이 15미터에 달하는 7개의 패널이 있어요. 암모니아는 일련의 튜브들을 통과하며 전기 장치들로부터 열을 모으고, 방열기는 수집한 열을 우주로 방출해요.

즈베즈다 비행사 구역
초기 모듈 가운데 하나로 처음에는 비행사들의 생활 공간으로 사용됐어요.

퀘스트 에어록
우주복과 장비를 보관해요. 퀘스트의 옆 구역은 우주비행사들이 우주로 나가거나 우주에서 들어오는 곳이에요.

열 제어용 펌프 모듈
과도한 열을 내보내고 여러 장비들의 열을 식혀요.

국제우주정거장(ISS) **155**

향한 여정

우리는 어디에 있을까?

그동안 보이저 1호와 2호는 태양계에 대한 많은 정보를 알려 주었어요. 현재 두 탐사선 모두 태양계를 벗어났고, 미지의 영역을 지나며 얻은 데이터를 보내고 있죠. 미래에는 사람들이 태양계를 넘어 은하를 샅샅이 탐사하거나 심지어 지구를 떠나서 살 수 있는 다른 천체를 발견할 거예요.

퀘이사(GB 1428+4217)

불규칙은하(NGC 65)

외계 행성

별(TYC 3203-450-1)과 은하(NGC 7250)

구상성단(M13)

펄사(돛자리)

우주의 퍼즐

인류가 아직 다른 은하에 직접 갈 수는 없지만, 끊임없이 발전하는 망원경을 사용해 관찰할 수는 있어요. 2021년 발사된 제임스웹 우주망원경은 허블 우주망원경(40~41쪽을 보세요)보다 7배나 강력한 반사경을 가지고 있죠. 천문학자들은 제임스웹 우주망원경으로 원시 우주의 별과 은하, 먼 우주에 있는 별의 탄생과 죽음 등을 관찰할 수 있을 것으로 기대해요. 과학자들은 우주가 우주선으로 따라잡을 수 없을 만큼 빠른 속도로 팽창하고 있다거나 빛도 삼켜 버리는 블랙홀이 존재한다는 등의 기가 막힌 생각들도 해냈어요. 앞으로도 과학자들은 끊임없이 기술을 발전시키며 이런 생각들을 확인해 나갈 거예요.

끝없는 탐색

우리 태양은 언젠가 지구를 우주에서 사라지게 할 만큼 엄청나게 팽창하며 긴 여정을 마칠 거예요. 그래서 인류는 외계 생명체나 지구를 떠나 살 수 있는 천체를 찾고 있죠. SF 작가인 아서 C. 클라크는 "나는 때때로 우리 인류가 우주의 유일한 생명체라고 생각해요. 또한, 때때로 그렇지 않다고 생각해요. 그런데 실은 어느 쪽이 사실이든 매우 충격적인 일이라 할 수 있어요"라는 글을 남겼어요.

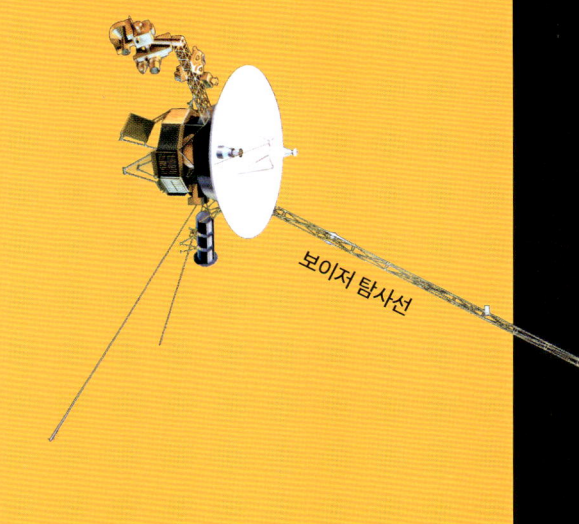

보이저 탐사선

우리는 어디에 있을까? **159**

보이저 우주탐사선의 여정

우주 기술

보이저 1호와 2호는 지구에서 발사된 어떤 우주선보다 먼 우주에 있어요. 목성의 위성인 이오의 화산, 토성 고리의 구조 등 중요한 발견을 한 보이저 1호는 성간우주에 도달했어요. 크기가 자동차만 한 두 탐사선은 골동품 수준의 전자 장비와 엔진으로도 우주를 헤쳐 나가며 중요한 데이터를 지구에 계속 보내고 있죠.

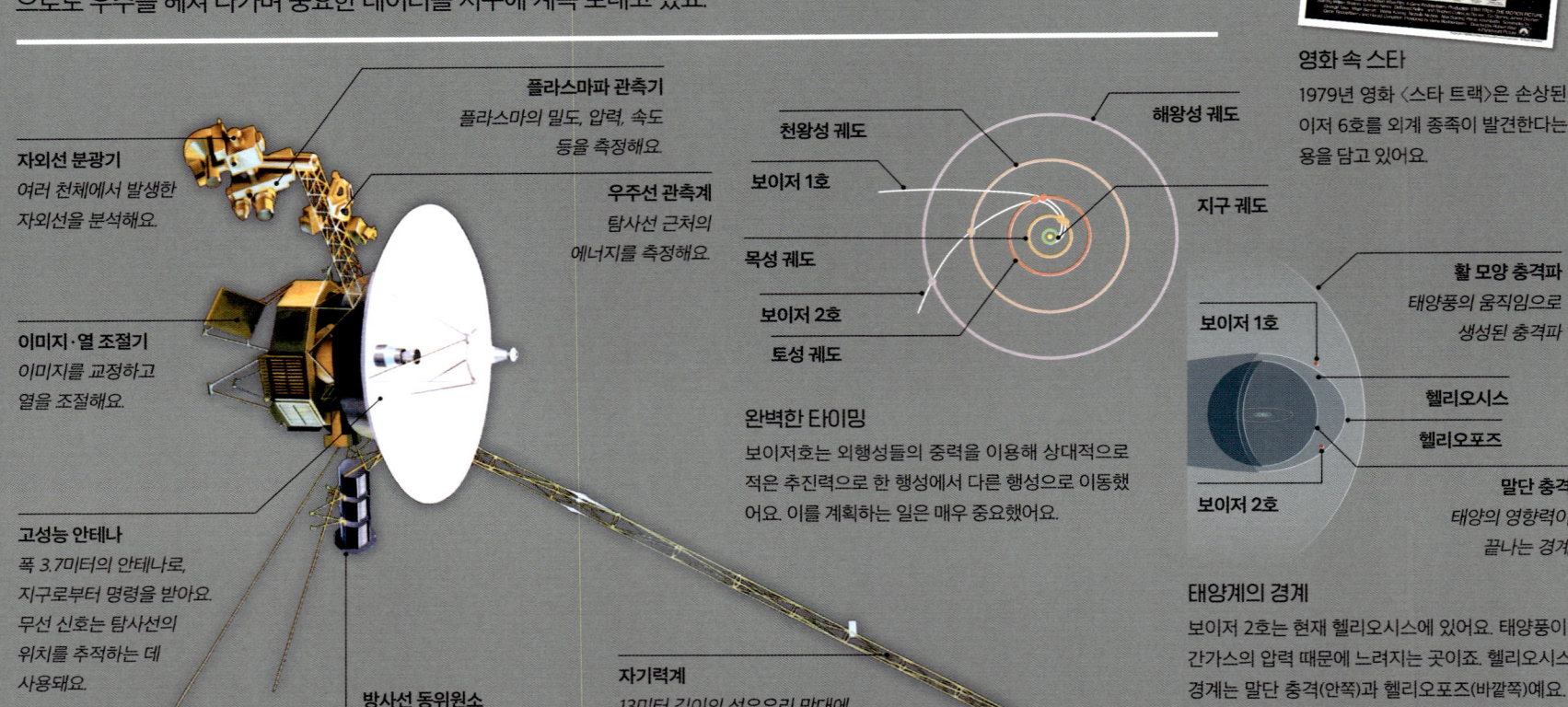

영화 속 스타
1979년 영화 〈스타 트렉〉은 손상된 보이저 6호를 외계 종족이 발견한다는 내용을 담고 있어요.

자외선 분광기
여러 천체에서 발생한 자외선을 분석해요.

플라스마파 관측기
플라스마의 밀도, 압력, 속도 등을 측정해요.

우주선 관측계
탐사선 근처의 에너지를 측정해요.

이미지·열 조절기
이미지를 교정하고 열을 조절해요.

고성능 안테나
폭 3.7미터의 안테나로, 지구로부터 명령을 받아요. 무선 신호는 탐사선의 위치를 추적하는 데 사용돼요.

방사선 동위원소 열전 발전기
방사능 물질에서 얻은 전류를 탐사선에 공급해요.

자기력계
13미터 길이의 섬유유리 막대에 달린 자기력계들이 자기장을 감지해요.

행성 전파천문학 기기와 플라스마파 안테나
행성계에서 발생한 전파들을 감지하고 플라스마파를 측정해요.

천왕성 궤도 / 해왕성 궤도 / 보이저 1호 / 지구 궤도 / 목성 궤도 / 보이저 2호 / 토성 궤도

완벽한 타이밍
보이저호는 외행성들의 중력을 이용해 상대적으로 적은 추진력으로 한 행성에서 다른 행성으로 이동했어요. 이를 계획하는 일은 매우 중요했어요.

보이저 1호 / 보이저 2호

활 모양 충격파
태양풍의 움직임으로 생성된 충격파

헬리오시스
헬리오포즈

말단 충격
태양의 영향력이 끝나는 경계

태양계의 경계
보이저 2호는 현재 헬리오시스에 있어요. 태양풍이 성간가스의 압력 때문에 느려지는 곳이죠. 헬리오시스의 경계는 말단 충격(안쪽)과 헬리오포즈(바깥쪽)예요. 보이저 1호는 헬리오포즈를 지나 성간우주에 진입했어요.

쌍둥이 탐사선
보이저 1호와 2호는 똑같은 모양으로 설계됐어요. 1977년에 발사된 두 우주탐사선은 예상을 훌쩍 뛰어넘어 여전히 힘차게 나아가고 있죠. 각 탐사선의 컴퓨터 메모리 용량은 겨우 64킬로바이트예요. 오늘날 스마트폰은 보이저 우주탐사선보다 20만 배 더 뛰어난 메모리를 가지고 있어요.

골든 레코드
보이저 1호와 2호 외부에는 골든 레코드가 설치돼 있어요. 지구의 생명체와 문명을 보여 주는 소리와 이미지가 담겨 있죠.

탐사 경로

보이저 1호와 2호의 최초 목적은 목성과 토성 탐험이었어요. 그 뒤 임무는 늘어났고 경로가 달라졌죠. 보이저 2호는 천왕성과 해왕성을 탐사했어요. 두 탐사선 모두 태양계의 끝을 날고 있어요.

1977년 8월 20일	1977년 9월 5일	1979년 3월 5일	1979년 7월 9일	1980년 11월 9일	1981년 8월 25일	1986년 1월 24일
보이저 2호 발사	보이저 1호 발사	보이저 1호 목성 접근	보이저 2호 목성 접근	보이저 1호 토성, 타이탄 접근	보이저 2호 토성, 위성들 접근	보이저 2호 천왕성 접근

고성능 안테나 제작

보이저 우주탐사선 시험 모델

보이저 2호 조립

타이탄 III 로켓에 실어 보이저 1호 발사

프로젝트 수립
보이저 탐사선은 NASA 제트추진연구소에서 제작했어요. 처음에는 두 탐사선을 각각 매리너 11호와 12호라 불렀어요.

기록 과정

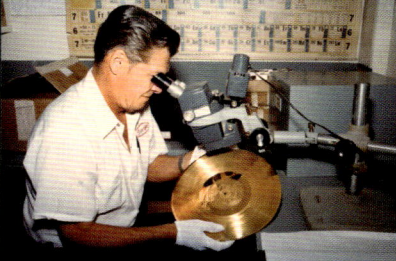
도금 과정

레코드에 저장된 그림 중 하나

보이저 우주탐사선에 장착

골든 레코드 제작
골든 레코드는 보호용 알루미늄 재킷에 넣었어요. 표면의 기호들은 탐사선이 어디에서 왔고, 레코드를 어떻게 재생할 수 있는지 설명해요.

목성과 목성의 위성 이오와 유로파

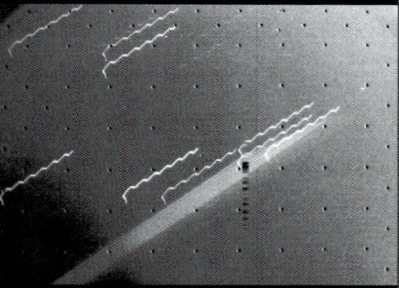
목성 고리의 첫 번째 증거

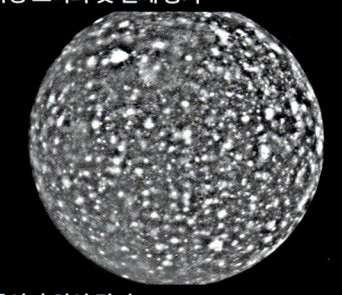
목성의 위성 칼리스토

태양계 사진

보이저 1호의 활약
보이저 1호는 이오에서 활화산을 발견했고, 토성 고리를 찍은 최초의 고해상도 이미지를 보냈어요. 또한 6개의 태양계 행성이 담긴 사진을 보내왔어요.

목성의 위성 가니메데

천왕성 고리

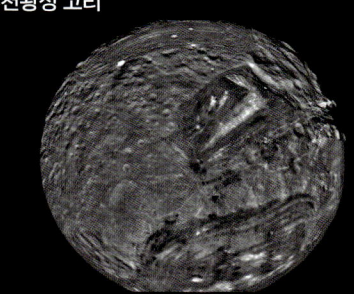
천왕성의 위성 미란다

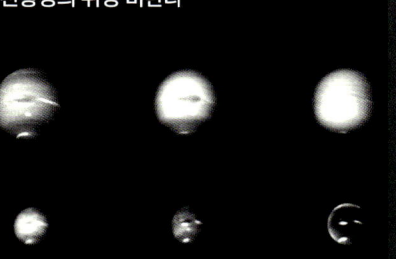
해왕성의 모습들

보이저 2호의 활약
보이저 2호는 목성과 토성의 위성들에 대한 수많은 관찰 결과를 보냈고, 천왕성과 해왕성의 유일한 확대 사진들을 보냈어요.

1989년 8월 25일
보이저 2호
해왕성 접근

1989년 10월 10일, 12월 5일
보이저 2호
전력 감소를 위해 카메라 정지

1990년 2월 14일
보이저 1호
전력 감소를 위해 카메라 정지

1998년 2월 17일
보이저 1호
인류가 만든 물체 가운데 지구에서 가장 먼 곳에 도달

2004년 12월 16일
보이저 1호
헬리오시스 진입

2007년 8월 30일
보이저 2호
헬리오시스 진입

2012년 8월 25일
보이저 1호
성간우주 진입

은하의 유형

은하

보이저 우주탐사선은 인류가 만든 물체 중에 처음으로 우리 은하를 가로지르며 태양계 밖으로 나갔어요. 태양계의 엄청난 크기에 감탄하다 보면, 자칫 태양이 우리 은하에 있는 4,000억 개의 별 중 하나라는 사실을 잊곤 해요. 더욱 놀라운 사실은 우리 은하가 중간 크기만 한 은하이고, 우주에는 수십억 또는 수조 개의 은하가 있다는 거예요.

보이지 않는 은하
2016년, 허블 울트라딥필드 이미지를 분석한 천문학자들은 우주에 2조 개의 은하가 있을지 모른다고 생각했어요. 우주에 있는 은하 90퍼센트는 아직 연구되지 않았다는 뜻이에요.

빠르게 이동하는 은하
에리다누스자리에 있는 NGC1472A는 지구에서 약 7,100만 광년 떨어진 왜소 불규칙은하예요. 이 은하는 58개의 은하가 모여 이루어진 화로자리 은하단의 중심으로 빠르게 움직이죠. 다른 은하들의 중력 때문에 이런 모양을 하고 있어요.

불규칙은하

무질서한 은하들
불규칙은하는 모양이 뚜렷하지 않아요. 불규칙은하 가운데는 다른 은하를 통과하면서 모양이 바뀌는 은하들도 있죠. 불규칙은하의 비중은 5퍼센트 정도예요. 불규칙은하들에는 늙은 별과 젊은 별이 섞여 있는데, 종종 크기가 매우 작아요.

희귀한 청색 은하
켄타우루스자리에 있는 NGC5253은 지구에서 약 1,200만 광년 떨어진 청색 밀집 왜소은하예요. 이런 은하들에는 원시 우주에서 맨 처음으로 별을 형성한 분자구름들과 비슷한 분자구름이 있어요.

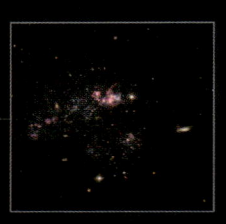

별들의 고향
큰곰자리에 있는 UGC4459는 대략 수십억 개의 별들로 이루어져 있으며, 특히 젊은 별과 늙은 별이 많아요. 이 작은 은하는 지구에서 약 1,100만년 떨어져 있어요.

타원은하

늘여 놓은 원
가장 큰 은하들은 타원은하예요. 가끔 거의 원형에 가깝거나 튜브 모양이지만, 대개 달걀처럼 타원형이죠. 타원은하는 대개 중심부 근처에 많은 별들이 모여 있고 가스나 먼지가 거의 없어 새로운 별들이 만들어지지 않아요.

은하 충돌
컵자리에 있는 NGC3597은 2개의 커다란 은하가 충돌해 만들어졌어요. 느린 속도로 거대한 타원은하가 되고 있지요. 지구에서 약 1억 5,000만 광년 떨어져 있어요.

하늘의 밝은 빛
M87은 지구에서 보이는 거대한 은하예요. 중심부에서 오른쪽으로 뻗어 가는 모양을 천문학자들은 '제트'라고 부르는데, 약 5,000광년 크기예요. 처녀자리에 있는 M87은 지구에서 5,300만 광년 떨어져 있어요.

몇몇 타원은하에는 태양보다 70억 배나 **무거운** 블랙홀들이 있어요.

나선은하

소용돌이 모양의 별들

은하수를 포함해 은하의 약 20퍼센트가 나선은하예요. 회전하는 평평한 원반 모양이지만, 중심부가 부풀어 있고 적어도 2개의 기다란 나선 팔이 바깥쪽을 향해 있죠. 나선은하 중에서도 중심부가 길게 늘어져 막대 모양인 은하는 '막대나선은하'라고 해요. 나선 팔의 회전 움직임은 새로운 별들을 생성하는 파동을 만들어요.

빛나는 원반
정확히 옆에서 본다면, 중심부의 좀 더 강한 빛과 더불어 평평한 모양의 은하를 모두 볼 수 있어요. ESO 121-6은 화가자리에 있어요.

외로운 은하
대부분의 은하는 모여 있어요. 그러나 NGC 6503은 우주 공간의 끝부분에 홀로 있죠. 이곳은 용자리 쪽으로, 지구에서 약 1,800만 광년 떨어져 있어요. 밝은 푸른색 지역들에는 새로 태어난 별들이 있어요.

바람개비은하
메시에 83은 1700년대 천문학자 샤를 메시에가 만든 빛나는 천체 목록에서 83번째에 있어요. 남쪽 바람개비은하라고도 해요. 바다뱀자리에 있으며, 지구에서 약 1,500만 광년 떨어져 있어요.

막대나선은하
거대한 막대나선은하인 NGC 1300은 에리다누스자리의 끝부분에 있으며, 지구에서 약 7,000만 광년 떨어져 있어요. 중심부의 지름은 약 3,000광년이며, 중심부에 매우 무거운 블랙홀이 있다고 추측돼요.

Sa / SBa

Sb / SBb

Sc / SBc

나선은하 　 막대나선은하

나선은하의 유형
위의 그림은 나선 팔의 모양에 따른 나선은하의 유형들이에요.

다양한 모양
렌즈은하는 얇은 원반과 볼록한 모양이 특징이지만 나선 구조는 아니에요. NGC 2787은 막대렌즈은하예요. 큰곰자리에 있으며, 지구에서 약 2,500만 광년 떨어져 있어요.

은하수

은하

우리 은하, 즉 은하수는 성간 가스와 먼지를 밝히는 거대한 별들의 나선 팔들로 이루어져 있어요. 중심을 도는 데 무려 2억 3,000만 년이 걸리죠. 과학자들은 은하수 중심부에 태양보다 400배 더 크고 무거운 블랙홀 궁수자리 A가 있다는 사실을 알고 있어요. 궁수자리 A는 수천 개의 블랙홀을 거느리고 있을지도 몰라요.

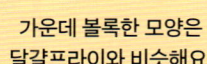

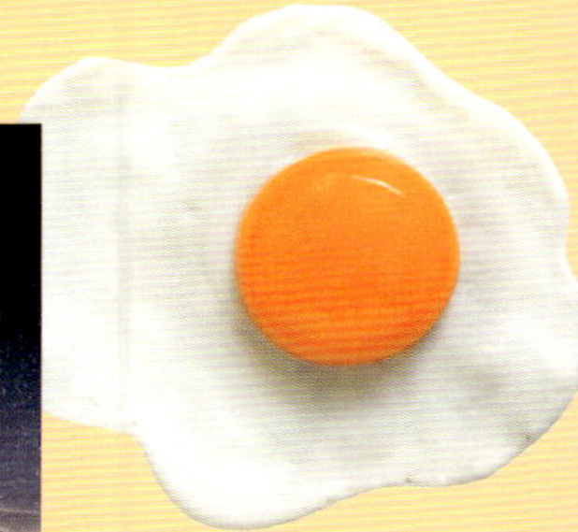

달걀 모양의 은하
지구에서 볼 수 있는 은하수의 모양은 북반구와 남반구 가운데 어디 있는지에 따라 달라요. 은하수와 다른 나선은하들은 마치 달걀프라이 2개를 위아래로 붙여 놓은 것처럼 생겼죠.

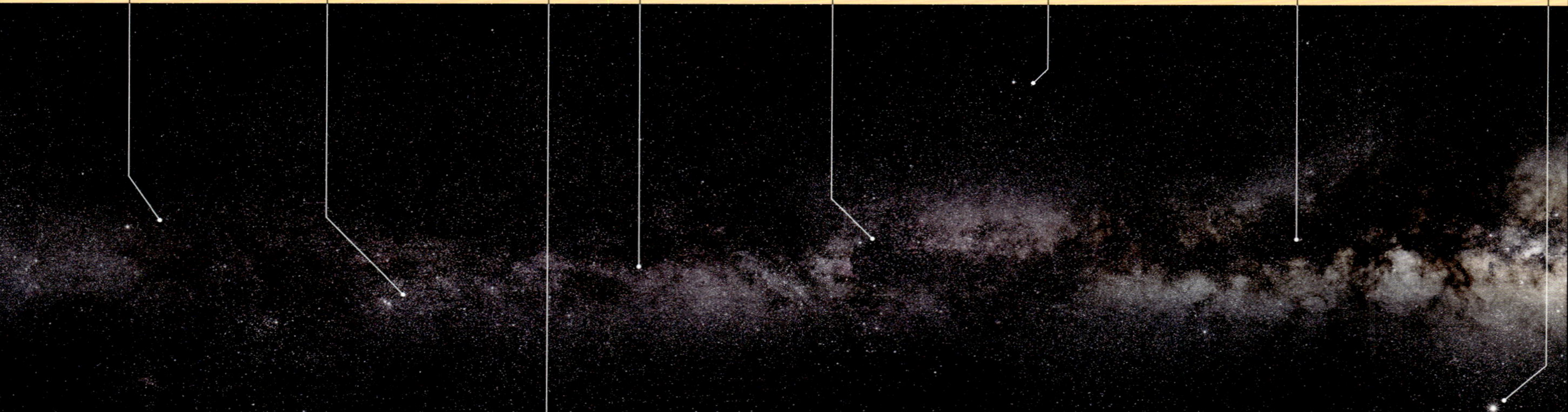

가운데 볼록한 모양은 달걀프라이와 비슷해요.

플레이아데스
이 밝은 성단은 북극은 물론 지구상 어느 곳이든 볼 수 있어요.

NGC 7789
발견자인 캐럴라인 허셜의 이름을 따서 '캐럴라인의 장미'라고도 부르는 산개성단이에요.

안드로메다 은하
은하수와 가장 가까이에 있는 은하예요(169쪽을 보세요).

태양
은하수 중심에서 약 2만 7,000광년 떨어져 있으며, 궁수자리 팔의 한 가지 위에 있어요.

백조자리 알파성
데네브라고도 해요. 푸른색의 밝은 별로 매우 커요.

직녀성
푸르고 하얀 별이에요. 태양과 가까운 별로 겨우 25억 광년 떨어져 있어요.

거대한 균열
어두운 먼지구름으로 은하수의 밝은 부분을 길게 가로질러요.

NGC 6822
막대불규칙은하이며, 거품은하로도 알려져 있어요. 은하수와 가까워요.

은하

은하수는 막대나선은하(163쪽을 보세요)예요. 4개의 나선 팔(직각자리 팔, 궁수자리 팔, 페르세우스자리 팔, 방패-켄타우르스자리 팔)이 있죠. 대부분의 별이 이곳에서 생겨났어요(170쪽을 보세요). 그중에서도 페르세우스자리 팔과 방패-켄타우르스자리 팔에서 많은 별들이 생성됐죠. 태양은 오리온자리 팔에 있어요. 은하수 원반의 지름은 10만 광년이며, 중앙 막대의 크기는 약 2만 7,000광년이에요.

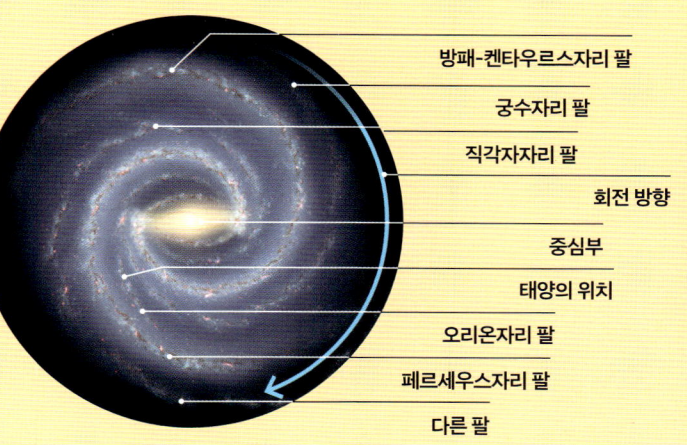

- 방패-켄타우르스자리 팔
- 궁수자리 팔
- 직각자리 팔
- 회전 방향
- 중심부
- 태양의 위치
- 오리온자리 팔
- 페르세우스자리 팔
- 다른 팔

위에서 본 은하수

칠레의 라스캄파나스 천문대

뉴멕시코의 아파치포인트 천문대

은하수 관찰
라스캄파나스 천문대는 거대한 마젤란 망원경을 보유하고 있어요. 마젤란 망원경을 사용하면 은하수 전체를 이전보다 훨씬 상세하게 관찰할 수 있죠. 아파치포인트 천문대에서는 은하 진화 실험을 통해 중심부 별들을 관찰하며 초기 은하에 대해 알아내고 있어요.

소마젤란은하
왜소불규칙은하로 남반구에서 볼 수 있어요.

NGC 3201
이 성단에는 태양보다 4배 무거운 블랙홀이 있어요.

대마젤란은하
막대불규칙은하로 은하수와 세 번째로 가까운 은하예요.

M79
구상성단으로 우리 은하에서 가장 오래된 별들 일부가 속해 있어요.

중심 팽대부
은하의 중심부는 늙은 별, 가스, 먼지 등으로 이루어져 있으며, 둥근 모양을 하고 있어요.

알파센타우리
태양계와 가장 가까운 항성계예요. 이 항성계에는 프록시마 켄타우리라는 별과 이 별을 공전하는 행성이 있어요.

카노푸스
용골자리 알파라고도 부르는 별로 밤하늘에서 두 번째로 밝은 별이에요.

오리온성운
지구에서 가장 밝게 보이는 2개의 별 베텔게우스와 리겔이 속해 있어요.

은하 유형: 막대나선은하
별자리: 궁수자리
그룹: 국부 은하군
나이: 136억 년
크기: 지름 10만 광년
별의 개수: 약 4,000억 개

은하수의 중심

허블 우주망원경이 144번 공전하는 동안 찍은 2,304개의 이미지를 결합한 사진이에요. 과학자들은 허블의 근적외선 카메라와 다목적 분광계를 사용해 얻은 이미지를 적외선 천문 카메라를 사용하는 스피처 우주망원경으로 얻은 이미지와 결합했죠. 300광년 크기의 하얀 핵은 소용돌이치는 이온화 가스에 둘러싸여 있어요. 가시광선만 사용한다면 그 중심 핵은 먼지구름에 가려 잘 보이지 않겠지만, 적외선은 먼지구름을 관통할 수 있어요.

이웃 은하

은하

대부분의 은하는 서로 무리 지어 있어요. 우리 은하는 국부 은하군을 구성하는 30개 이상의 은하 가운데 하나예요. 은하들은 사이가 좋지는 않아요. 우리 은하는 자신보다 훨씬 작고 힘이 약한 마젤란은하 일부를 빨아들이고 있어요. 반면에 안드로메다은하는 우리 은하를 향해 돌진하고 있어요.

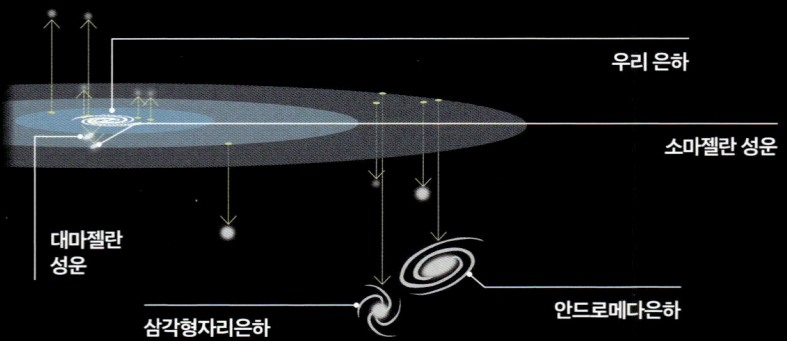

국부 은하군
주로 왜소은하들이 속해 있어요. 아래 지도는 몇몇 은하 또는 그들과 가까운 은하의 위치를 보여 주죠. 우리 은하와 안드로메다은하의 질량은 두 은하가 속한 국부 은하군의 질량에서 절반 이상을 차지해요.

삼각형자리은하

나선은하

삼각형자리은하의 중심부에는 매우 무거운 블랙홀이 존재하는 것 같지는 않아요. 이 은하는 엄청난 양의 이온화 수소를 가진 일종의 별 공장으로 새로운 별들을 만들죠. 새로 생성된 별은 온도가 4만 도 정도로 매우 뜨거워요.

하늘의 바람개비
지구에서 300만 광년 떨어진 삼각형자리은하는 국부 은하군에서 세 번째로 커요. 이 은하는 맨눈으로 볼 수 있는 천체 가운데 가장 멀어요. 이 은하에서 새로 생성된 가장 큰 별들은 태양보다 120배나 무거워요.

- **다른 이름:** M33 또는 NGC 598
- **은하 유형:** 나선은하
- **별자리:** 삼각형자리
- **그룹:** 국부 은하군
- **크기:** 지름 6만 광년
- **별의 개수:** 약 400억 개

- **대마젤란은하** 지구에서 16만 3,000광년 떨어져 있어요.
- **소마젤란은하** 지구에서 20만 광년 떨어져 있어요.
- **은하수** 은하수는 양쪽 성운들로부터 가스를 빨아들이며 모양을 망가뜨려요.

연약한 은하
소마젤란은하와 대마젤란은하 모두 남반구에서 맨눈으로 볼 수 있어요. 두 은하에는 별이 생성되는 지역이 있으며, 아주 먼 훗날 은하수와 충돌할 수도 있어요.

마젤란은하

왜소불규칙은하

두 왜소은하의 크기가 각각 지름 1만 4,000광년과 7,000광년인 것으로 보아 원시 나선은하가 우리 은하의 강력한 중력에 잡아당겨져 둘로 나뉘었어요. 두 왜소은하는 우리 은하보다 많은 수소와 헬륨을 갖고 있는 반면, 금속 원소는 적죠. 대마젤란은하는 타란툴라성운의 고향이기도 해요.

가장 가까운 이웃
소용돌이 모양의 푸르고 희고 아름다운 고리들에서 별이 만들어져요. NASA 갈렉스 우주망원경이 안드로메다은하를 찍은 거예요.

중심부
밝은 고리 모양의 늙고 차가운 붉은색 별들이 원반 모양의 젊고 뜨거운 푸른색 별들을 에워싸고 있어요. 거대한 블랙홀 주위를 소용돌이치며 빙빙 돌아요.

쌍성의 모습
안드로메다은하 중심부에 있는 쌍성이에요. 쌍성은 서로 회전하는데, 하나는 일반적인 별이고, 다른 하나는 중성자별 아니면 블랙홀이에요.

일그러진 은하(붉은색 줄)의 헤일로

매우 멀리 있는 은하수의 헤일로

은하 헤일로
안드로메다은하 주변에는 별들의 구름이 있어요. 과학자들은 허블 우주망원경으로 3분의 1 정도가 대략 60~80억 년 전에 생성된 젊은 별들이라는 사실을 알아냈죠.

안드로메다은하

나선은하

이 은하는 은하수보다 2배 이상 크고, 별이 1조 개예요. 작은 은하들을 끌어당기며 초당 1억 2,000만 킬로미터의 속도로 우리 은하를 향해 돌진하고 있죠. 약 40억 년 후에 우리 은하와 만날 거예요. 안드로메다은하의 중심부에는 거대한 블랙홀이 있으며, 그 외에도 최소 20개의 블랙홀이 더 있어요.

다른 이름: M31 또는 NGC 224
은하 유형: 나선은하
별자리: 안드로메다자리
그룹: 국부 은하군
크기: 지름 26만 광년
별의 개수: 약 1조 개

주계열성
별들은 평생 수소 융합을 통해 에너지를 방출해요. 우주에 있는 별 가운데 90퍼센트가 이런 주계열성이에요. 현재의 태양은 주계열 단계에서 G2 황색왜성으로 분류돼요.

주계열성인 태양은 100억 년 후에 적색거성이 될 거예요.

적색거성
작은 주계열성에서 수소 융합에 사용할 수소가 부족해지면, 핵이 작아지기 시작하고, 내부 물질은 열로 바뀌죠. 열이 바깥쪽으로 흐르면서 수소 융합이 다시 시작되면, 별의 각 층이 가열되며 팽창해요. 열이 퍼져 나가면서 온도는 낮아지고 별은 적색거성으로 더욱 붉게 빛나요.

별 공장
별들은 지구에서 7,500광년 떨어진 용골자리성운 같은 거대한 가스와 먼지구름 속에서 생성돼요. 물질과 가스는 굳게 뭉쳐 단단하고 밀도 높은 중심핵을 형성하죠. 중심핵이 충분히 뜨거워지면, 핵융합이 시작되고 별이 태어나요.

행성상성운
적색거성의 핵 온도는 수소 융합으로 생성된 헬륨이 탄소로 융합될 수 있을 때까지 상승해요. 헬륨이 모두 떨어지면, 융합 과정도 멈춰요. 별은 중력 때문에 붕괴되고, 질량을 잃고, 행성상성운인 헬릭스성운(오른쪽)처럼 바깥층들이 우주로 떨어져 나가요.

백색왜성
매우 작고 뜨거운 백색왜성은 중소형 주계열성의 마지막 단계예요. 잔해물이 수축돼서 한 숟가락 분량의 무게가 무려 15톤에 달할 만큼 밀도가 높죠. 백색왜성은 수십억 년 동안 식다가 결국 빛을 잃어요.

별의 일생

별의 주기

별은 중력이 핵융합에 충분한 조건을 만들 만큼 충분한 먼지, 수소, 헬륨을 끌어모았을 때 탄생해요. 별은 무거울수록 더 빨리 타버리고 작을수록 훨씬 오래 빛나요. 결국 모든 별은 융합에 사용할 연료를 모두 소비하고 삶을 마치죠. 이때 종종 팽창하며 거대한 폭발이 일어나기도 해요.

하늘의 '별'
동방박사들의 길잡이가 된 베들레헴의 별이 행성, 혜성 또는 초신성이었을 거라 생각하는 사람들도 있어요.

거대한 별
매우 활동적인 별 공장에서는 일반적인 주계열성보다 20~30배 무거운 별이 생성돼요. 왼쪽은 태양보다 20배 이상 무거운 볼프-레예 별 124예요.

적색초거성
수소를 모두 사용한 거대한 별은 적색초거성이 돼요. 이후, 철이 핵에 쌓일 때까지 좀 더 무거운 원소들을 사용해 융합 반응을 지속하는데, 이 기간은 겨우 100만 년 정도예요.

중성자별
중성자별은 거대한 별이 초신성으로 수명을 다할 때 생성될 수 있어요. 중성자별의 크기는 도시 정도지만 밀도는 매우 높아요. 한 숟가락 분량의 무게가 무려 40억 톤이나 돼요.

블랙홀
별의 잔해가 좀 더 무거울 때는 중력이 모든 것을 지배해요. 별이 초신성으로 폭발한 후, 별의 모든 질량은 한 점으로 모일 수 있죠. 이 경우, 중력이 너무 강해서 빛조차 빠져나갈 수 없어요.

초신성
적색초거성에서 철을 융합하는 과정에는 방출하는 과정보다 더 많은 에너지가 들어요. 이런 초거성은 초신성으로 폭발할 수도 있죠.

밝고 화려한 죽음

초신성으로 폭발하며 수명을 다하는 별들은 화려하게 최후를 맞이해요. 이 이미지는 면사포성운, 백조자리 고리 또는 마녀의 빗자루로 불리는 NGC 6960 초신성 잔해의 한 부분이에요. 수천 년 전에 별이 폭발하며 성운을 만들었는데 당시의 충격파가 시속 230만 킬로미터의 속도로 여전히 이동하고 있어요. 충격파의 크기는 지름 110광년 정도지만, 이 이미지는 1퍼센트 미만의 작은 부분만을 보여 주고 있어요. 화려하게 뒤얽힌 차가운 가스들은 모두 태양보다 20배 컸던 별의 잔해예요.

별빛

별

별의 표면 온도는 색깔로 알 수 있어요. 차가운 별들은 붉은색이에요. 붉은색 별은 종종 너무 희미해서 보이지 않아요. 좀 더 따뜻한 별들은 흰색이에요. 마지막으로 짧은 시간 동안 가장 맹렬히 타오르는 거성들은 푸른색을 띠며 찾기도 쉬워요.

별 관측

천문학자들은 지구에서 보이는 별들의 색깔로 온도, 밝기, 질량 같은 정보를 얻을 수 있어요. 그러나 볼 수 없는 것들도 있죠. 예를 들어 녹색이나 보라색은 볼 수 없으며, 중성자별들은 거의 엑스선만 내뿜어요.

청색별

리겔, 데네브와 같이 가장 밝고 뜨거운 어린 별들은 표면 온도가 무려 약 3만~6만 도나 돼요. 푸르고 흰 별들의 표면 온도는 1만~3만 도예요.

백색별

견우성과 같은 대부분의 백색별은 태양보다 뜨겁고 무거워요. 표면 온도가 약 7,200~9,700도예요. 작고, 흐릿한 백색왜성들이 여기 속해요.

황색별

태양, 알파센타우리 같은 황색별은 표면 온도가 약 4,300~7,200도예요. 이런 황색별은 대부분 태양과 비슷한 크기지만, 개중에는 황색거성들도 있어요.

여러 색깔의 하늘

우리의 눈이 흐릿한 빛을 보고 서로 다른 색깔을 분간하는 데 익숙하지 않기 때문에 별들은 주로 흰색으로 보여요. 천문학자들은 망원경을 사용하면서 별들의 색깔을 쉽게 참고할 수 있도록 분류해 왔어요. 이 사진은 허블 우주망원경으로 얻은 궁수자리 성운의 이미지로, 가장 뜨거운 청색부터 가장 차가운 적색에 이르기까지 색깔의 범위를 보여 줘요.

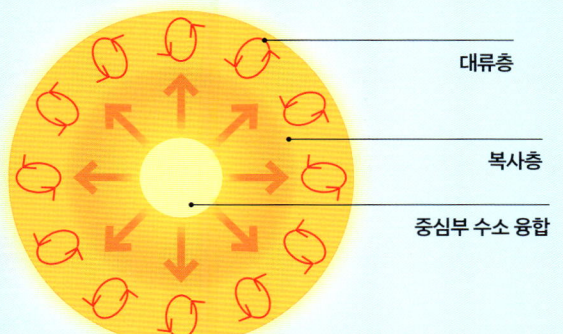

- 대류층
- 복사층
- 중심부 수소 융합

별의 활동

작은 주계열성에서는, 중심핵의 극단적인 온도와 압력에 의해 수소가 헬륨으로 융합되죠. 즉 수소 원자핵 6개가 헬륨-4 원자핵 1개로 융합돼요. 이 과정에서 막대한 에너지가 발생하는데, 이 에너지가 표면을 벗어나 우주로 여행하기까지 수십만 년이 걸려요.

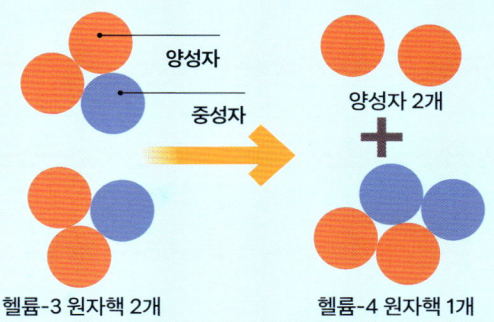

- 양성자
- 중성자
- 헬륨-3 원자핵 2개
- 양성자 2개
- 헬륨-4 원자핵 1개

에너지 생성 과정

태양과 같은 별의 중심핵 내부는 열과 압력이 매우 높아서 양성자들이 서로 세게 충돌해 결합해요. 헬륨-3 원자핵 2개가 서로 충돌하면, 양성자 2개와 중성자 2개로 이루어진 헬륨-4 원자핵 1개와 양성자 2개가 생겨요. 그리고 이 과정에서 에너지가 생성돼 방출되죠.

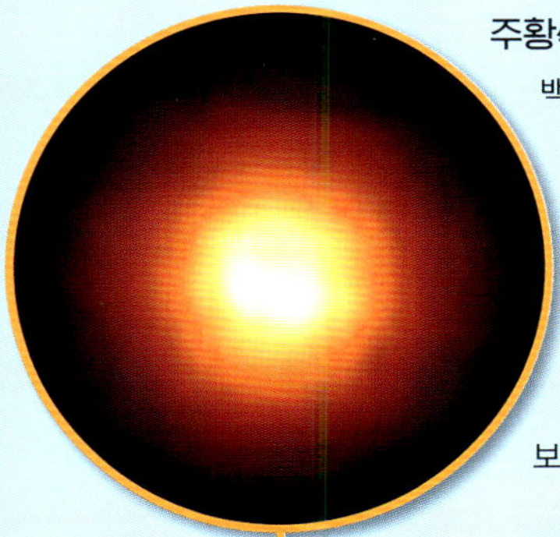

주황색별

백조자리 베타성 알베레오나 베텔게우스처럼 수명이 다해 죽어 가는 별들이에요. 표면 온도는 3,200~4,300도예요. 몇몇 거성을 제외하고 주황색별은 대부분 태양보다 작아요.

적색별

표면 온도가 약 3,200도 이하예요. 미라안타레스와 같이 거대하지만 지구와 멀리 떨어져 죽어 가는 적색거성들이 이런 적색별에 속해요.

은하수에는 별 가운데 **가장 뜨거운 볼프-레예 별**이 **220개** 정도 있다고 알려져 있어요. 물론 더 많을 수도 있어요.

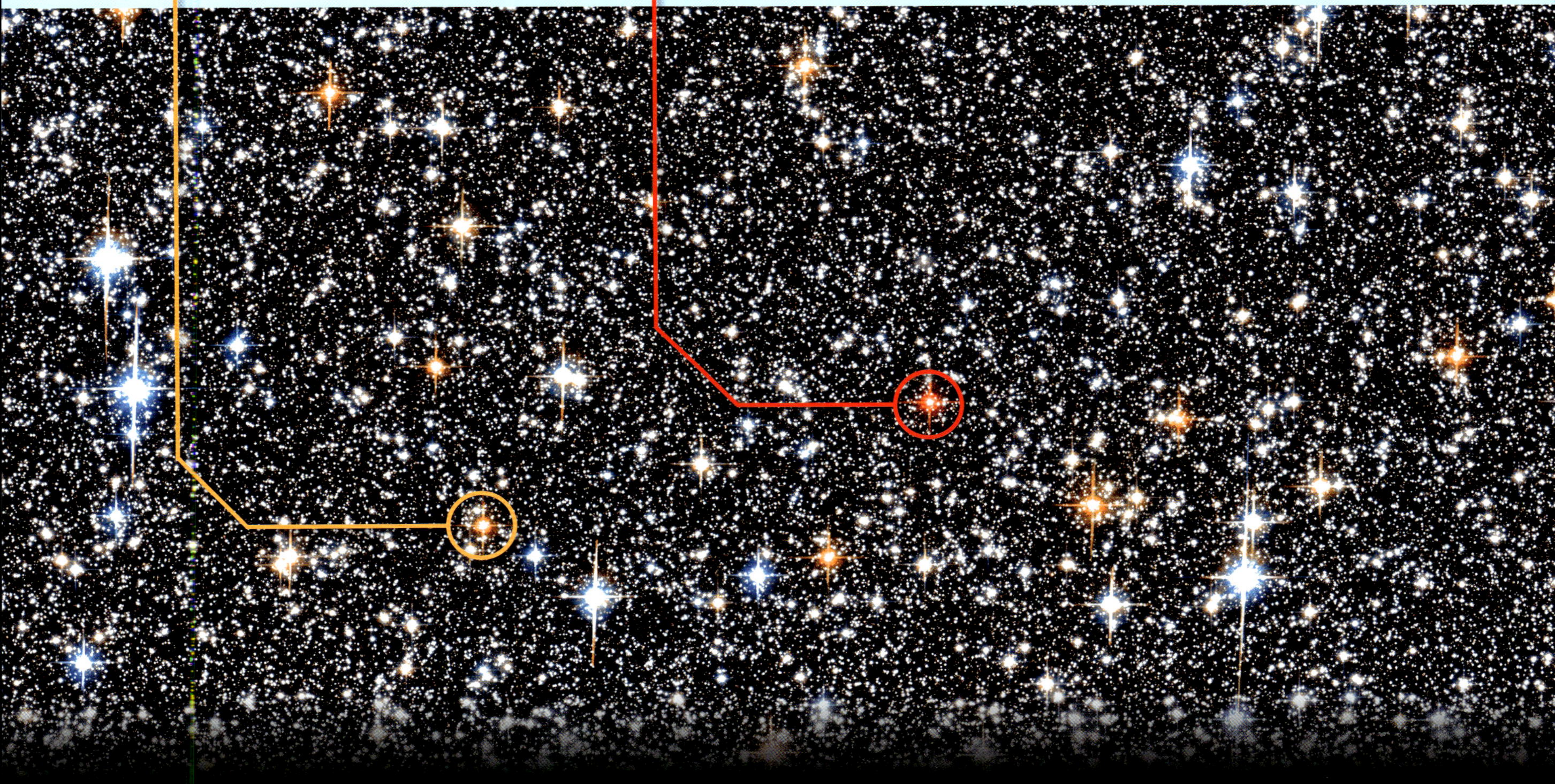

청색초거성
대마젤란은하의 타란툴라성운이에요. 별이 생성되는 매우 큰 지역이죠. 중심부에는 태양보다 수백만 배나 더 밝은 청색초거성들이 있어요. 청색초거성은 짧은 수명을 다한 후, 화려한 초신성 폭발을 일으키며 삶을 끝내요.

경이로운 별

모든 천체는 나름의 이야기를 갖고 있어요. 때론 우리가 아직 알지 못하는 비밀을 간직하고 있기도 해요. 몇몇 별빛은 실제로는 서로 도는 쌍성이에요. 과학자들은 쌍성이 생명체에 적합한 조건을 만드는 데 유리하다고 믿죠. 거대한 초신성의 잔해물인 중성자별은 태양보다 무거워요. 별이 거대한 폭발을 일으켜 붕괴된 후 남겨진 물질을 갖고 있기 때문이에요.

먼지 원반

먼지와 파편 조각들로 이루어진 먼지 원반은 별 주위를 돌아요. 이 먼지 원반들은 행성 형성 과정에서 생긴 잔해물이죠. 외계 행성(190~191쪽을 보세요)을 찾는 천문학자들은 먼지 원반을 찾아요. 행성 또는 먼지 원반을 갖고 있는 것으로 알려진 주계열성은 수천 개가 있어요. 그러나 그런 수천 개의 별 가운데 소수의 별들만이 행성과 먼지 원반 모두를 가지고 있어요.

쌍성과 변광성

태양은 혼자예요. 그러나 많은 경우, 최소 2개의 별이 서로 돌죠. 이런 별들을 쌍성이라고 하는데, 별 가운데 약 80퍼센트가 쌍성이에요. 쌍성에서 가장 밝은 별을 주성이라고 해요. 일부 쌍성은 밝기가 변하는 변광성이에요. 두 별이 매우 가까이 있어서 서로 질량을 교환하거나 한 별이 다른 한 별을 가리기 때문에 일어나는 현상이에요.

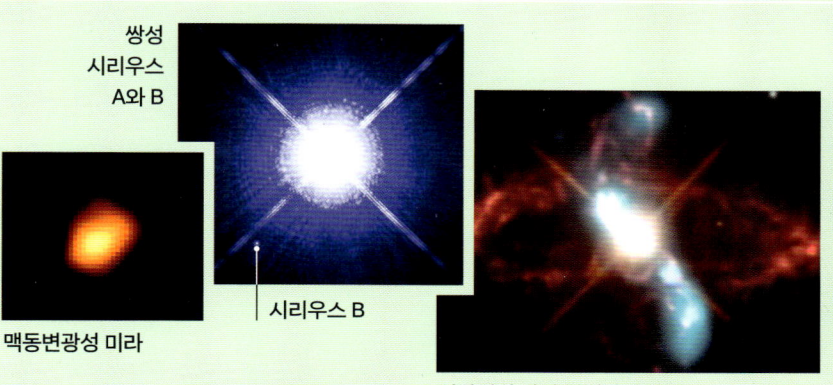

쌍성 시리우스 A와 B

맥동변광성 미라

시리우스 B

변광성인 쌍성 물병자리 R

먼지 원반을 가진 별 HD 32297

중성자별

중성자별은 지름이 최대 30킬로미터 정도로 매우 작아요. 중성자별은 거대한 별이 초신성 폭발로 붕괴할 때 만들어지죠. 양성자와 전자가 서로 하나로 녹아 결합하며 중성자를 생성해요. 그리고 이 중성자들은 서로 단단히 뭉쳐요. 중성자별은 중력파(45쪽을 보세요)가 시공간을 통해 물결치도록 만들어요.

몇몇 중성자별은 매우 강력한 자기장을 가진 마그네타예요.

펄서

빠르게 회전하며 전파를 방출하는 중성자별이에요. 중성자별이 짧고 일정한 주기로 회전함에 따라 전파의 파동 사이에는 정확한 주기가 생겨요. 중성자별의 전파는 지구가 전파 방향으로 충분히 근접했을 때만 관측할 수 있어요.

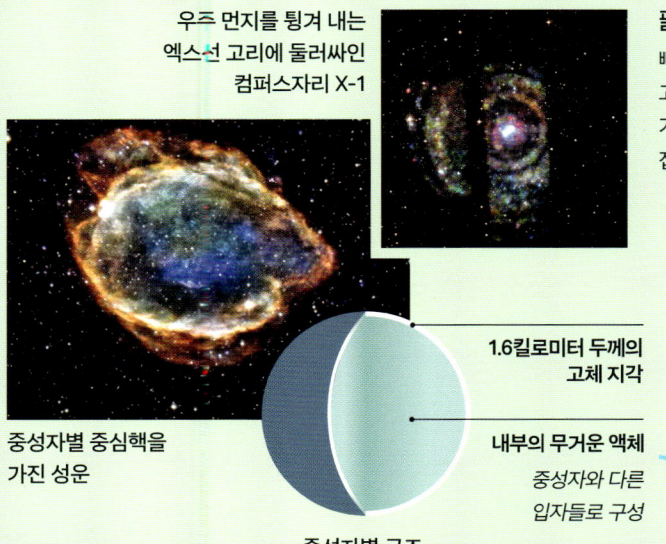

중성자별 중심핵을 가진 성운

우주 먼지를 튕겨 내는 엑스선 고리에 둘러싸인 컴퍼스자리 X-1

중성자별 구조

1.6킬로미터 두께의 고체 지각

내부의 무거운 액체
중성자와 다른 입자들로 구성

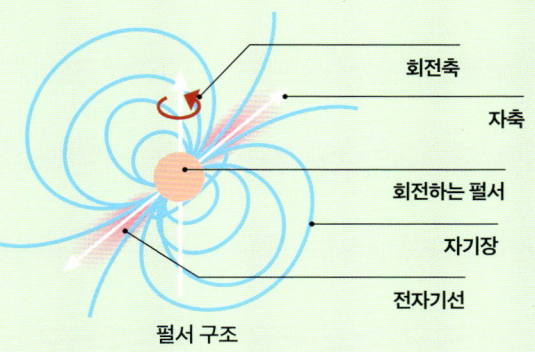

펄서 구조

회전축
자축
회전하는 펄서
자기장
전자기선

매우 젊고 강한 펄서 PSR B1509-58

경이로운 별 **177**

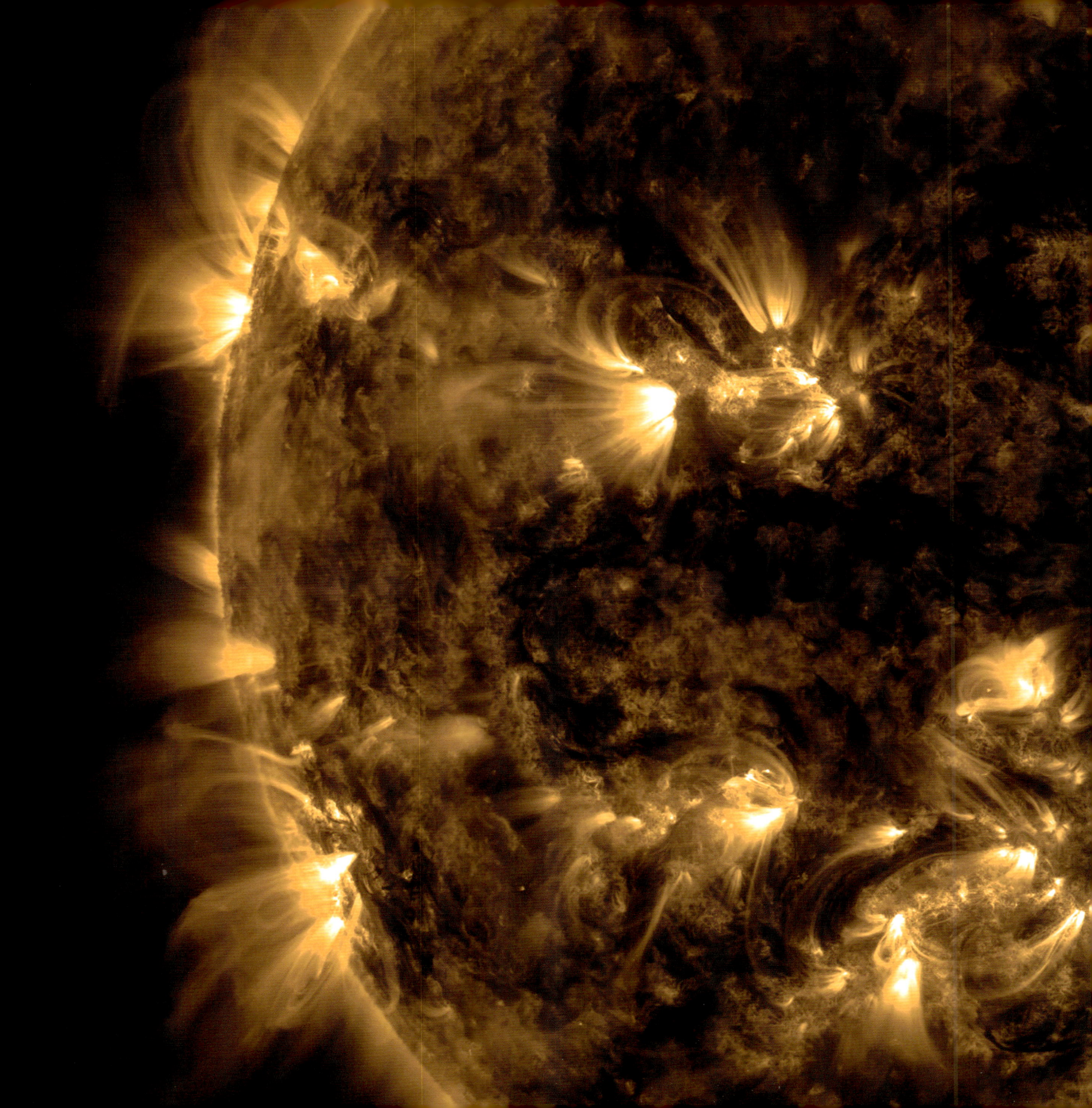

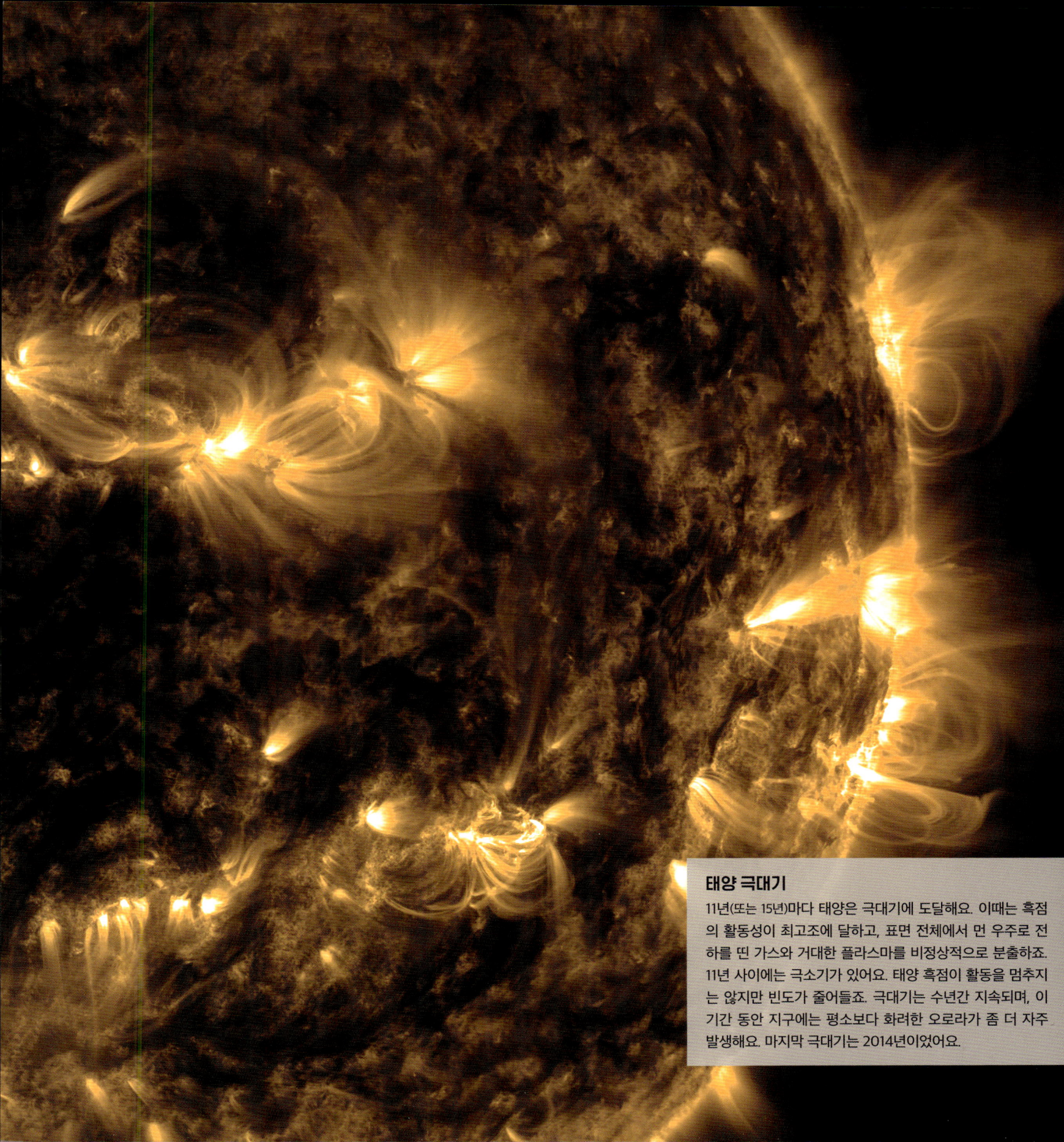

태양 극대기

11년(또는 15년)마다 태양은 극대기에 도달해요. 이때는 흑점의 활동성이 최고조에 달하고, 표면 전체에서 먼 우주로 전하를 띤 가스와 거대한 플라스마를 비정상적으로 분출하죠. 11년 사이에는 극소기가 있어요. 태양 흑점이 활동을 멈추지는 않지만 빈도가 줄어들죠. 극대기는 수년간 지속되며, 이 기간 동안 지구에는 평소보다 화려한 오로라가 좀 더 자주 발생해요. 마지막 극대기는 2014년이었어요.

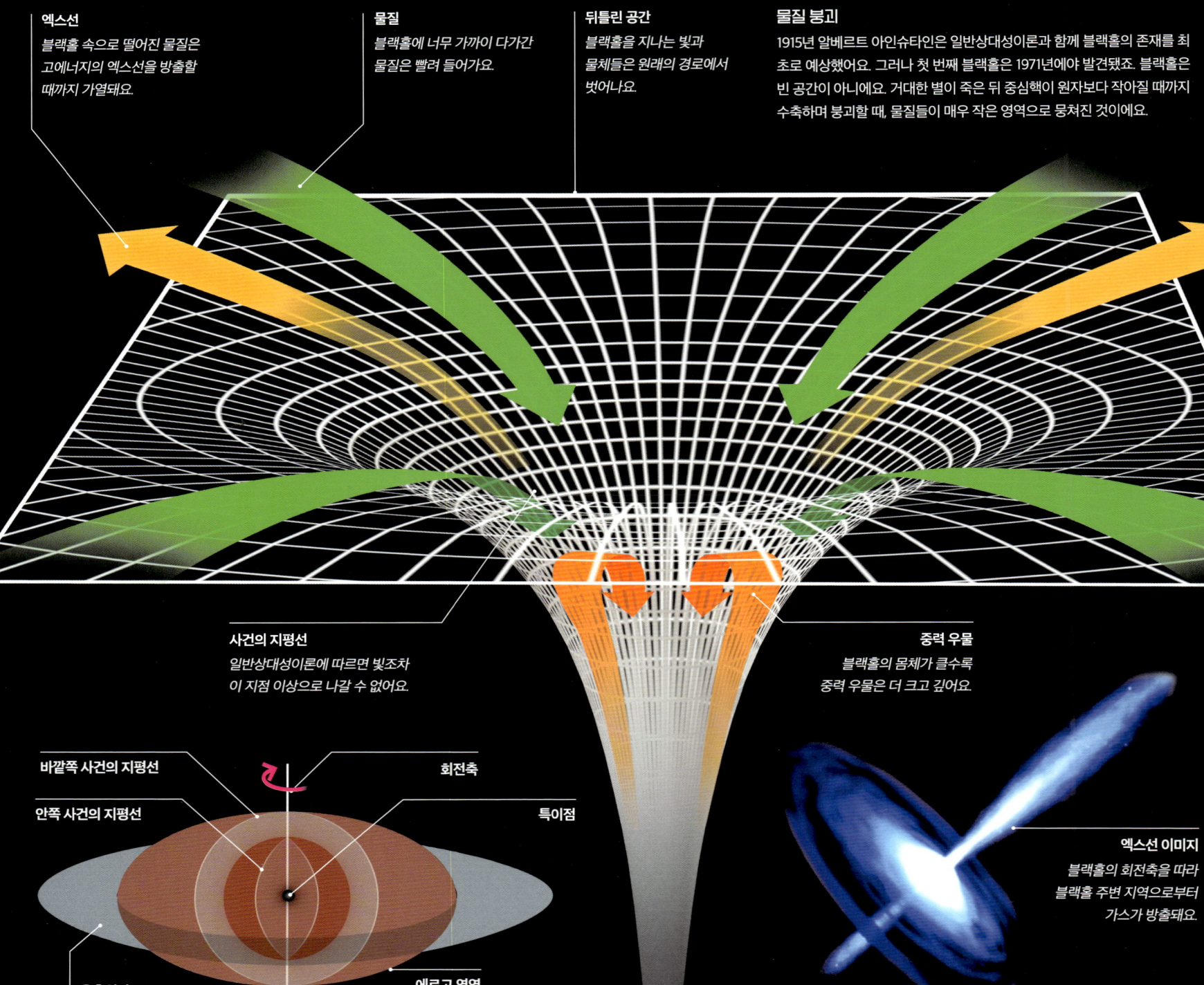

블랙홀

우주 과학

'스파게티화'는 물체가 엄청난 중력으로 잡아당겨져 스파게티 면처럼 늘어나는 현상을 나타내는 말이에요. 바로 블랙홀에서 이런 일이 일어나죠. 아인슈타인의 일반상대성이론(45쪽을 보세요)에 따르면, 죽어 가는 별이 붕괴되고 고밀도의 질량이 집중될 때 사건의 지평선에 도착한 물체들은 심지어 빛조차도 빠져나올 수 없어요.

구부러지는 빛

블랙홀 근처를 지나는 빛은 블랙홀에 빨려 들어가지는 않아도 중력을 받아 구부러져요. 그리고 블랙홀 주변에는 헤일로가 생성되죠. 이 사진은 에이벨 2218 은하단이에요. 앞쪽의 은하가 뒤쪽으로 더 멀리 있는 은하들의 빛을 구부려서 가느다란 활 모양의 빛이 보여요.

백조자리 X-1 블랙홀은 초당 800회 이상의 속도로 회전해요.

백조자리 X-1 블랙홀의 엑스선 이미지

무게 비교

1971년에 확인된 최초의 블랙홀인 백조자리 X-1은 지구로부터 6,070광년 떨어져 있어요. 과학자들에 따르면, 백조자리 X-1은 태양보다 14.8배 무거워요. 2017년, 태양보다 10만 배 무거운 블랙홀이 은하수 중심 근처 가스 구름에서 발견됐어요.

은하수의 블랙홀

보이는 증거

조석교란이 일어나면 수년간 관측되는 엑스선이 발생해요.

별 물질

블랙홀은 별들로부터 나온 파편 구름을 우주로 내뿜어요.

조석교란

별이 매우 무거운 블랙홀에 가까이 다가가면, 블랙홀의 중력은 별을 찢어 그 파편을 블랙홀 속으로 끌어당기고 나머지는 우주로 내뿜어요. 2014년, 천문학자들은 지구에서 2억 9,000만 광년 떨어진 은하의 중심에서 블랙홀 ASASS N-14li로 인한 가시광선, 자외선, 적외선의 분출을 관측했어요.

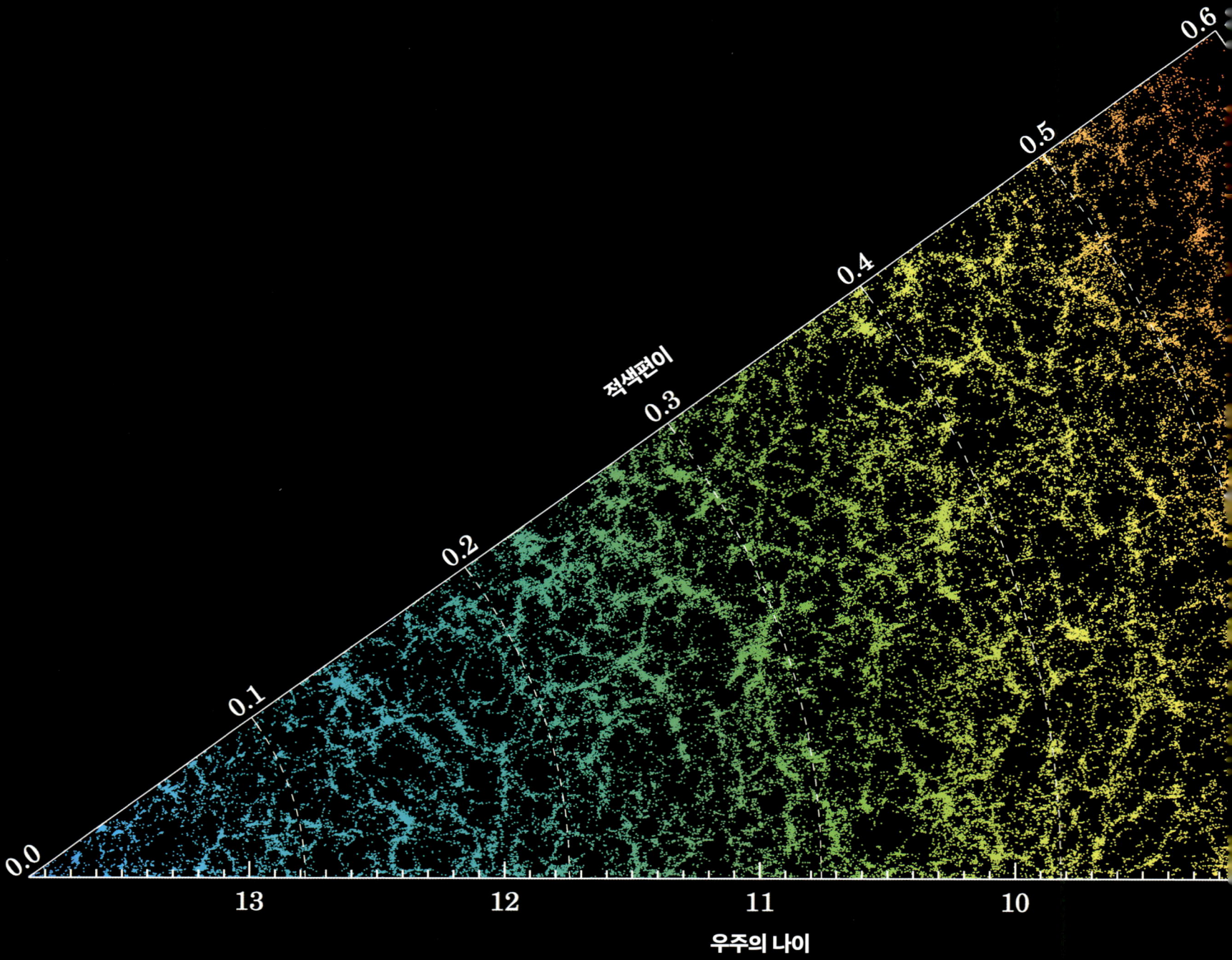

우주 지도

우주의 지도를 볼 때는 애리조나 MMT천문대 광학망원경의 관찰 결과를 사용해 만든 위 이미지를 봐요. 우주에는 거의 아무것도 존재하지 않아 '공동'이라 불리는 광대한 지역들이 있어요. 이 공동은 은하들이 함께 모여 있는 필라멘트로 둘러싸여 있어요. 수천 개의 은하가 가장 큰 공동의 둘레를 나타내요. 위 지도에서 은하들은 현재(왼쪽)부터 60억 년 전(오른쪽)의 우주까지 적색편이로 측정한 우주망을 이루어요.

우주 지도 만들기

하버드-스미스소니언 천체물리학센터 천체물리학자
마거릿 J. 겔러 박사

우주 지도는 일종의 시공간 지도예요. 지도를 만들기 위해 우주 공간을 살펴볼 때 보이는 것은 사실 과거이기 때문이죠. 멀리 떨어진 우주를 볼수록 과거의 우주를 보는 거예요.

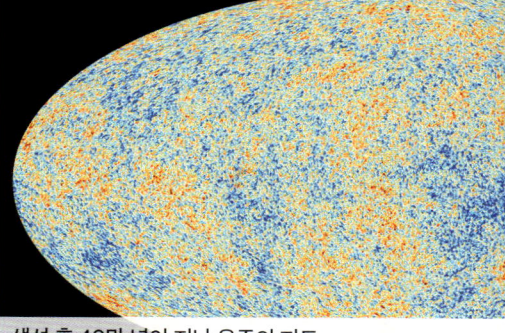

생성 후 40만 년이 지난 우주의 지도. 전체적으로 온도 차이가 크지 않아요.

초기 우주는 너무 뜨거워 수소가 이온화 되어 있었으며, 빛 입자들도 자유롭게 이동할 수 없었어요. 우주가 40만 년 정도 됐을 무렵, 우주의 밀도와 온도는 낮아지고, 빛 입자도 자유롭게 이동할 수 있게 됐어요. 우리는 우주에서 서로 다른 지역의 작은 온도 차이를 통해 초기 우주의 물질 분포를 관찰해요.

우주에서 물질의 84퍼센트는 암흑물질이에요. 우리는 그 물질이 무엇인지 모르지만, 위치에 관해서는 많이 알고 있어요. 암흑물질을 추적하는 데는 은하수를 이용해요. 지난 140억 년 동안, 중력 덕분에 우주망을 구성할 아름다운 패턴이 생겨났죠. 과학자들은 가까운 우주의 지도를 그리는 방식으로 이런 패턴을 발견해 왔어요.

천체물리학자
우주 지도 연구 분야의 선구자인 겔러 박사는 하버드-스미스소니언 천체물리학센터에서 일해요. 겔러 박사는 암흑물질들의 위치를 지도로 만드는 거대한 과제를 수행하고 있어요.

지도를 만들기 위해 우리는 은하의 빛을 이용해 은하까지의 거리를 측정해요. 우주가 팽창하면 우주를 가로질러 지구로 향하는 빛의 파장 역시 길어지며, 빛은 점점 붉은 색깔을 띠죠. 이런 적색편이 정보를 이용하면 은하까지의 거리와 빛이 은하를 떠난 시간을 알 수 있어요. 우리는 우주 지도와 세계 최대의 컴퓨터로 140억 년 우주의 역사를 몇 개월간 시뮬레이션해 지도를 만들어요. 그런 다음 시뮬레이션 지도의 패턴과 우리가 직접 관찰한 패턴을 비교해요. 지도를 서로 비교해 우주 패턴의 변화와 은하가 암흑물질을 추적하는 방법을 이해할 수 있어요.

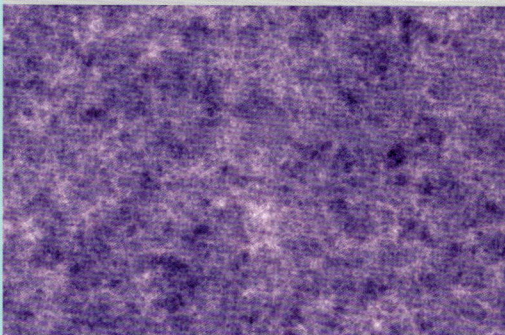

생성 후 2억 년이 지난 우주의 지도. 암흑물질이 전체적으로 균일한 특징을 보여요.

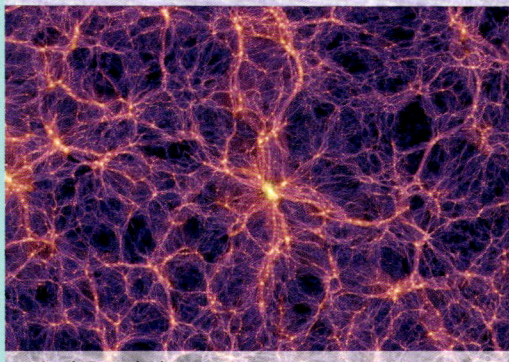

오늘날 우주의 지도. 암흑물질이 덩어리지고 균일하지 않은 모습을 보여요.

지구로부터 40억 광년 떨어진 은하단

> "나의 **목표**는 **오늘날 우주**의 모습과 **수십억 년 전 우주**의 모습을 모두 **이해**하는 거예요."

우주의 충돌

은하 충돌

우주에서는 모든 것이 움직여서 종종 충돌이 발생해요. 거대한 충돌일 수도 있고 부드러운 만남일 수도 있죠. 가스와 먼지가 이동하는 과정에서 마찰이 발생해 온도가 올라가는데, 이때 질량이 충분하면 거대한 폭발이 일어나 새로운 별이 생겨날 수도 있어요. 중성자별 2개가 서로 충돌하면 그 결과는 정말 볼 만할 거예요.

다중은하

나선형 춤

여러 개의 은하가 서로 끌어당기면 나선형으로 돌아요. 이런 은하들의 움직임은 마치 이상하고 느릿느릿한 춤 같죠. 결국 그들은 하나의 거대한 은하로 합쳐질 거예요.

은하 충돌

스테판 5중주는 5개의 은하로 구성된 은하단이에요. 훗날 NGC 7320은 다른 4개의 은하보다 지구에 7배나 더 가까이 있어 은하단에 속하지 않는다는 사실이 밝혀졌죠. 4개의 은하 가운데 3개는 길게 늘어나거나 일그러진 모양을 하고 있어요. 이는 서로 매우 가까운 거리에서 마주치고 있기 때문이에요.

NGC 7320
NGC 7319
NGC 7318A
NGC 7318B
NGC 7317

요정의 탄생

몇몇 다중은하들은 수십억 년 동안 서로를 돌고 있어요. 지구에서 6억 5,000만 광년 떨어진 팅커벨 트리플럿은 3개의 은하가 하나로 합쳐진 결과예요.

중성자 충돌

고대의 충돌

중성자별은 고밀도의 중심핵에 엄청난 양의 에너지를 갖고 있어요. 2017년, 천문학자들은 1억 3,000만 년 전에 2개의 별이 충돌한 소리를 포착해 중원소를 생성할 만큼 뜨거운 열을 발생시키는 초대형 폭발을 목격했어요.

밝은 섬광

중성자별 2개가 충돌하며 생긴 초신성은 시공간에서 파문을 일으켰어요(45쪽을 보세요). 또한 감마선이 쏟아지며 빛이 방출됐죠. 마지막으로 목성 28개를 합친 것과 맞먹는 질량이 에너지로 변환됐어요.

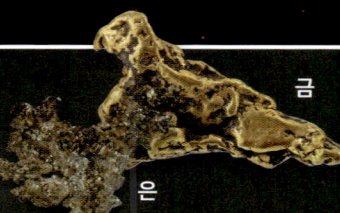

금
은

중금속 생성

충돌로 인해 은, 철, 납과 같은 무거운 중원소가 만들어졌어요. 그때 생성된 금과 백금은 지구 질량의 10배나 돼요.

쌍은하

우주의 짝짓기

대부분의 은하는 상당히 퍼져 있어서 은하끼리 서로 만나 충돌하는 일은 잘 일어나지 않아요. 물론 일부가 떨어져 나갈 수도 있지만, 대개 은하의 구조가 바뀌고 크기가 증가하죠. 이런 은하는 힘도 커져서 일정 거리 안으로 들어온 다른 은하를 흡수할 수도 있어요.

은하의 충돌

더듬이 은하로 알려진, 충돌하는 한 쌍의 은하예요. 은하끼리 서로 충돌할 때, 어마어마한 수의 별이 생성될 수 있어요. 더듬이 은하는 수억 년 전부터 상호 작용을 시작했으며, 현재는 폭발적인 별 생성 단계에 있어요.

빼앗긴 별

은하수의 별 가운데 지구에서 가장 멀리 떨어진 11개의 별은 지구로부터 약 30만 광년 거리에 있어요. 천문학자들은 이 별들의 위치와 속도를 고려할 때, 11개 가운데 5개는 궁수자리 왜소은하로부터 끌려 나왔다고 생각해요(왼쪽).

긴 꼬리

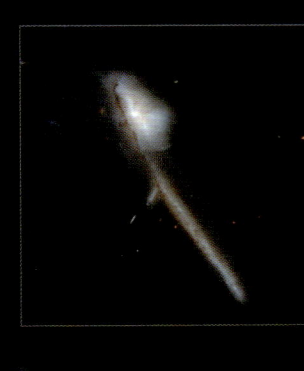

마카리안 273은 칫솔처럼 생겼어요. 손잡이처럼 보이는 부분의 길이는 13만 광년이나 돼요. 마카리안 273의 구성 성분으로 미루어 2개의 은하가 합쳐진 결과물로 보여요. 어린 별이 생성되는 은하예요.

우주의 느낌표

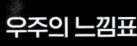

천문학자들은 지구에서 4억 5,000만 광년 떨어진 곳에서 발생한 이 충돌을 '우주의 느낌표'라고 불러요. Arp 302는 2개의 충돌하는 은하로 이루어져 있으며, 지금부터 수백만 년 후에는 하나로 합쳐질 거예요.

2개의 꼬리, 2개의 심장

지구에서 약 1억 광년 거리에 있는 NGC 3256 은하는 바다뱀자리-켄타우루스자리 초은하단에 있어요. 2개의 밝은 꼬리와 2개의 서로 다른 중심핵이 있는 것으로 볼 때, 2개의 은하가 천천히 충돌하는 것을 알 수 있어요.

우주의 장미

지구에서 3억 광년 떨어진 Arp 273 은하는 마치 장미의 꽃과 줄기처럼 보여요. Arp 273 은하를 이루는 두 은하 UGC 1810(오른쪽)과 UGC 1813(왼쪽)은 서로 수만 광년 떨어져 있어요. 그러나 UGC 1810의 원반은 그 속을 통과해 지나간 것으로 추정되는 상대적으로 작은 UGC 1813의 중력으로 일그러졌어요. 이 이미지에서 UGC 1813은 중심부에서 별이 생성될 징후를 보여 주고 있는데, 아마도 이는 UGC 1810과 가까이에서 만났기 때문일 거예요.

팽창 우주

우주 과학

1929년 에드윈 허블은 우리 은하 외에도 다른 은하들이 존재한다는 것을 증명했어요. 그리고 모든 은하는 움직이고 있죠. 과학자들은 우주의 탄생 이후 이런 움직임이 점차 느려진다고 가정했어요. 그러나 1998년 멀리 떨어진 초신성을 관찰한 천문학자들은 별들이 지구로부터 더욱 멀리 이동하고 있으며, 이는 우주가 여전히 더 빠른 속도로 팽창하고 있다는 뜻임을 깨달았어요.

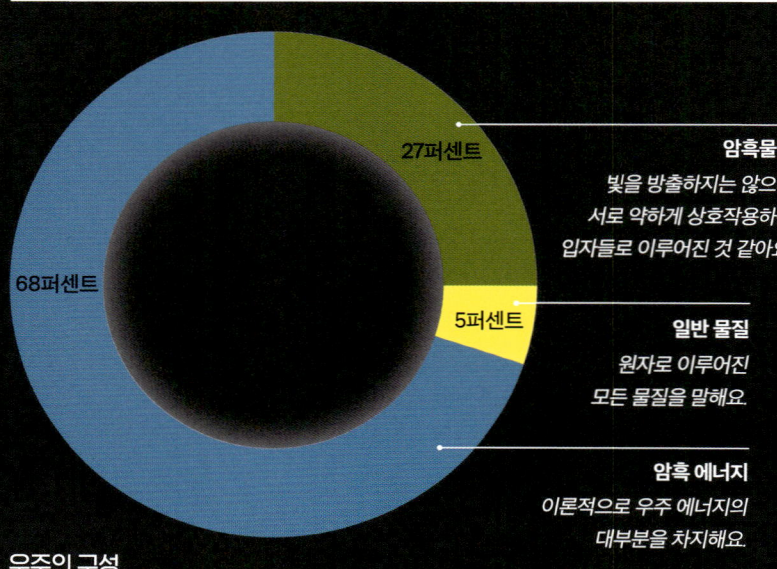

68퍼센트

27퍼센트

5퍼센트

팽창 방향
모든 방향에서 바깥쪽으로 같은 비율로 빨라지고 있어요.

암흑물질
빛을 방출하지는 않으며 서로 약하게 상호작용하는 입자들로 이루어진 것 같아요.

일반 물질
원자로 이루어진 모든 물질을 말해요.

암흑 에너지
이론적으로 우주 에너지의 대부분을 차지해요.

은하단
은하단은 중력에 의해 묶여 있어서 지역적인 팽창은 멈출 수도 있어요.

우주의 구성
우주에서 관찰 가능한 물질만으로는 천체가 현 위치를 유지할 만큼 충분한 중력을 얻지 못해요. 볼 수는 없지만 신비한 힘인 암흑물질이 존재하기 때문이죠. 과학자들은 암흑물질이 우주의 중력에 반대로 작용해 우주 팽창을 가속시킨다고 생각해요.

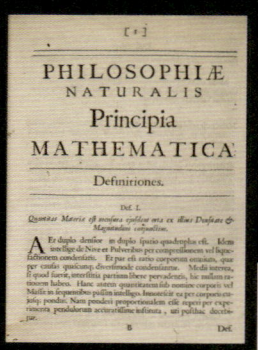

아이작 뉴턴의 《프린키피아》

우주에 관한 이론들
아이작 뉴턴은 1687년 출간한 《프린키피아》에서 정적 항성 시스템 모델을 제시했는데, 이는 이후 수세기 동안 천문학 이론을 지배했어요. 에드윈 허블은 망원경 성능을 개선해 우리 은하 너머에 무언가 있다는 것과 우주 전체가 커지고 있다는 것을 보여 주었어요.

기계식 태양계 모델 옆에 선 에드윈 허블

암흑물질 관찰
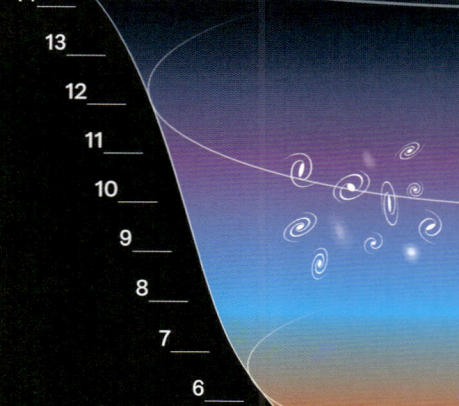

붉은 색깔의 덩어리들은 에이벨 901/902 초은하단에 있는 암흑물질 지도예요. 천문학자들은 6만 개 이상의 은하들로부터 나온 빛이 간섭 물질에 의해 왜곡되는 중력 렌즈 효과를 분석했어요.

시간
(수십억 년)

암흑물질은 **망원경**으로는 볼 수 없어요. 빛을 **방출**하지도 **흡수**하지도 않기 때문이에요.

먼 은하들

에드윈 허블 이전에는 은하수 너머에도 우주가 있다는 사실을 알지 못했어요. 허블 우주망원경으로는 이전까지의 어떤 망원경보다도 훨씬 선명하게 먼 은하들을 볼 수 있고, 적색편이(오른쪽 그림)를 사용해 움직임도 측정할 수 있죠. 왼쪽은 허블 울트라딥필드 프로젝트에서 얻은 이미지예요.

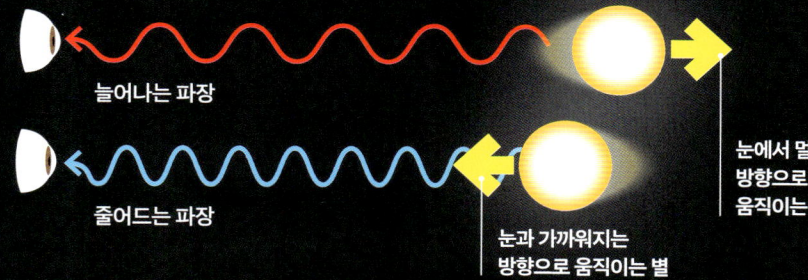

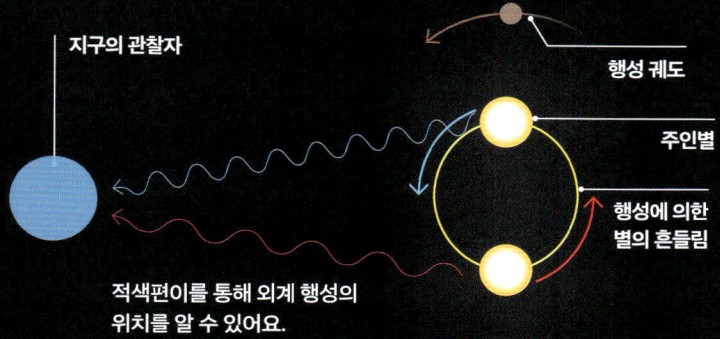

적색편이

지구로부터 멀어지는 별과 은하의 움직임은 계산할 수 있어요. 별과 은하로부터 받는 빛의 양이 달라지기 때문이죠. 물체가 멀어지는 방향으로 움직이면, 천문학자들은 빛의 파장이 늘어나는 것을 볼 수 있어요. 다른 말로, 빛이 스펙트럼상에서 파장의 길이가 긴 붉은색 쪽으로 이동한다는 뜻이죠. 별빛의 스펙트럼에서 작고 어두운 선들의 미묘한 움직임을 세밀하게 관찰하면 적색편이의 양을 측정할 수 있어요.

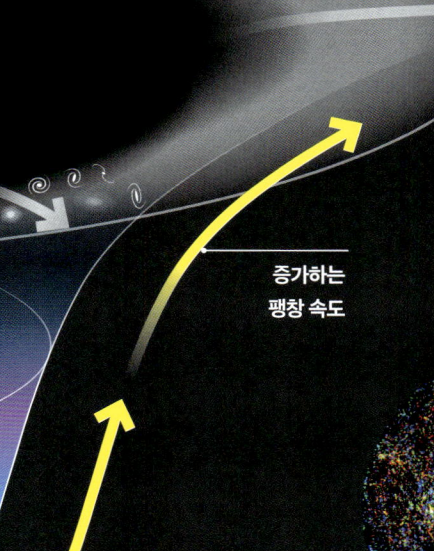

팽창 비율

에드윈 허블은 우주가 138억 년 전 생성된 이후 계속 팽창하고 있다고 했어요. 그는 우주 자체가 움직이고 있는 만큼, 은하들이 우주를 뚫고 나가 움직이는 것이 아니라 우주 안에서 움직인다고 생각했죠. 그리고 우주의 모든 것들도 움직이고 있기 때문에 우주에는 중심이 없다고 생각했어요. 우주의 팽창 비율은 허블 상수라고 해요.

우주의 적색편이

허블은 은하의 적색편이를 거리 추정치와 맞춰 봤어요. 그리고 은하가 지구에서 멀어질수록 더 빠르게 움직인다는 사실을 발견했어요. 우주에서 2개의 물체가 정지해 있다 하더라도 두 물체 사이의 우주가 팽창하고 있다면, 여전히 적색편이가 있을 거예요. 이런 사실을 통해 그는 우주가 균일하게 팽창한다는 것을 이해하게 됐죠. 오늘날 적색편이는 천문학자들이 관찰 작업에서 사용하는 기본적인 방법 가운데 하나예요.

팽창 우주

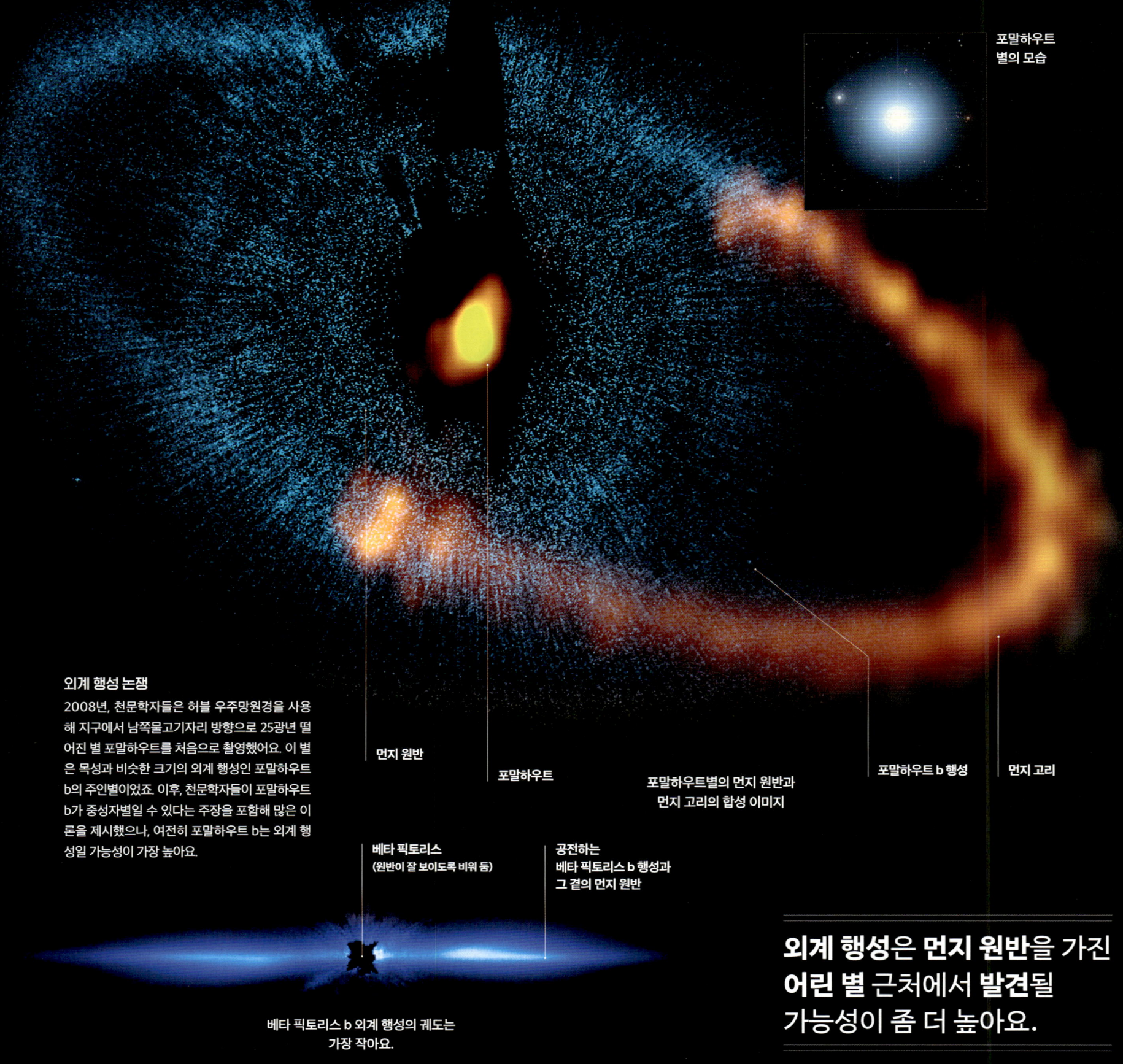

포말하우트 별의 모습

외계 행성 논쟁

2008년, 천문학자들은 허블 우주망원경을 사용해 지구에서 남쪽물고기자리 방향으로 25광년 떨어진 별 포말하우트를 처음으로 촬영했어요. 이 별은 목성과 비슷한 크기의 외계 행성인 포말하우트 b의 주인별이었죠. 이후, 천문학자들이 포말하우트 b가 중성자별일 수 있다는 주장을 포함해 많은 이론을 제시했으나, 여전히 포말하우트 b는 외계 행성일 가능성이 가장 높아요.

먼지 원반

포말하우트

포말하우트별의 먼지 원반과 먼지 고리의 합성 이미지

포말하우트 b 행성

먼지 고리

베타 픽토리스
(원반이 잘 보이도록 비워 둠)

공전하는
베타 픽토리스 b 행성과
그 곁의 먼지 원반

베타 픽토리스 b 외계 행성의 궤도는
가장 작아요.

외계 행성은 먼지 원반을 가진 어린 별 근처에서 발견될 가능성이 좀 더 높아요.

외계 행성

행성

태양 이외의 별을 공전하는 행성을 외계 행성이라고 해요. 외계 행성은 너무 멀리 있어서 가는 데만도 몇 세대가 걸릴 거예요. 외계 행성을 볼 수는 없지만 천문학자들은 빛의 변화나 별들의 이동 경로를 보고 존재 증거를 찾죠. 지금까지 수천 개의 외계 행성이 확인됐는데, 아마도 수십억 개는 될 거예요. 가스로 이루어진 거대 행성도 있고, 암석과 물을 가진 것처럼 보이는 행성도 있죠. 과연 어떤 행성이 지구처럼 생명체가 살 수 있을까요?

어둠을 찾아서

무언가가 별의 앞을 지나간다면 별빛은 다소 희미해질 거예요. 그런데 이런 일이 정기적으로 일어난다면 그 별을 공전하는 행성이 있다는 뜻이죠. 별빛의 변화가 작을지라도 천문학자들이 외계 행성의 존재를 판단하기에는 충분해요.

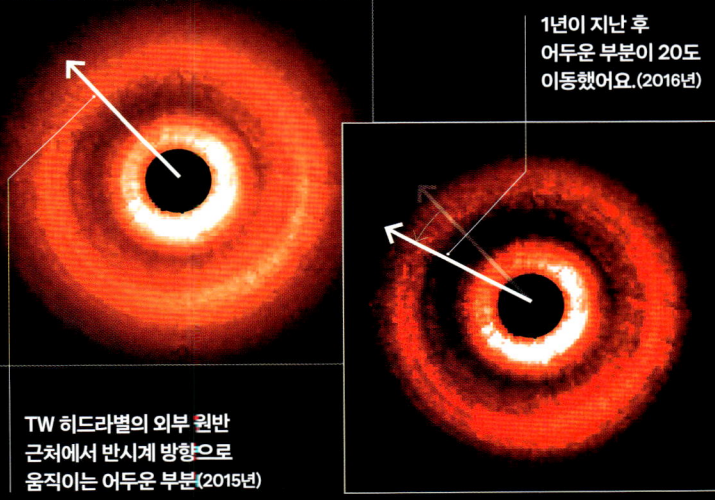

1년이 지난 후 어두운 부분이 20도 이동했어요.(2016년)

TW 히드라별의 외부 원반 근처에서 반시계 방향으로 움직이는 어두운 부분(2015년)

어둠 관찰하기

천문학자들은 지구에서 바다뱀자리 방향으로 176광년 떨어진 젊은 TW 히드라별 근처에 물질을 끌어당기며 원반 내부를 일그러뜨리는 행성이 있다고 결론 내렸어요. 외부 원반 근처에서 반시계 방향으로 움직이는 어두운 부분은 행성이 아닌 원반 내부 때문에 생긴 거예요.

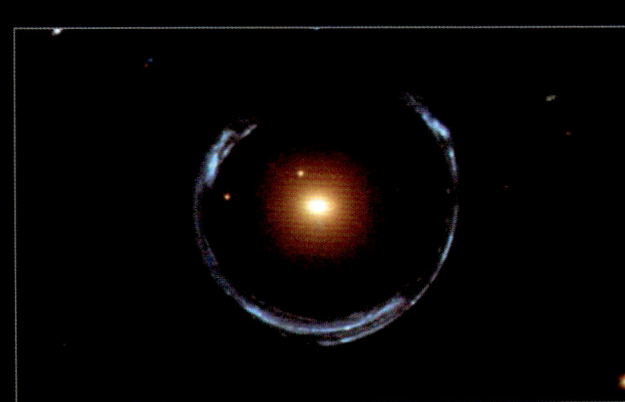

중력 렌즈

멀리 떨어진 밝은 물체에서 오는 빛이 거대한 천체들 때문에 둥그스름하게 구부러질 때 중력 렌즈 효과가 일어나요. 물질의 존재는 시공간뿐 아니라 빛의 경로도 구부러뜨려요. 아인슈타인의 예언 가운데 하나는 일반상대성원리예요 (45쪽을 보세요). 이 이미지 속에서는 머나먼 청색은하에서 오는 빛이 중간 경로에 있는 적색은하에 의해 구부러지고 확대됐어요.

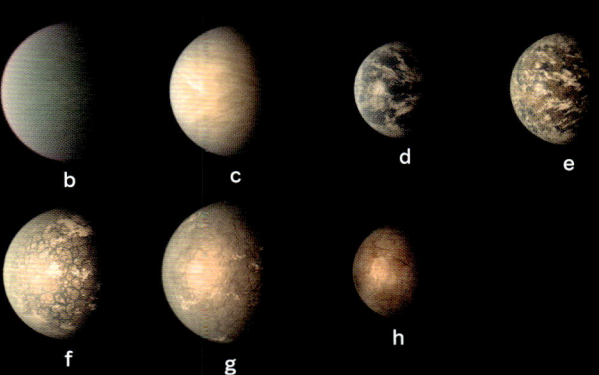

b c d e
f g h

트라피스트 1

이 행성계는 지구에서 물병자리 방향으로 39광년 떨어져 있어요. 이곳에서는 목성보다 약간 큰 별 주위를 공전하는 7개의 행성이 확인됐죠. 크기는 금성이나 지구만 하고, 모두 암석으로 이루어져 있어요.

사전 조사

지난 2018년 발사된 우주망원경 테스는 태양계 바로 밖의 가장 밝은 별들을 공전하는 외계 행성들을 찾았어요. 발사 당시, 행성에 의한 별의 밝기 하락을 이용해 20만 개 이상의 별을 조사할 계획을 가지고 있었어요.

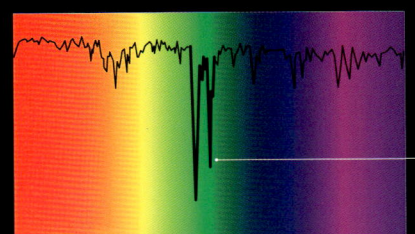

대기의 존재를 나타내요

분광학

천문학자들은 외계 행성의 대기 구성을 알아내기 위해 파장에 따라 다른 빛의 강도를 측정하는 분광학 기술을 사용해요. 행성 대기에 수소가 있다면, 스펙트럼의 특정 위치에 흡수선이 있을 거예요.

외계인과 만나기

외계 생명체

우주 어딘가에 다른 생명체는 없을까요? 사실 UFO 목격담과 외계인 납치 이야기는 많아요. 오늘날 인류는 외계 생명체를 찾기 위해 점점 더 기술적인 방법들을 개발하고 있어요. 광학, 적외선, 라디오파 등으로 외계 생명체를 찾을 수 있어요. 다른 행성의 생명체를 찾아 탐사선을 보내거나 궁극적으로 유인 우주선을 보낼 수도 있고요.

외계인 침공

17세기, 독일의 천문학자 요하네스 케플러는 파충류 비슷한 생명체를 만나기 위해 달까지 여행하는 이야기를 다룬 《꿈》이라는 소설을 발표했어요. 이후 외계인을 다룬 소설, TV 시리즈, 영화 등이 쏟아져 나왔죠. 그 이야기들에 등장하는 상상 속 외계인의 모습과 크기는 매우 다양했어요.

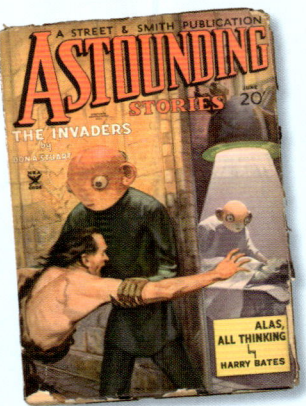

1935년 만화책에 등장한 외계인

골디락스 지역

지구는 태양으로부터 적당한 거리에 있어요. 덕분에 지구의 온도는 생명체가 살아가기에 적당하죠. 과학자들은 생명체를 찾기 위해 다른 항성계에서도 비슷한 조건을 갖춘 지역을 찾고 있어요. 과학자들은 이런 지역을 '골디락스 지역' 또는 '생명 가능 지역'이라 부르죠. 2017년, 태양보다 약간 작으며 흐릿한 케플러-186이라는 별의 골디락스 지역에서 지구보다 10퍼센트 정도 큰 암석 행성인 케플러-186f를 발견했어요. 그곳에 과연 생명체가 있을까요?

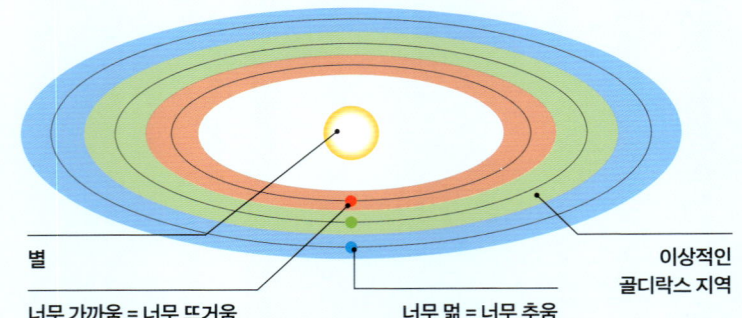

- 별
- 너무 가까움 = 너무 뜨거움
- 너무 멂 = 너무 추움
- 이상적인 골디락스 지역

보이저에 실린 골든 레코드

인류가 만든 모든 탐사선 가운데 가장 먼 우주에 있는 보이저에는 지구 생명체의 소리와 이미지를 담은 골든 레코드가 실려 있어요. 표면에는 외계 생명체가 레코드에 저장된 내용물을 재생하는 데 도움이 될 정보들이 있어요.

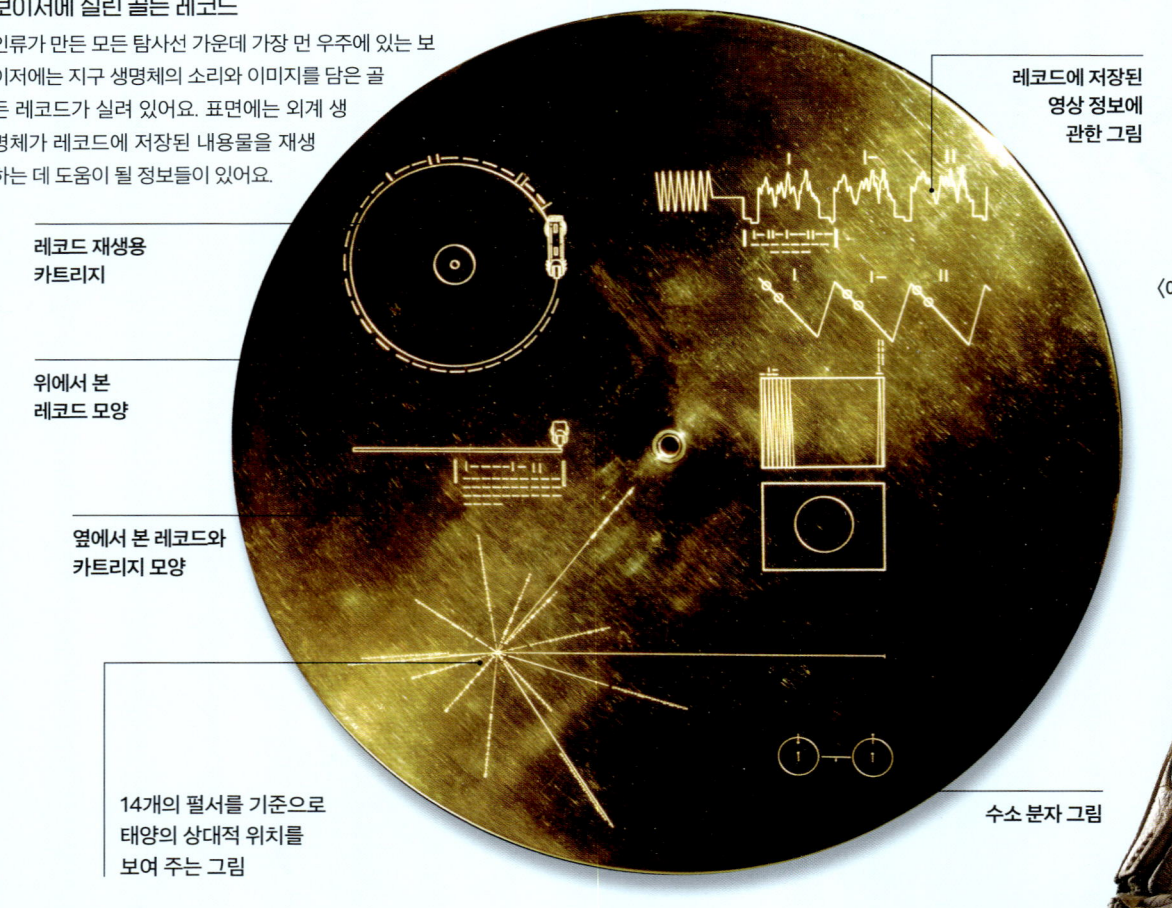

- 레코드 재생용 카트리지
- 위에서 본 레코드 모양
- 옆에서 본 레코드와 카트리지 모양
- 14개의 펄서를 기준으로 태양의 상대적 위치를 보여 주는 그림
- 레코드에 저장된 영상 정보에 관한 그림
- 수소 분자 그림

1992년 영화 〈에이리언 3〉에 등장한 외계 생명체

생명체의 모습

다른 행성의 생명체는 어떤 모습을 하고 있을까요? 지구 심해의 열수 분출구 근처는 높은 온도의 환경 속에 신비한 생명체가 번성하고 있어요. 과학자들은 토성의 위성 엔켈라두스와 목성의 위성 유로파의 표면 아래 바다가 태양계에서 생명체를 발견할 가능성이 가장 높은 곳이라 생각해요.

열수 분출구들은 태양과 무관한 생태 환경을 제공해요.

엔켈라두스

유로파

세계 곳곳의 **외계 지적 생명체 탐사(SETI)** 참가자들은 다른 **행성**의 **지적 생명체**가 보내는 **신호들**을 찾고 있어요.

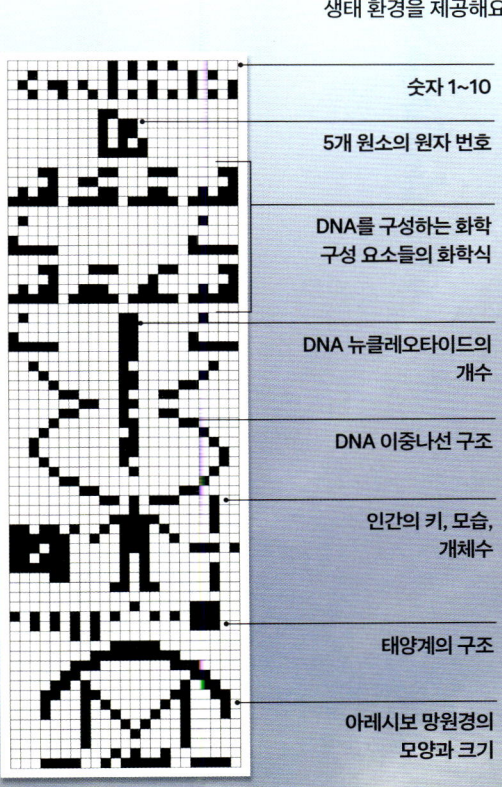

- 숫자 1~10
- 5개 원소의 원자 번호
- DNA를 구성하는 화학 구성 요소들의 화학식
- DNA 뉴클레오타이드의 개수
- DNA 이중나선 구조
- 인간의 키, 모습, 개체수
- 태양계의 구조
- 아레시보 망원경의 모양과 크기

아레시보 메시지

1974년, 천문학자 프랭크 드레이크는 푸에르토리코의 아레시보 천문대 전파망원경으로 부호화된 메시지를 우주에 보냈어요. 그는 외계의 지적 생명체가 받기를 바라며, 헤라클레스자리 방향의 구상성단 M13을 향해 메시지를 쏘았어요.

생명체를 찾아서

노스캘리포니아 햇크릭 전파천문대의 앨런망원경집합체는 1984년 만들어진 SETI 프로젝트에 따라 우주를 관측하고 외계 생명체의 신호를 찾아요.

화성에서 살아남기

다른 행성에서 살기

지구가 아닌 다른 행성에서 산다면 어떨까요? 사실 언젠가 충분히 일어날 수 있는 일이에요. 그러나 먼저 해결할 문제들도 많죠. 예를 들어 우주 방사선, 무중력으로 인한 신체 손상, 완전히 밀폐된 집, 생존에 필요한 산소, 물, 식량 확보 등과 같은 것들이에요. 이런 문제는 대부분 로봇을 이용해 해결해야 해요. 과연 인류는 지구 밖 멋진 우주 여행을 즐길 수 있을까요?

화성에 가면 지구보다 **중력**이 작아 몸이 한결 **가볍게** 느껴질 거예요.

지구
태양으로부터의 거리:
1억 5,000만 킬로미터
직경:
1만 2,756킬로미터
1년의 길이:
365.25일
1일의 길이:
23시간 56분
중력:
화성 중력의 2.66배
온도:
평균 13.9도
대기:
질소, 산소, 아르곤 등

화성
태양으로부터의 거리:
2억 2,850만 킬로미터
직경:
6,791킬로미터
1년의 길이:
687일
1일의 길이:
24시간 37분
중력:
지구 중력의 38퍼센트
온도:
평균 -62.8도
대기:
주로 이산화탄소, 소량의 수증기

스페이스X의 팔콘헤비 로켓

왜 화성일까?
많은 과학자와 사업가는 지구의 첫 우주 식민지로 화성을 꼽아요. 화성은 하루의 길이가 지구와 비슷하고, 육지가 많으며, 계절이 있죠. 물과 얼음도 있어요. 물론 좋은 점만 있는 것은 아니에요. 지구보다 훨씬 춥고, 중력이 작으며, 대기는 이산화탄소로 가득해요.

첫걸음

2017년, ESA는 2022년까지 로봇을 달에 착륙시키는 프로젝트를 러시아와 함께 수행한다고 발표했어요. 이 프로젝트의 목적은 달에 식민지를 건설하는 데 필요한 정보를 얻는 것이었죠. 달 식민지는 달 반대편에 전파망원경을 설치할 수 있는 연구 기지가 될 거예요.

팔콘헤비 로켓
(6만 3,800킬로그램)

우주왕복선
(2만 4,000킬로그램)

프로톤-M
(2만 3,000킬로그램)

델타 IV 헤비
(2만 2,560킬로그램)

타이탄 IV-B
(2만 1,680킬로그램)

아리안 5 ES
(2만 킬로그램)

아틀라스 V 551
(1만 8,510킬로그램)

일본 H2B
(1만 6,500킬로그램)

중국 LM-3B
(1만 1,200킬로그램)

무거운 화물

2018년 2월 6일, 무거운 화물을 운반할 수 있는 재사용 우주선이 발사됐어요. 스페이스X의 팔콘헤비 로켓은 기존 로켓들보다 2배 강력하죠. 주 로켓은 화성을 향한 반면, 옆면의 부스터 로켓은 지구로 완벽히 돌아왔어요.

마스원 캠프

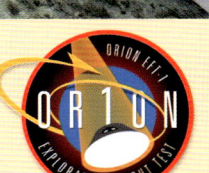

오리온 미션 패치

하와이의 화성 탐사 모의 훈련 캠프

캠프 설립

지구에서 화성과 가장 비슷한 지역인 하와이 화산들에는 화성 탐사 모의 훈련 캠프가 있어요. 이곳에 들어온 팀들은 세상과 단절된 채 4~12개월을 보내죠. 그들은 기지 밖으로 나갈 때마다 우주복을 입고, 활동 방법과 자급자족을 배워요. 네덜란드의 마스원도 비슷한 시험장을 계획하고 있어요.

먼 여행

NASA는 조종사 없이 달 너머로 갔다가 다시 지구로 돌아올 수 있는 신형 우주선 오리온을 준비하고 있어요. 오리온 우주선은 연습 삼아 승무원을 태우고 1년 동안 우주를 비행할 거예요.

화성 영화

영화 〈마션〉은 화성을 매우 실감 나게 묘사한 덕분에 크게 성공했어요. NASA는 영화 속 이야기가 자신들이 계획하고 있는 임무와 비슷했기 때문에 영화감독을 도와주었어요.

악조건에서 살아남기

화성은 사람이 살기 어려워요. 황량한 붉은 벌판이 끝없이 펼쳐져 있고, 거대하고 깊은 협곡 안에는 이상한 모양의 바위들이 있죠. 우주 방사선이 지구보다 250배나 강해 화성 정착자들은 대피소를 만들어야 하고, 농작물도 재배해야 해요. 이 모든 일을 우주복을 입은 채 해야 하죠.

아름다운 우주

거대한 별에서 오는 빛은 마치 예술가가 그린 것처럼 커다란 먼지 기둥, 얼룩 그리고 거품이 있는 모양으로 비쳐요. 지구에서 7,500광년 떨어져 있는 용골성운은 우리 은하의 남반구 부분에 있는 천체로, 폭풍우가 몰아치는 별의 산실이에요. 별들이 탄생하는 성운에서는 수소 가스와 먼지의 흐름이 흘러나오죠. 이 성운은 우주에서 가장 무거운 별 중 하나인 폭발성 변광성 에타카리나의 고향이기도 해요.

ESA
유럽우주기구(European Space Agency)의 약자

ISS
국제우주정거장(International Space Station)의 약자

NASA
미국항공우주국(The National Aeronautics and Space Administration)의 약자

SETI
외계 지적 생명체 탐사(Search for Extra-Terrestrial Intelligence)의 약자

UFO
미확인 비행 물체(Unidentified Flying Object)의 약자

간헐천
액체 상태의 물을 내뿜는 샘. 토성의 얼음 위성 엔켈라두스에 간헐천이 있다.

감마선
파장의 길이가 매우 짧은 전자기 에너지파

고리 시스템
천체 주위를 도는 원반이나 고리로 암석, 먼지 또는 작은 위성들로 구성된다.

고지대
달의 고지대

광구
태양 또는 별에서 빛을 방출하는 표면

광년
빛이 진공 상태에서 1년간 이동하는 거리. 1광년은 9.5조 킬로미터다.

광자
빛의 입자

광학망원경
육안으로 볼 수 없는 먼 물체를 볼 수 있도록 빛을 집중해 모아 주는 망원경

굴절망원경
렌즈를 사용해 빛을 모아 밝고 확대된 이미지를 생성하는 장치

궤도
한 천체가 중력의 영향으로 다른 천체 주위를 공전하는 경로

궤도선
착륙하지 않고 행성이나 위성을 공전하도록 설계된 우주선

근일점
별을 중심으로 공전하는 행성, 혜성, 소행성 등의 궤도에서 별과 가장 가까운 지점

달
지구의 위성

달의 바다
달에서 용암이 굳어 만들어진 평평하고 어둡게 보이는 지역

달 착륙선
우주 조종사가 사령선과 달 사이를 이동할 때 사용하도록 설계된 우주 탐사 이동 장치

대기
행성이나 별을 감싸고 있는 기체층

레이더
전파를 발사해 움직이는 물체의 위치와 속도를 알아내는 장치

레이저
빛을 집중시켜 강력하게 만든 빛

마이크로파
파장의 길이가 적외선이나 가시광선보다는 길지만 전파보다는 짧은 전자기파

말단충격
태양의 영향이 미칠 수 있는 외곽 한계 지역들 가운데 하나를 나타내는 경계

면 통과
행성이나 별이 자신보다 큰 천체 앞을 지나가는 현상

198

단어 풀이

모듈
ISS와 같은 곳에서 독립적으로 운영되는 부분

미세중력
지구를 공전하는 우주선 내의 매우 약한 중력

반사망원경
거울을 사용해 빛을 모아 밝고 확대된 이미지를 생성하는 장치

발사
로켓을 우주로 쏘아 보내는 일

백색왜성
다 타버린 별의 핵에 의해 형성된 뜨겁고 밀도 높은 천체

별(항성)
스스로 빛과 열을 내며 타고 있는 거대한 가스 덩어리 천체

별자리
천문학자들이 정의한 지구 밤하늘 여러 부분들 가운데 하나로, 개수는 88개다.

복사
전자기파에 의한 에너지의 이동으로, 전자기 복사라고도 한다.

부분식
한 천체가 다른 천체 또는 다른 천체의 그림자에 일부만 가려지는 현상이며 부분일식, 부분월식이 있다.

블랙홀
다 타버린 별에서 생성된 초고밀도의 핵. 주변 모든 것을 빨아들이므로 빛조차 빠져 나갈 수 없으며, 맨눈으로는 관찰할 수 없다.

사건의 지평선
블랙홀 주변의 경계로 블랙홀의 중력을 벗어날 수 없는 지점

성간
별들 사이를 가리키는 개념

성단
별들의 모음

성운
성간 우주에 있는 가스와 먼지구름

소행성
태양계 생성 당시의 잔해물로, 태양을 공전하는 암석이나 금속 덩어리

식
3개의 천체가 서로 일직선을 이루며 정렬된 현상. 예를 들어 달이 태양 앞을 지나갈 때 지구에서 관찰할 수 있는 일식도 식의 한 종류다.

쌍성
서로의 중력에 영향 받아 서로를 도는 2개의 별

안테나
우주선이나 망원경에 설치된 접시 모양의 구조물로, 전파를 보내거나 받을 수 있는 장치

오로라
태양이 방출한 입자가 지구 자기장과 충돌하며 발생하는 여러 색깔의 빛

왜소행성
구 모양을 이룰 만큼 충분히 크지만 공전 궤도를 혼자 사용할 만큼은 크지 못한 행성

외계 행성
다른 태양계의 행성

우주망
암흑물질과 은하로 이루어진, 과학자들이 생각하는 가상의 망

우주비행사
우주를 여행하면서 생활하고 일하도록 훈련받은 전문가

우주선
주로 태양계 밖에서 빠르게 날아오는 높은 에너지의 입자 흐름

우주유영
우주 조종사가 우주선 수리나 설치를 위해 우주선 밖에서 하는 활동

운석
지구 밖 우주에서 날아온 암석 덩어리로 유성과 달리 지구 대기 중에서 미처 타버리지 못하고 지구 표면에 도달한 것

암흑물질
볼 수는 없으나 중력의 영향 등을 관찰해 존재한다는 것을 알 수 있는 물질

암흑에너지
과학자들이 우주의 가속 팽창을 일으킨다고 믿는 에너지

얼음 화산
토성의 위성인 엔켈라두스에서 발견했다.

엑스선
별이나 뜨거운 가스 구름이 방출하는 고주파. 우주의 가장 격렬한 몇몇 과정에서 발생한다.

열수 작용
암석과 광물이 형성되는 과정에 높은 온도의 물이 미치는 작용

원소
한 종류의 원자만으로 이루어진 물질

원일점
별을 중심으로 공전하는 행성, 혜성, 소행성 등의 궤도에서 별과 가장 멀리 떨어진 지점

월면차
달과 같은 지구 밖 천체에서 표면을 탐사할 때 사용하는 이동 장치

위성
중력의 영향을 받아 행성을 공전하는 작은 물체나 천체. 위성에는 달과 같은 자연위성과 사람이 만든 인공위성이 있다.

유성
지구 밖 우주에서 날아온 암석으로 지구 대기를 지나며 타버린다. 별똥별이라고도 부른다.

유인 이동 장치
우주 임무를 수행할 때 사용하는 이동용 추진 장치

육각형
6개의 각과 6개의 변을 가진 도형

은하
별, 가스, 먼지로 이루어진 거대한 천체 집단. 모양에 따른 은하의 종류에는 나선은하, 타원은하, 불규칙은하가 있다.

이온화
일부 전자를 없애 이온 상태를 만드는 것

자외선
너무 뜨거워 가시광선을 낼 수 없는 물체에서 나오는 보이지 않는 빛

작은 별자리
독특한 모양을 이루고 있지만 그 자체로 별자리를 이루지는 못한 별들의 그룹

적색거성
핵에서 수소대신 헬륨을 태우며 빛을 내는 거대한 별. 죽음에 가까이 다다른 상태다.

적색편이
긴 파장을 향한 천체 움직임의 측정. 빛의 스펙트럼에서 붉은 쪽으로 치우쳐 나타난다.

적외선
온도가 낮아 가시광선을 방출할 수 없는 물체가 방출하는 보이지 않는 빛

전파
라디오 주파수 대역에 있는 전자기파

제트 기류
매우 빠른 바람의 흐름

중력
행성이나 별과 같이 무거운 물체가 모든 것을 잡아당기는 힘. 중력 덕분에 행성 주변의 위성과 태양 주변의 행성이 궤도를 유지할 수 있다.

중력장
물체의 중력이 영향을 미치는 물체 주변의 공간

중성자별
모든 연료를 태워 버린 별의 붕괴된 핵에서 생성된 별. 작고 밀도가 매우 높다. 중성자로 이루어졌으며, 매우 빠르게 회전한다.

진공
공기 또는 어떤 다른 기체도 존재하지 않는 빈 공간

착륙선
달이나 행성과 같은 천체에 착륙하도록 설계된 우주 탐험 이동 장치

천문대
과학자들이 우주를 관측하고 연구할 수 있는 시설이 갖추어진 건물

천문학자
별을 포함해 우주의 천체를 연구하는 과학자

초신성
별이 모든 연료를 사용하고 붕괴될 때 일어나는 거대한 폭발

추진력
로켓이나 우주선이 앞으로 나아가도록 미는 엔진의 힘

추진제
로켓의 추진력을 만들기 위해 사용되는 연료와 산화제

축
회전하는 물체에 있는 가상의 중심선

코로나
태양 또는 다른 별들의 대기에서 가장 바깥쪽 부분

퀘이사
거대한 블랙홀로부터 에너지를 공급받는 것으로 추측되는 은하의 밝은 중심부

크레이터
행성이나 위성의 표면이 사발 모양으로 파인 자국. 주로 운석 충돌로 발생한다.

탐사선
가까이에서 천체를 관찰할 수 있는 로봇 우주선

단어 풀이

태양계
태양의 중력에 끌려 태양 주위 궤도에 붙잡혀 있는 모든 것

태양권
태양풍이 영향을 미치는 지역. 경계에서는 성간 가스의 압력으로 태양풍이 약해진다.

태양의 흑점
태양 광구에서 강력한 자기장 활동이 발생한 지역. 주변에 비해 어둡게 보인다.

태양풍
태양 표면에서 나와 태양계를 가로지르며 날아가는 입자들의 흐름

태양 플레어
태양 자기장의 변화로 발생하는 태양 대기에서 일어나는 갑작스러운 섬광

펄서
회전하며 빛을 방출하는 강력한 자기장을 가진 중성자별

플라스마
전자와 양전하를 띤 이온으로 분리된 높은 에너지를 가진 기체

핵융합
가벼운 핵들이 결합해 무거운 핵을 이루는 과정. 이 과정에서 에너지를 방출한다.

행성
태양과 같은 별을 공전하는 천체로, 별빛을 반사한다.

행성간
우리 태양계 안 행성 사이를 가리키는 개념

헬리오스시스
성간 공간과의 경계로 태양풍이 영향을 미치는 가장 바깥쪽 지역

혜성
태양을 긴 타원 궤도로 공전하는 얼음 가스와 먼지 덩어리. 태양 근처에 다다른 혜성이 뜨거워지면, 먼지와 증기가 환상적인 혜성 꼬리를 만든다.

화물
로켓이나 우주선이 우주로 실어 나르는 짐이나 장비

초등학생이 꼭 알아야 할
별과 우주

초판 1쇄　2022년 8월 5일
초판 2쇄　2024년 8월 9일

지은이　숀 캘러리 외
옮긴이　김의석

펴낸이　김한청
기획편집　원경은 차언조 양선화 양희우 유자영
마케팅　정원식 이진범
디자인　이성아
운영　설채린

펴낸곳　도서출판 다른
출판등록　2004년 9월 2일 제2013-000194호
주소　서울시 마포구 동교로27길 3-10 희경빌딩 4층
전화　02-3143-6478
팩스　02-3143-6479
이메일　khc15968@hanmail.net
블로그　blog.naver.com/darun_pub
인스타그램　@darunpublishers

ISBN　979-11-5633-482-8 73440

* 잘못 만들어진 책은 구입하신 곳에서 바꿔 드립니다.

* 이 책은 저작권법에 의해 보호를 받는 저작물이므로,
　서면을 통한 출판권자의 허락 없이 내용의 전부 또는 일부를 사용할 수 없습니다.

다른 생각이
다른 세상을 만듭니다